Transzendenz

Erfahrungen jenseits von Zeit & Raum

Für Eyleen, Jolina und Tizian

Johann Nepomuk Maier

Transzendenz

Erfahrungen jenseits von Zeit & Raum

OSIRIS
Verlag

1. Auflage April 2019

OSIRIS – Verlag, Marktplatz 10, D-94513 Schönberg
www.osiris-verlag.de

Umschlaggestaltung: k1-digital und Luna Design KG
Satz und Layout: Luna Design KG

ISBN: 978-3-947397-12-9

Dieser Titel ist auch als eBook erhältlich, ISBN (eBook): 978-3-947397-13-6

Gerne senden wir Ihnen unser Verlagsverzeichnis:
OSIRIS-Verlag
Marktplatz 10
D-94513 Schönberg
Email: info@osirisbuch.de
Tel.: (08554) 844
Fax: (08554) 942894

Unser Buch- und DVD-Angebot finden Sie auch im Internet unter:
www.osirisbuch.de

INHALTSVERZEICHNIS:

Vorwort

Der Geist des Wirklichen [ist] eigentlich das wahre Ideelle.
Johann Wolfgang von Goethe (1749 - 1832)

Dieses Buch ist das Ergebnis jahrelanger Recherchen und Reisen rund um die Welt, um mit den Forschern zu sprechen, die sich ganz intensiv mit den paranormalen Phänomenen unserer Welt beschäftigen.

Es ist auch ein Zeitdokument für eine Epoche unserer Zivilisation, in welcher der Mensch denkt, er hätte die Welt im Griff und wir würden für alle Probleme die wir selber geschaffen haben, auch eine Lösung finden. Der Glaube an den Fortschritt, an die Medizin und an die Raumfahrt war noch nie so groß, aber auch noch nie so äquivalent.

Wir erkennen, dass nur wenige Konzerne unser Denken und Handeln unterstützen, indem sie uns Kommunikationstechnologie zur Verfügung stellen, mit der wir uns in Sekunden auf der ganzen Welt vernetzen, uns outen oder verstecken können. Aber das ist nur die eine Seite der Medaille: wir sind so transparent geworden wie nie zuvor in der Menschheits-Geschichte. Wir wissen, dass die Geheimdienste weltweit – Whistleblower wie Edward Snowden haben uns hier unsere naiven Augen etwas geöffnet - jeden unserer Schritte, unsere Taten und unsere Netzwerke beobachten. Die über uns vorliegenden Daten und Dokumente würden ausgedruckt wohl einen kilometerhohen Turm an Unterlagen erzeugen. Aber in diesem Buch geht es nicht um diese Themen, sondern um ein erweitertes Bild unserer Realität. Wir waren bisher so naiv, den Eliten aus Wissenschaft und Forschung blind zu vertrauen. Eine Naivität, als würden wir heute ein Email ohne Verschlüsselung versenden und dabei denken, dass sie keiner liest und sie sowieso für niemanden interessant ist.

Das unsere Existenz aber auf allen Ebenen des Seins anders ist, als es uns die Hardliner des materialistischen Weltbildes immer noch tagtäglich zu verkaufen versuchen, liegt mittlerweile klar auf der Hand. Ich bin sicher, dass die Mehrzahl dieser Mainstream-Denker dies nicht mit Absicht tut. Sie sind im guten Glauben, dass das, was sie lehren, auf einem festen Fundament beruht und sich daran auch nicht mehr rütteln lässt. Das Teilchen-Modell der Physik konnte drei der vier Grundkräfte erklären. Man glaubt, das Problem mit der Schwerkraft wird sich wohl auch noch lösen und somit könnten wir dann alles berechnen. Die Zukunft würde damit weiterhin unserer Spezies gehören. Ist Ihnen übrigens bewusst, dass bisher keine der alten Hochkulturen auf diesem Planeten überlebt hat? Waren die alle zu dumm, sich so zu organisieren, dass sich ihre jeweilige Lebenswelt erhalten ließ? Ich denke nicht. Selbst wenn man akzeptieren würde, das Atlantis oder Lemurien – Hochzivilisationen, mit enormen Wissen und Technologien - Jahrtausende vor unserer Geschichtsschreibung existiert haben: auch die haben es nicht „geschafft". Was passiert hier? Kann es sein, dass die Realität ganz anders ist, als wir es überhaupt für denkbar halten? Begleiten Sie mich auf eine Reise ins Fantastische, in neue Denkwelten und Erfahrungen von Menschen wie Sie und ich – nur mit einem kleinen Unterschied zu uns: diese Menschen haben die anderen Realitäten gesehen. Lassen wir die Forscher zu Wort kommen, die sich ihr Leben lang der Forschung an den Rändern unserer Existenz verschrieben haben. Haben Sie etwas herausgefunden, was die Fundamente unserer Realität sprengen könnte? Wenn ja, warum hören wir aber hierüber nichts von Prof. Dr. Harald Lesch oder bei Claus Kleber in den Nachrichten? Alles nur Blödsinn und Unfug?

Ich möchte es nicht versäumen, mich bei allen Interview-Partnern zu bedanken: ohne ihre Geduld und Zeit wäre es nicht möglich gewesen dieses Buch zu schreiben und die Fakten einem größeren Publikum zugänglich zu machen.

Danke an meine Frau Sylvia und an meine Kinder, die quasi zwangsweise mit einem Bild unseres Seins aufwachsen, dass mit anderen Informationen, welche sie zum Beispiel in der Schule erhalten, nichts zu tun hat. Ich hoffe, meine Kinder nutzen dieses Wissen dann als Erwachsene, um am aktiven Wechsel unseres Weltbildes teilzunehmen, und so zukünftig eine bessere Realität mit zu kreieren. Sie werden teilhaben an der Erschaffung eines neuen Denkens – die Bewusstseinserhöhung unserer Zivilisation und der Erkenntnis, dass es viele Existenzebenen gleichzeitig gibt.

Prolog

Gerade als ich damit begann, dieses Buch zu schreiben, erschien ein Artikel in einem Grenzwissenschafts-Blog mit folgendem Inhalt:

„Wissenschaftler-Kommission fordert Erforschung des Bewusstseins jenseits der materialistischen Weltanschauung“

Im „Galileo-Commission-Report“ schlussfolgern mehr als 90 Wissenschaftler von mehr als 30 Universitäten und akademischen Institutionen weltweit, dass trotz der unzähligen außergewöhnlichen Errungenschaften der Naturwissenschaft, diese doch zugleich auch durch einen vorbehaltslosen und größtenteils schlichtweg nicht in Frage gestellten rein materialistischen Ansatz bezüglich der Fragen rund um das Bewusstsein, wichtige Erkenntnisse unterdrückt hat.

https://www.galileocommission.org/

Dieser Blog ist übrigens sehr für Menschen zu empfehlen, welche gerne Informationen erhalten möchten, die in der Regel nicht in den üblichen Mainstream-Medien Platz finden.

Es scheint sich gerade ein Kampf „David gegen Goliath“ abzuspielen, wobei diese Forscher den David repräsentieren. Ich habe in den letzten Jahren hunderte von Interviews mit eben solchen Experten geführt, die sich aufgemacht haben, ihre Erkenntnisse zu teilen und so in die Welt zu tragen.

Natürlich passt hierzu gut die Anekdote zu Galileo Galilei, als dieser seine Forscherkollegen darum bat, sich den Mond einmal genau durch das Fernrohr anzusehen. Diese weigerten sich durch sein neu konstruiertes Fernrohr zu blicken, da es Ihnen keine neuen Erkenntnisse bringen könne, weil sie ja wissen, dass der Mond keine Krater hat.

Dieses überhebliche Denken hat sich in der Wissenschaftsgilde bis heute gehalten. Daran hat auch ein Buch von Thomas Kuhn, das zum ersten Mal 1962 veröffentlicht wurde, nichts geändert, in welchem er ganz klar aufzeigt, dass es in jeder Epoche der Wissenschaft ein offizielles Weltbild gab, das in der Schule gelehrt wurde. Er konnte aufzeigen, dass der Fortschritt in der Forschung nicht linear von statten geht, sondern sprunghaft: er nannte diesen Sprung der Erkenntnisse einen Paradigmenwechsel.

Ich bin mir sicher, dass wir gerade vor einem solchen Paradigmenwechsel stehen.

Die Lösung des schwierigen Problems der „Entstehung unseres Bewusstseins", des „Ich", läuft mit den materialistischen Erklärungsmodellen und Experimenten immer noch ins Leere. Zusätzlich nehmen die Erlebnisberichte von Menschen mit außerkörperlichen Erfahrungen jeden Tag zu.

Diese Erfahrungen machen nicht nur Menschen mit einem niedrigen Bildungsniveau, sondern quer durch alle Schichten der Bevölkerung und das weltweit. Religion, Herkunft oder Vorwissen spielen dabei genauso wenig eine Rolle wie Alter oder Geschlecht der Betroffenen. Wobei Folgendes aber markant auffällt: Nahtodeserfahrungen von Kindern sind im Alter bis 5 Jahren bei fast 70 Prozent der Fälle zu finden, aber bei über 40 Jahre alten Personen nur mehr bei 18 Prozent. Dr. Pim van Lommel ist sich sicher, dass dies damit zu tun hat, dass der Austritt des Lichtkörpers bei Erwachsenen ein paar Minuten länger dauert als eben bei Kindern - hier ist die Verbindung zum physischen Körper noch nicht so fest verankert.

Doch diese Art von Erfahrung ist nur ein schmaler Auszug der Transzendenten Erlebnisse, die Menschen tagtäglich erleben. Aber sie sind ein Schlüssel zum Verständnis dieses „Erweiterten Seins-Zustands", denn wenn dies alles nicht auf materieller Basis beruht, sondern auf einer „lebendigen Kreativität" wie es Prof. Dr. Hans-Peter Dürr immer nannte, wenn also unser Selbst nicht physischer Natur ist, sondern geistiger, dann sind Spuk, Lichtwesen oder andere Entitäten die sich in nicht fester Form zeigen, keine Einbildung oder Halluzinationen, sondern reale Geschehnisse.

In diesem Buch werden wir eine Brücke von den Grenzbereichen dieser Seins-Erfahrungen hin zu den Erklärungsmodellen der Forscher schlagen, die sich mit ihren Aussagen an die Öffentlichkeit wagen.

Ja, es ist immer noch so, dass die offizielle Weltanschauung so fest zementiert und in den Studiengängen der Wissenschaftler eingepflanzt wird, das ein Blick außerhalb dieses dogmatischen Gedankenguts auch mit Sanktionen in der Karriere bestraft wird. Wer sich mit einem solchen Unsinn befasst, kommt auch schwer an Forschungsgelder. Auch die private Wirtschaft hat hier kaum etwas zu bieten. Offensichtlich wird hier kein monetärer Nutzen gesehen. Es gibt Länder wie Russland, die hier wesentlich weiter in ihren Erkenntnissen sind, z.B. in der Anwendungs-Technologie und vor allem in der Frequenztechnik für den Einsatz im Gesundheitswesen.

So, wir haben nun ein Problem. Was ist Bewusstsein?

In meinen früheren Büchern habe ich immer wieder darüber geschrieben, warum es denn sein kann, dass wir in der Schule nicht über bestimmte Forschungsergebnisse unterrichtet werden. Das ist aber relativ einfach zu erklären: unser Schulsystem stammt aus dem vorletzten Jahrhundert und die Schulen erinnern deshalb auch sehr an preußische Kasernen. Links und rechts die Klassenzimmer, vorne steht jemand der uns sagt, was für uns wichtig ist bzw. was wir auswendig lernen dürfen, damit wir später auch gut in die gängigen Berufsbilder der Wirtschaft passen. Und bei den Naturwissenschaften ist es nicht anders. Ich habe mit vielen Forschern darüber gesprochen, warum diese die vielen doch schon sehr oft publizierten Phänomene an den Rändern unserer Realität und unseres Seins nicht kennen. Ihre Antwort: Sie wurden während ihres Studiums damit nicht konfrontiert, und wenn doch, wurden die Erklärungen der Skeptiker akzeptiert, welche immer in das gleiche Horn blasen, dass es das „was nicht sein darf, nicht geben kann!" Basta.

Was ich dann oft zu hören bekomme, ist die Frage, wo denn die Beweise dafür sind, dass diese Phänomene tatsächlich real sind.

Und hier liegt schon der erste falsche Ansatz dafür, warum für viele Menschen diese Anomalien an den Rändern unserer Existenz nicht nachvollziehbar sind. Was ist Realität und was ist Wirklichkeit? Richtig, es gibt hier einen Unterschied. Die vielen klugen Köpfe der Physik, die Philosophen, die Biologen etc. stellen sich seit Jahrhunderten immer wieder dieselbe Frage: gibt es eine von uns unabhängige Realität?

Die einen möchten das nicht akzeptieren und die anderen wissen, dass die Forschungsergebnisse genau darauf hindeuten. Diese Frage kann eigentlich nur mit einem klaren „Nein" beantwortet werden.

Dr. Raymond Moody hat sein ganzes Forscherleben damit verbracht, sich den Nahtodberichten mit unserer menschlichen Logik zu nähern. Er sagte zu mir: „Ich habe aufgegeben. Für das, was diese Menschen erlebt haben, reicht unser menschliches Denken nicht aus, um es aus unserer irdischen Perspektive verstehen zu können." Andere Dimensionen fordern offensichtlich:

- Andere Logik
- Andere Perspektive
- Andere Ethik
- Andere Realität
- Andere Sinne
- Anderes Sein

Es ist mit nichts zu vergleichen, was wir in unserer Welt erleben. Diese „Transzendenten Geschichten“ sind so vielfältig, wie die Menschen, die dahinterstehen und davon erzählen. Keine Worte können das Erlebte wiedergeben. Umschreiben ja, aber, es war doch ganz anders.

In diesem Buch habe ich Ihnen, lieber Leser, wieder Erlebnisse von Menschen zusammengestellt, die eben genau diese Transzendenz-Erfahrungen - jenseits von Raum und Zeit - versuchen zu beschreiben. Lassen Sie sich drauf ein und lassen Sie, wenn möglich, Ihren Gedanken zu einzelnen Aussagen freien Raum. Ich bin mir sicher, dass Sie im Kontext aller Informationen am Ende des Buches ein umfassenderes Bild der Realität bekommen haben und vielleicht auch ihre eigenen Erlebnisse besser verstehen können.

Denken sie jedoch immer daran: auch die in diesem Buch aufbereiteten Geschichten und Fakten sind wiederum nur ein neuer Rahmen, der über unser bisheriges, erlerntes Weltbild hinausgeht. Unsere von klein auf in unserer Kultur und westlichen Zivilisation erlernten Glaubenssätze können nicht so einfach über Bord geworfen werden. Der Vorteil dieses Handlungs- und Denkautomatismus ist aber der Nachteil für künftige Veränderungen.

Wie schwer ist es oftmals ein paar Kilo abzunehmen, das Rauchen aufzuhören oder lästige Gewohnheiten, welche den Partner stören, abzulegen. Wie schwer ist es dann erst, ein Bild von unserer Realität über Bord zu werfen, welches uns bisher ganz gut durch das Leben begleitet hat. Aber wenn Evolution einen wahren Kern besitzt, dann muss dies auch und vor allem die Weiterentwicklung unseres Geistes beinhalten. Im Laufe des Buches werden Sie die Namen einiger Institute und Coaches finden, die ich bisher kennengelernt habe und welche schon dieses neue Wissen - oder Teile davon - in ihre Dienstleistungen mit aufgenommen haben. Ich möchte hier kein Werbehandbuch auflegen, aber ich werde fast täglich gefragt, wo man sich helfen lassen kann, um schneller in das holistische Denken zu kommen und neue Denk- und Handlungsmuster zu erlernen, um so eigene Missstände zu überwinden und um dann positiver und kreativer in die Zukunft zu schreiten. Sie sind tatsächlich der Schmied Ihres Glücks, aber es sind ganz andere Parameter, die es dazu neu einzustellen gilt, als wir bisher in den Büchern a la „wünsch dir was“ zu lesen bekamen.

In 100 Jahren werden wir auf unsere Epoche zurückblicken und uns fragen, wie es sein konnte, dass diese, unsere Hochzivilisation, welche über umfassende Kommunikationsmöglichkeiten verfügte - lassen wir hier mal die ärmeren Länder außen vor - den Wald vor lauten Bäumen nicht sah. Das soll heißen, wir wissen, was alles anders laufen müsste, um friedlich und in Harmonie mit dem Rest der Schöpfung zu leben, ändern aber nur im Schneckentempo unser gesellschaftliches Verhalten.

Manche Menschen werden jetzt bestimmt anmerken „lieber langsam, als nichts zu tun". Das mag sein. Nur fahren wir mit 100 km/h auf eine Mauer zu und haben 5 Zentimeter vor dem Aufprall noch nicht daran gedacht, die Notbremse zu ziehen. Vielleicht hoffen die meisten Menschen noch auf einen eingebauten Schleudersitz? Ich gehe nicht davon aus, dass ein solcher existiert.

Unsere Vorstellung, dass ein Einzelner sowieso nichts zu ändern vermag, sitzt tief in unserer Seele verankert. Auch dieser alte Glaubenssatz kommt noch aus der Zeit, als wir in Jagdgruppen gemeinsam unsere Beute aufspüren und erlegen mussten, die wir als Einzelgänger nicht hätten erlegen können. Aber die Zeiten ändern sich tatsächlich und der Blick auf die anderen Realitäten ist ein anderer geworden. Wir sind dabei zu erkennen, dass nichts von dem wirklich in Stein gemeißelt ist, wovon wir bisher ausgegangen sind:

- Die Realität existiert unabhängig von uns
- Es gibt kein Leben vor und nach dem Tod
- Wir sind die einzigen Intelligenzen mit Ich-Bewusstsein
- Das Gehirn ist der Sitz unseres Selbst
- Ufos existieren nicht
- Niemand kann mit Verstorbenen sprechen
- Wir können nicht aus dem Körper aussteigen
- Es gibt nur eine Realität
- Neue Arten entstehen aus Mutation und Selektion
- Es gibt keine Wunder und Phänomene

Und wer jetzt das Buch noch nicht weggelegt hat, wird mit Informationen belohnt, die es mit Sicherheit nicht in die Abendnachrichten schaffen werden - noch nicht. Keine leichte Kost.

13

Dr. Dean Radin

Interview mit Dr. Dean Radin

Jeder meint, dass seine Wirklichkeit die richtige Wirklichkeit ist.
(Hilde Domin)

Dr. Dean Radin hat einen Masterabschluss in Elektrotechnik und einen Doktortitel in Bildungspsychologie. Er hat intensive Forschung im Bereich Parapsychologie, PSI-Effekte und außergewöhnliche menschliche Fähigkeiten durchgeführt. In diesem Interview spricht er über seine Erkenntnisse zu Bewusstsein und PSI-Effekten.

Dr. Dean Radin ist Forschungsleiter am Institut für ganzheitliche Wissenschaft (IONS) und Präsident der parapsychologischen Vereinigung. Er forscht bereits seit etwa 20 Jahren im Bereich PSI-Phänomene und verfügt über exzellentes Wissen bezüglich der Forschung im parapsychologischen Bereich. Er gehört weltweit definitiv zu den „Großen" auf diesem Fachgebiet. Natürlich musste ich mit ihm sprechen. Glücklicherweise war er als Gastredner bei einem Zukunfts-Kongress eines großen Pharmakonzerns in Deutschland eingeladen. Dort trafen wir uns am Rande des Kongresses. Radin ist Autor und Co-Autor von über 200 technischen und populären Artikeln, einem Dutzend Buchkapiteln und mehreren Büchern, darunter der preisgekrönte Bestseller *„The Conscious Universe"*, sowie *„Entangled Minds"* und *„Supernormal"*. Außerdem erhielt er den *Silver Nautilus Book Award 2014*. Seine Bücher wurden in viele Sprachen übersetzt. In seinem aktuellen Buch *„Real Magic"* zeigt er auf, dass es PSI-Phänomene gibt, die weit über das hinausgehen, was die klassische Wissenschaft erklären kann. Auch seine Experimente auf dem Sektor des Einflusses des menschlichen Geistes auf Materie, gehören zu den am besten dokumentierten ihrer Art. Ich war gespannt auf seine Ausführungen.

JNM: Warum erkennen Wissenschaftler die erwiesenen PSI-Phänomene nicht an?

DR: Ich denke, die Wissenschaft hat ein Problem mit PSI-Phänomenen, wegen der wissenschaftlichen Weltsicht, die auf dem Materialismus fußt. PSI-Phänomene sind Erfahrungen, die der Materialismus nicht erklären kann, auch wegen der Subjektivität der Erfahrungen selbst. Man kann es einfach nicht verstehen. Aber die wissenschaftliche Weltsicht ist nur eine Weltsicht, eine Art die Realität zu sehen. Ich erwarte, dass schließlich die wissenschaftliche Weltsicht, wie wir sie heute verstehen, umfangreicher wird. Es wird andere Wege geben, wie die Natur der Realität betrachtet werden kann, was es viel leichter machen wird,

PSI-Erfahrungen zu verstehen. Es geht nicht darum, dass Beweise fehlen. Davon gibt es eine Menge. Wir verstehen sie nur noch nicht. Das ist das Problem.

JNM: Der Quantenphysiker Prof. Hans-Peter Dürr postulierte im Jahr 2015, dass die neue Physik sagt, Materie fußt nicht auf Materie, in der Basis ist so etwas wie ein Spirit. Was denken Sie darüber?

DR: Oft gibt es eine Diskussion über Wissenschaft und Spirit. Ich habe ein Problem mit dem Wort Spirit, denn es ist fast wie ein Platzhalter, ein Platzhalter für ein anderes Wort, das wir noch nicht kennen. Anstatt Spirit würde ich etwas sagen wie Information, aber Spirit und spirituell sind Worte, die einen fortziehen von der Vorstellung, dass es nur Materie und Energie gibt. Es ist irgendetwas anderes. Es ist wahr, die Quantenmechanik basiert auf einer Informations-Realität. Nicht Materie, nicht Energie, sondern etwas anderes. Manche Leute würden es Spirit nennen. Ich nicht.

JNM: Offensichtlich ist das Bewusstsein fundamentaler als die Realität. Was denken Sie darüber?

DR: Die wissenschaftliche Weltsicht hat ein Problem damit, das Bewusstsein zu verstehen, genau wie die PSI-Phänomene. Mit Bewusstsein meine ich Gewahrsein. Das Schwierige daran ist, wie viele Neurowissenschaftler heutzutage denken, zumindest die führenden Neurowissenschaftler: man nennt es das schwierige Problem des Bewusstseins. Es ist die innere Art der Erfahrung, nicht das, was wir sehen. Es gibt Experimente, die zeigen, dass wir gewahr sind, aber wir wissen nicht, wie wir es erklären sollen.

In der esoterischen Literatur, die bis zehntausend Jahre zurückgeht, im Gegensatz zur wissenschaftlichen Literatur, die es seit etwa 500 Jahren gibt, ist die Vorstellung eines „Bewusstseins“ Teil der Tradition. Mein Verdacht ist, dass das Bewusstsein viel wichtiger ist, als wir momentan denken. Dahingehend, denke ich, wird sich die Wissenschaft schließlich erweitern, dass wir erkennen, dass es vermutlich drei Fundamente gibt, das eine ist Energie, das andere Materie, und sie sind nah verwandt. Das Dritte ist vermutlich das Bewusstsein. Und alle drei sind verwandt miteinander.

JNM: Welche Forschungen und Studien sind am relevantesten für Sie? Welche Experimente?

DR: Genau genommen, alle PSI-Experimente sind wichtig, um die Frage „was ist Bewusstsein“ zu beantworten. Die PSI-Wahrnehmungs-Experimente, Wahrnehmung durch Zeit und Raum hindurch, suggerieren, dass es einen Aspekt des Bewusstseins gibt, das nicht eingeschlossen im Kopf ist. Psychokinetische Effekte ebenso, demnach ist die Intention ein interner subjektiver Sinn, der sich in die Welt hinaus ausdrückt. Also beide Arten, wahrnehmungs- und handlungsorientiert, suggerieren, dass das Bewusstsein fundamental sein könnte.

JNM: Warum spricht die Physik immer noch von Partikeln, obwohl sie seit 100 Jahren weiß, dass es Wellen sind?

DR: Ein Grund, warum Physiker gerne über Partikel reden, ist, dass es eines der Standard-Modelle ist. Es ist ein Teil der Physik, der tatsächlich auf der Quantenmechanik basiert. Partikel bedeutet in dem Fall, die Art, wie die wellenartige Struktur ist, wie sie sich in der Welt manifestiert. Wir sprechen über die wellenartige Struktur, aber wir sehen sie nie. Wir sehen immer nur Partikel. Wenn wir versuchen, das zu verstehen, ist es immer noch partikelartig. Sogar wenn die Beschreibung wellenartig ist.

JNM: Zeigen uns die PSI-Phänomene nicht, dass es etwas Spirituelles hinter der materiellen Realität gibt?

DR: Es stellt sich die Frage nach einer spirituellen Realität, und ich weiß nicht, was das bedeutet. Wir verstehen die Realität von einem alltäglichen Sinn aus, das Materielle, Energie und so weiter. Spirituell scheint etwas anderes zu sein. Ich weiß nicht, was. Und ich habe nie eine genaue Definition von Spiritualität gehört. Ein physisches Medium, das Manifestationen ermöglicht – darüber kann ich als psycho-kinetischen Effekt sprechen. Aber ich weiß nicht, wie man es erklärt.

JNM: Dr. Lucadou in Deutschland sagt, er hat alle drei Monate paranormale Phänomene, und niemand spricht davon. Ist dies auch in den USA so?

DR: Es gibt Leute, die über PSI-Aktivitäten sprechen. Vermutlich nicht auf dem Level, den Walter sieht. Teilweise weil die meisten Feldstudien in den USA von Amateur-Gruppen durchgeführt werden. Und sie schauen sich vor allem Spuk-Fälle an, Poltergeist-Fälle, aber es gibt keinen systematischen Weg, in dem sie veröffentlichen können, was sie gefunden haben. Man kann sich auch nie sicher sein, ob dass, was sie berichten, genau so passiert ist. Viel wird auch von Fernsehsendungen beeinflusst, wo Geisterjäger Dinge tun. Man sollte nichts glauben in diesen Shows. Ich weiß nicht, wie weit verbreitet diese Phänomene sind oder wie viele Fälle wirklich Poltergeist-Fälle sind. Wir haben einfach nicht genug Leute, die das auf eine systematische Weise untersuchen.

JNM: In Deutschland sagen die Leute immer: es ist nicht real! Es ist ein Fake!

DR: Ich glaube, manche davon sind Fakes. Aber Walter ist ein sehr guter Forscher, wenn er überzeugt ist, dass etwas real ist, ist es das vermutlich.

JNM: Er erzählte mir von einem Poltergeist-Phänomen: er kam in das Zimmer, das Zimmer war komplett zerstört, und das geschah alle drei Monate. Er sagt, er hatte viele Fälle dieser Art. Doch davon liest man nichts in der Tageszeitung. Diese Informationen erhält man nicht in den Mainstream-Medien.

DR: Das ist genauso in den Vereinigten Staaten. Man hört kaum etwas von einem Poltergeist-Fall in den Medien. Noch nicht mal in den alternativen Medien hört man darüber sehr viel. Ich denke, einer der Gründe ist, wenn man es nicht selbst erlebt hat, oder die Person kennt, die es untersucht, dann klingt es unglaublich. Es ist viel einfacher zu glauben, dass es ein Fake ist, als dass es wahr sein könnte.

JNM: Haben Sie diese Phänomene jemals selbst erlebt?

DR: Ja, ich hatte einige Erlebnisse, die PSI zu sein scheinen. Aber vermutlich nicht öfter als jeder andere. Das ist nicht der Grund, warum ich diese Phänomene studiere, ich fand sie nur einfach sehr seltsam. Das ist meine Motivation. Ich kam zu dem Schluss, dass manches davon real ist. Es basiert nicht auf meiner eigenen Erfahrung, sondern auf dem, was wir im Labor sahen. Der Grund, warum ich meiner eigenen Erfahrung nicht glaube, ist, weil man sich so leicht täuschen kann. Manchmal erinnert man sich falsch. Ich glaube dennoch, einige der Fälle sind real.

JNM: Hans-Peter Dürr postulierte, es gibt nichts außerhalb von uns. Was denken Sie darüber? Das die Realität mit unseren Sinnen erzeugt wird? Alle diese Dinge werden von unserem Hirn erzeugt, außerhalb unseres Körpers ist nur Information?

DR: Eine wachsende Anzahl von Wissenschaftlern glaubt, dass die Realität Information ist. Und Mathematiker denken, die Realität ist Mathematik. Linguisten denken, die Realität besteht aus Symbolen. All diese Theorien weichen ab von der Theorie, dass alles physisch ist. Vielleicht Materie und Energie, aber in subtilerer Form.

Es ist vermutlich wahr, dass das Gehirn eine stabile, materielle Realität projiziert. Je mehr wir die Natur der Realität betrachten, sieht es so aus, als wäre es nicht nur Materie und Energie, sondern etwas anderes.

JNM: Kennen Sie die Experimente von Pioch? Was halten Sie davon?

DR: Die Studien von Rene Pioch – ich glaube, das ist sein Name – sehen sehr interessant aus. Ein kleiner Roboter bewegt sich, die Küken reagieren auf ihn. Es wäre toll, wenn es mehr unabhängige Studien dieser Art gäbe. Ich kenne einen Fall, wo jemand versuchte, das zu wiederholen. Eine Gruppe in Südamerika versuchte es, aber sie kamen nicht zum selben Ergebnis. Wir wissen nicht, ob die Resultate so robust sind, wie Rene sagte. Vielleicht hatte er eine spezielle Maschine oder eine spezielle Beziehung zu den Hühnern. Aber seine Resultate waren sehr interessant.

JNM: Kennen Sie die Experimente von Gary Schwartz mit Medien. Sind sie echt?

DR: Ja, es gab Doppelblindstudien, um zu verifizieren, was die Medien sagten. Was sie sagten, war wahr, doch unter Bedingungen, wo sie nicht betrügen konnten. Es waren Laborbedingungen. Dies zeigt uns, dass das Medium reale Informationen bekam. Was es uns nicht sagt, ist die Realität der verstorbenen Wesen, mit denen sie arbeiten. Darüber wissen wir nichts.

JNM: Glauben Sie, die Entwicklung des menschlichen Bewusstseins ist schon zu Ende? Wie wird es sich weiterentwickeln?

DR: Wenn wir 10.000 Jahre oder länger zurückblicken, waren die Leute damals in Bezug auf ihre Gehirnkapazität und dem Bewusstsein fast identisch mit uns. Wir haben einen anderen Kontext, werden viel mehr abgelenkt. Aber wenn sich in den nächsten 100 Jahren nichts ändert, ist es sehr wahrscheinlich, dass unser Gehirn und unser Körper derselbe bleiben. Die Evolution ist gut darin, uns vorwärts zu pushen, wenn wir uns ändern müssen. Wenn sich die Umwelt signifikant ändert, werden die Menschen ihre medialen und hellsichtigen Fähigkeiten vielleicht besser entwickeln. Aber das ist ein sehr langsamer Prozess. Sogar große klimatische Veränderungen werden, denke ich, kaum eine Veränderung hervorbringen. Viele Leute glauben, dass wir uns entwickeln zu besseren PSI-Fähigkeiten. Meine Antwort ist: ich denke, es bleibt beim Alten. Und nicht nur auf Menschen bezogen. Auch Hunde haben Bewusstsein. Und ich glaube nicht, sie ändern sich merklich. Es sei denn, die Gesellschaft ändert sich. Wenn die Gesellschaft besondere Fähigkeiten mehr anerkennt, werden sich mehr Menschen mit Fähigkeiten zeigen.

Dr. Stephen Braude

Interview mit Dr. Stephen Braude

In Wirklichkeit erkennen wir nichts;
denn die Wahrheit liegt in der Tiefe.
(Demokrit)

Auf nach Las Vegas. Klar - wer kennt diese „verrückte Stadt" nicht? In unzähligen Hollywood-Filmen dient diese Stadt als Handlungs-Kulisse. Ich selbst war nun das erste Mal dort. Mein Kameramann Robert war so fasziniert, dass er sich noch am Tag seiner Anreise - er war einen Tag später angereist, als meine Frau und ich - die halbe Nacht um die Ohren schlug, um das Treiben auf den Straßen mitzuerleben.

Am nächsten Tag waren wir von dem Prunk und den riesigen LED-Monitoren, die jedes deutsche Vorstellungsvermögen sprengten, sichtlich fasziniert. Ebenso beeindruckt waren wir auch von den Preisen in Las Vegas - zwei Starbucks-Kaffee, zwei Croissants und eine Geschenk-Tasse für gerade mal 62 Dollar! Nun, das war auch für mich eine Dimension, die ich bisher so nicht kannte.

Aber wir waren nicht zum Vergnügen da, sondern um wieder einmal etwas über Dinge zu erfahren, die es eigentlich nicht geben dürfte. Wer die Bücher von Dr. Stephen E. Braude gelesen hat, weiß, er hat Dinge erlebt und dokumentiert, die so mancher Skepsis-Hardliner gerne als Unfug oder Blödsinn hinstellen würde, denn diese Dinge passen nicht in das offizielle Bild - aber das kommt uns schon sehr vertraut vor. Je mehr es dementiert wird, umso wichtiger sind die gut dokumentieren und überprüften Fälle nach klassischen, wissenschaftlichen Standards - und das hat Dr. Braude oft genug gemacht.

JNM: Dr. Braude, vielen Dank für dieses Interview über PSI-Phänomene.

SB: Sehr gerne.

JNM: Sie sind Philosophie-Professor und Psychologe und Sie untersuchen die PSI-Phänomene seit mehreren Dekaden. Sie haben auch einige Bücher darüber geschrieben. Ihr Interesse wurde geweckt, als Sie Student waren und während einer Séance den Küchentisch levitierten. Ist das richtig?

SB: Es war kein Küchentisch, es war ein Klapptisch, der vielleicht vier Stunden lang schwebte. Ich hatte das zusammen mit zwei Freunden gemacht, keiner von ihnen wusste wirklich irgendetwas über PSI-Recherche. Meine Freunde hatten es als ein Spiel angesehen. Ich hatte es nie gespielt. Sie nannten es „Tisch nach oben". Wenn es funktioniert, ist es ein Riesenspaß. Die nächsten drei Stunden beobachtete ich den Tisch, wie er hoch und runter hüpfte und Antworten gab.

JNM: Was hielten sie von diesem Phänomen?

SB: Es machte mir eine Heidenangst. Ich wusste nicht, was ich davon halten sollte. Ich wusste, dass meine Freunde nicht schummeln. Es war helles Tageslicht und es war mein eigener Tisch. Wenn einer meiner Freunde in ein anderes Zimmer ging, hob und senkte sich der Tisch immer noch, und gab Antworten auf unsere Fragen. Ich wusste also, dass wir den Tisch nicht mit unseren Beinen hochhoben. Es war sehr eindrucksvoll. Wir waren in Kommunikation mit drei verschiedenen verstorbenen Menschen. Der eine war John Wayne, der kurz zuvor gestorben war. Der andere war der mysteriöse Riversticks. Deswegen war ich ziemlich sicher, dass es keine wirkliche Kommunikation war. Der Dritte behauptete, einer der Leute gewesen zu sein, die das Haus gebaut hatten, in dem ich zu der Zeit lebte. Ich dachte mir: das ist großartig, ich kann einfach zum Rathaus gehen und herausfinden, wer am Bau des Hauses mitgewirkt hatte. Wenn der Name stimmte, würde das sehr eindrucksvoll sein. Aber es stellte sich heraus, dass das Haus so alt war, dass es keine städtischen Aufzeichnungen gab. Ich fand es also nie heraus.

JNM: Gibt es in der Wissenschaft immer noch Zweifel, dass diese Phänomene real sind?

SB: Sicherlich gibt es in der wissenschaftlichen Gemeinschaft keinerlei Übereinstimmung darüber, was von PSI-Phänomenen zu halten ist. Ein paar Leute halten sie für real, und sind sehr offen im Geiste, so dass sie die Beweise auch beachten. Aber ich würde sagen, die meisten Wissenschaftler fühlen einen großen Widerstand gegenüber dem Paranormalen.

JNM: Ein Problem für die Wissenschaftler scheint zu sein, dass diese Phänomene nicht unter Laborbedingungen wiederholt werden können. Diese Phänomene geschehen für gewöhnlich spontan.

SB: Die Wiederholbarkeit ist ein ernstes Problem für die Parapsychologie. Ich glaube, einige Experimente konnten wiederholt werden, aber meiner Meinung nach sind Experimente unter Laborbedingungen in der Parapsychologie lächerlich unreif. Wir haben keine Ahnung, was parapsychologische Phänomene im täglichen Leben bedeuten. Es waren spontane Phänomene, die Wissenschaftler überhaupt ins Labor gebracht haben. Wir wissen nicht wirklich, welche Art von Phänomenen wir unter Laborbedingungen studieren wollen. Wir wissen nicht einmal, wie weit es überhaupt angebracht ist. Es gibt viele menschliche Fähigkeiten, die nicht hinreichend unter Laborbedingungen getestet werden können. Wenn wir die Fähigkeit einer Person testen wollen lustig zu sein, oder sinnlich zu sein - es gibt alle Arten von Phänomenen, die in einen Kontext eingebunden sind. Phänomene, die nur in realen Situationen getestet werden können. Solange wir nicht wissen, was PSI im echten Leben bewirkt, wissen wir nicht, ob wir es überhaupt unter wissenschaftlichen Laborbedingungen studieren sollen. Es wäre nicht angebracht. Meiner Meinung nach testen Wissenschaftler nur sehr beschränkte PSI-Phänomene im Labor. Es ist sehr schwer, sie zu wiederholen. Wir haben keine Ahnung, was unter Laborbedingungen passiert. Im PK-Experiment zum Beispiel haben wir keine Ahnung, wer das wirkliche Subjekt ist. Wir können nicht mit dem PK-Messgerät herumgehen und es messen. Wir wissen also nicht, ob das Phänomen von dem offiziellen Subjekt erzeugt worden ist, oder vom Experimentator, oder von einem Beobachter, oder von jemandem, der weiter entfernt ist. Dennoch scheint jeder zu denken, dass Wissenschaftler, die PSI-Phänomene erforschen, sich an ein lächerliches Regelwerk halten. Dass nur das offizielle Subjekt PSI-Fähigkeiten nutzen wird, die getestet werden, und nur zu der Zeit, zu der sie wollen, dass das passiert. In dem Moment, in dem der Experimentator seine Pistole abfeuert, nicht früher und nicht später. Dass niemand weiteres, der mit dem Experiment zu tun hat, PSI-Fähigkeiten nutzen wird, die er vielleicht hat. Für welchen Zweck auch immer, bewusst oder unbewusst. Oft genug ist der Experimentator mehr als das Subjekt daran interessiert, ein bestimmtes Resultat zu erzielen. Wenn es um die Ambitionen geht, habe ich im Labor mehr Gründe welche zu haben. Das Problem der Wiederholbarkeit ist genau das, was wir erwarten würden. Solange wir keine guten parapsychologischen Naturalisten haben, Leute die raus ins Feld gehen können und herausfinden, wie es unter realen Bedingungen ist, haben wir keine Ahnung, was wir eigentlich im Labor machen.

JNM: Die Phänomene sind unterteilt in psychologische, pathologische und physikalische Anomalien. Was waren ihre interessantesten Fälle? Ich denke an die Blattgold-Dame.

SB: Die Blattgold-Dame war ein absolut faszinierender Fall. Ihr Name war Katy - ist es immer noch, soweit ich weiß - Katy ist kein Medium und hat keinerlei Ambitionen, eins zu werden. Sie hat keine besonderen religiösen Ansichten, sie hat nur herausgefunden, dass sie in der Lage ist, verschiedenartige

Effekte zu erzeugen. Interessanterweise kam keine ihrer PSI-Fähigkeiten ans Licht, und sie hatte viele davon, nachdem sie ihren zweiten Ehemann heiratete. Soweit ich das beurteilen kann, ist es eine schwierige Ehe. In gewisser Weise ist Katy ein typischer Poltergeist-Agent. Eine Person mit ernsten und tiefen emotionalen Problemen, die keine normale Methode findet, diese Probleme auszudrücken oder damit umzugehen. Und so tendieren sie dazu, spontan auszubrechen. Katys PSI-Phänomene begannen mit Poltergeist-artigen Phänomenen. Objekte bewegten sich durchs Haus, erschienen und verschwanden, und eines Tages erschien ein Schnitzset mit Messer aus dem Nichts. Und Katys Ehemann sagte zu ihr: „Für was ist es gut, wenn nicht, um Geld zu verdienen!" Zwei Tage später begann Katys Körper sich mit Goldfolie zu bedecken, sehr dünne Goldfolie in großen Mengen.

Wir haben keine Ahnung, was genau da vor sich geht, ob es ein Materialisations-Phänomen ist, ob es ein Abort ist, ob sie die Folie von einem Ort zum anderen beamt. Es sieht aus, als würde sie schwitzen, als wäre es eine Art Perspiration. Aber da die Folie zu 80% aus Karbonit und zu 20% aus Zink besteht, müsste sie eine Menge Karbonit und Zink im Körper haben, um das ausschwitzen zu können. Medizinische Tests haben nie diese Art von Anomalie gezeigt. Meine Theorie ist, dass die Produktion von falschem Blattgold für Katy ein Weg ist, den Wunsch ihres Mannes noch etwas Wertvollem zu befriedigen. Aber Katy muss nicht wirklich die Verantwortung dafür übernehmen, eine Gans zu werden, die ein goldenes Ei legt. Sie muss nicht die Verantwortung übernehmen, psychokinetisch etwas erschaffen zu können, das wirklich wertvoll ist. Außerdem glaube ich, dass das ein Weg für Katy ist, ihre Wut und ihre Ablehnung gegenüber ihrem Ehemann auszudrücken. Er wollte etwas Wertvolles, und sie gibt ihm Narrengold. Das ist Katys Methode, ihm den psychokinetischen Mittelfinger zu zeigen.

JNM: Können Sie noch etwas über dieses Phänomen sagen?

SB: Ich folgte Katy eine Weile mit einer Videokamera, die damals viel größer waren als die Smartphone-Kameras heute. Für gewöhnlich geschah das Phänomen dann, wenn ich die Kamera niederlegte. Wenn ich zum Beispiel mit ihr zu Abend aß, erschien plötzlich etwas auf ihrem Gesicht. Einmal gelang es mir, auf Video aufzunehmen, wie die Folie erschien. Das Video ist kompromittierend, denn es gab nur eine Kamera, und Katy begann, ihr Auge zu reiben, als gäbe es eine Irritation. Das war häufig der Fall, bevor das Phänomen auftrat, dass sie dort eine Irritation fühlte. Also zoomte ich näher heran, da ich es auf Band bannen wollte. Sie rieb sich am Auge, und sah dann ihren Finger an, aber als sie das tat, nahm sie ihren Finger aus dem Sichtfeld der Kamera heraus.

Man kann mir trauen, aber es ist leicht zu fälschen, sie hätte ihren Finger auch in Gold tauchen können und dann anfangen, sich am Auge zu reiben. Und es so auf ihrem Gesicht aufzubringen.

Ich sollte über Katy noch hinzufügen, dass dieses Folien-Phänomen wie ein Anfall war. Sie hatte keine Kontrolle darüber. Es konnte einige Monate lang sehr häufig passieren, und dann einige Monate lang überhaupt nicht. Ich sollte außerdem erwähnen, dass Katy jede Menge PSI-Fähigkeiten hatte. Sie konnte Flammen in ihren Händen aufgehen lassen. Sie arbeitete mit der Polizei zusammen, um Verbrechen aufzuklären. Und das, obwohl sie Analphabetin war, sie konnte keine Sätze auf Englisch schreiben, nur ihren Namen - sonst nichts.

JNM: Das Phänomen begann mit ihrem zweiten Ehemann?

SB: Ja. Aber als Katy in einer dissoziativen Medien-Trance war, schrieb sie - obwohl sie Analphabetin war - Gedichte in mittelalterlichem Französisch. Offensichtlich von Nostradamus. Das fand ich heraus.

JNM: Automatisches Schreiben. Produziert sie immer noch diese Phänomene?

SB: Ich habe seit drei oder vier Jahren keinen Kontakt mehr zu ihr. Ich sprach mit ihrem Hauptuntersucher vor acht oder neun Jahren, und er sagte, soweit er weiß, finden diese Phänomene weiterhin statt.

JNM: In einem Ihrer Interviews mit Dr. Mishlove zeigten Sie ein kurzes Exzerpt Ihrer Levitations-Experimente. Ist das kein Beweis dafür, dass es Leute mit speziellen Fähigkeiten gibt? Ist das nicht genug für die Wissenschaft?

SB: Ich studierte jemanden namens „Arial“ in Buenos Aires. Arial war in der Lage, Tische unter seinen Händen schweben zu lassen. Bei hellem Tageslicht, mit Kameras, die das Phänomen aus jedem Blickwinkel aufnahmen. Mit verschiedenen Messgeräten auch noch. Ich finde die Beweislage überwältigend. Manche Leute weigern sich, es anzuerkennen, ganz egal, wie genau nachprüfbar es ist. Sie bestehen darauf, dass es ein Trick sein muss. Ich verstehe auch warum. Die Menschen haben eine Heidenangst vor Psychokinese. Das ist nicht schwierig zu verstehen. Warum? Bedenken Sie, wenn ich einen Bleistift bewegen kann - allein durch meine Gedanken - ist es vom Konzept her nur ein kleiner Schritt, jemanden allein durch Gedankenkraft tot umfallen zu lassen. Die Existenz von Psychokinese zwingt uns dazu, eine magische Weltsicht anzuerkennen, die die meisten von uns, normalerweise herablassend, mit primitiven Kulturen assoziieren. Es ist eine Weltsicht, nach der unsere Gedanken wohlwollende oder tödliche Konsequenzen haben können. Wir müssten Verantwortung übernehmen für eine Menge Dinge, bei denen wir annehmen, dass wir nur zufällig daneben stehen. In hochentwickelten Ländern haben wir ein Problem damit, dass, wenn wir etwas Schlechtes über jemanden denken, ihm ein Missgeschick geschehen könnte. Dass wir etwas damit zu tun haben könnten. In anderen Teilen der Welt finden Leute dieses Konzept in Ordnung. Aber man findet es nicht sehr oft in Industrieländern. Ich denke, die Angst vor Psychokinese hat damit zu tun, dass wir befürchten, wir könnten in eine primitive Weltsicht und ihre Kausalitäten zurückfallen.

JNM: Das ist der nächste Schritt der Wissenschaft, das anzuerkennen.

SB: Es gibt natürlich keinen Grund anzunehmen, dass die PSI-Phänomene nur für Parapsychologen vorkommen, und nur, wenn Parapsychologen danach suchen. Die spontanen Phänomene haben die Parapsychologen überhaupt erst in die Labors gelockt. Ein anderer Grund, warum Parapsychologie und Psychokinese so gefürchtet sind, könnte der sein, dass die Psychokinese in der Lage sein könnte, Jahrhunderte von Experimenten zunichte zu machen. Normale Wissenschaftler sind mindestens so gierig darauf, Resultate zu erzielen wie Parapsychologen. Wenn also die Motivation und die Intention etwas damit zu tun haben, wie das Experiment ausgeht - soweit wir wissen, spielt das in die Ergebnisse mit hinein. Wir haben es auch mit sehr sensiblem Equipment - wissenschaftlicher Ausstattung - zu tun, mit viel Feintuning.

JNM: Sie haben viel über Séancen recherchiert? Mit dem Ausstoßen von Ektoplasma, Levitation, Materialisationen. Wie gingen sie vor?

SB: Ich denke, es gibt überwältigende Beweise für die größeren Psychokinetischen Phänomene, Materialisationen, Levitationen, und so weiter. Ich finde auch, die besten Beweise stammen aus dem späten 19. und frühen 20. Jahrhundert. Soweit ich weiß, sind moderne Medien nicht so bereit unter guten Überwachungs-Bedingungen zu arbeiten wie manche der damaligen. Große Medien wie Hume, Paladino und andere.

JNM: Sie halten Sie also für echt?

SB: Ich denke, manche von ihnen sind echt. Warten sie, ich gebe Ihnen eine bessere Antwort. Ich denke, manche der großen psychokinetischen Phänomene der Medien sind echt.

JNM: Die Leute halten das immer für eine Zaubershow.

SB: In manchen Fällen bin ich mir sicher, dass es eine Kombination ist aus Zaubershow und echten Phänomenen. Viele Medien tun das, um ihren Lebensunterhalt zu verdienen. Sie haben einen enormen Druck, dass es jedes Mal funktionieren muss. Sie können zahlende Kundschaft nicht enttäuschen. Die Leute, die das nur für wissenschaftliche Experimente tun, haben eine andere Motivation. Und ich denke, diese Fälle müssen wir anders behandeln. In manchen Fällen, wie zum Beispiel dem von Eusebia Palladino: gerade weil sie schummelte und es auch zugab, wurde sie besonders genau unter Bedingungen beobachtet, unter denen sie nicht schummeln konnte. Und unter diesen Bedingungen produzierte sie ihre stärksten Phänomene. Sie wurde eine Betrügerin genannt, weil ihre Fähigkeit, magische Zaubertricks zu produzieren, ziemlich unausgegoren war. Sie war nicht gut darin.

JNM: Wir haben mit Jeffrey Mishlove über Leute gesprochen, die eine multiple Persönlichkeitsspaltung haben. Leute, deren Gesichtszüge sich verändern und die Augenfarben. Ist das möglich?

SB: Eigentlich ist das nicht möglich.

JNM: Was geht da vor sich? Sind da zwei Personen in einem Körper?

SB: Es ist ziemlich kompliziert zu sagen, was tatsächlich in multiplen Persönlichkeiten vorgeht, aber so viel kann ich Ihnen sagen, und das hat auch mit parapsychologischer Investigation zu tun: Wir haben die Tendenz zu denken, wenn PK existiert, dass die Leute sie außerhalb von sich selbst anwenden. Aber das ist nicht weit genug gedacht, meiner Meinung nach. Soweit wir wissen, kann man Psychokinese auch an sich selber anwenden. Das steckt auch hinter Spontanheilungen und sogar hinter manchen der Phänomene der multiplen Persönlichkeiten. Manche der Persönlichkeiten haben vielleicht Allergien, die andere nicht haben. Oder sie sind drogenabhängig, und andere nicht. Oder die Augenfarbe kann sich verändern, oder die Dioptrien-Zahl. Ich glaube nicht, dass wir annehmen müssen, dass tatsächlich zwei Individuen im selben Körper stecken. Außer vielleicht im philosophischen Sinne. Aber ich denke, wir können darauf schließen, dass das, was da vor sich geht, Psychokinese am eigenen Körper ist.

JNM: Einer der größten Quantenphysiker starb vor 3 Jahren: Prof. Dr. Hans-Peter Dürr. Er arbeitete mit Heisenberg in München. Er recherchierte 50 Jahre über die Materie. Er sagte, nach 50 Jahren Recherche

kam er zur Schlussfolgerung, dass Materie nicht auf Materie aufgebaut ist und dass es eigentlich nur einen Geist gibt, der funktioniert. Das ist sein Ergebnis von 50 Jahren Recherche. Was halten Sie von dieser Antwort?

SB: Ich weiß, dass viele Menschen diese Art von Position einnehmen. Meine eigene philosophische Sicht ist ein bisschen anders. Ich zögere, zu sagen, wie genau die Natur aufgebaut ist. Ich neige mehr dazu, zu denken, dass es Materie gibt, aber keine beschränkte Beschreibung. Wir können Dinge von einem psychologischen Standpunkt aus beschreiben, vielleicht auch von einem philosophischen Standpunkt aus. Meine eigene philosophische Sicht ist, dass es keine einzige, fundamentale, primitive Beschreibung der Welt gibt. Es gibt unendlich viele, und sie koexistieren.

JNM: Glauben Sie, dass dahinter eine intelligente Kraft am Wirken ist? Der „Big Bang" findet ständig statt, nicht nur einmal?

SB: Ich bin mir nicht sicher, was ich darüber sagen soll. Generell suchen Wissenschaftler gerne nach einer fundamentalen Antwort auf Fragen dieser Art. Sie brechen gerne Phänomene, die sie beobachten können, in kleinere Komponenten auf. Ich habe damit ein Problem. Die meisten Wissenschaftler nehmen an, dass man nicht für alle Zeiten Phänomene analysieren kann. Früher oder später kommt man zu einem Art Grundbasis-Level. Und an diesem Punkt kann man nicht mehr tiefer gehen. Man kann die Phänomene nicht mehr mit darunter liegenden tieferen Phänomenen beschreiben. Das ist toll. Was ich nicht so toll finde, dass, wo auch immer diese primitiven Phänomene sind, sind sie immer auf dem Level „sehr klein". Das ist ein Grundlagen-Phänomen, das sehr klein ist. Ich nenne es, die kleinste schöne Annahme. Die Annahme ist, auf dem beobachtbaren Level sind keine primitiven Phänomene. Ich denke, es gibt überall primitive Phänomene. Phänomene, die nicht weiter analysiert werden können, Erklärungen durch Analyse. Wir würden zum Beispiel erklären, dass Hitze molekulare Bewegung ist. Viele Phänomene, inklusive psychologische Phänomene, sind vielleicht so basisch wie sie sein können. Man kann sie nicht auf physikalische Phänomene reduzieren, oder sie damit erklären, mechanistisch aus tiefergelegten Prozessen heraufzusteigen. Ich hoffe, das beantwortet Ihre Frage.

JNM: Ist es nicht verwirrend, dass die Physik über Partikel spricht, obwohl es seit langer Zeit bekannt ist, dass es keine Partikel gibt? Hans-Peter Dürr sagte, Atome existieren nicht. Atome sind nicht die Basis. Nur eine Welle, und die Welle baut sich nicht aus Materie auf. Die Welle kommt sofort ohne Zweifel.

SB: Ich habe zwar eine Sichtweise dazu, aber ich zögere, Ihnen eine Antwort zu geben, da es nicht mein Gebiet ist. Es wäre überheblich, wenn ich Physikern erzählen würde, was sie in ihrer eigenen Domäne tun sollen.

JNM: Viele Wissenschaftler denken, dass die Realität nicht existiert. Dass unsere Sinne die Realität erschaffen, aber in Wirklichkeit außerhalb unserer Körper nur Information ist. Was halten Sie davon?

SB: Ich habe ein Problem mit dieser Sicht, denn ich verstehe nicht, wie es Phänomene geben kann, die intersubjektiv geteilt werden. Wenn wir alles selber erschaffen, erschaffen wir es als Gruppe?

JNM: Die Maschine ist dieselbe, alle Menschen haben denselben Körper, dieselbe Software, und dieselbe Software erschafft dieselbe Realität.

SB: Ich glaube sicher nicht, dass das irgendetwas mit Software zu tun hat, dass das Bewusstsein die Software ist. Dass Gedanken mechanisch in der Form von Prozessen analysiert werden können. Ich würde sagen, es gibt nicht mal solche Dinge wie Erinnerungsspuren. Das echte Problem mit manchen dieser Sichtweisen ist nicht, dass sie physikalisch sind, sondern dass sie mechanistisch sind. Die Idee, dass psychologische Prozesse in Begriffen wie Operation und Organisation beschrieben werden, und die Funktion von darunterliegenden Teilen. Ich denke, das ist eine simplizistische Sicht, die nicht erhalten werden kann. Aber das ist ein größeres Problem in der Philosophie des Geistes.

JNM: Welche Fälle untersuchen Sie momentan?

SB: Momentan untersuche ich keine neuen Fälle. Ich würde gerne mehr Zeit damit verbringen, Arial in Buenos Aires zu untersuchen. Aber bisher hat niemand vorgeschlagen, mich zu finanzieren. Ich habe kein Problem damit, in Pension zu sein.

JNM: Vielen Dank für dieses Interview.

Kameramann: Darf ich noch ein oder zwei Fragen stellen? Kennen Sie Uri Geller?

SB: Nicht persönlich.

Kameramann: Aber Sie haben von ihm gehört?

SB: Natürlich.

Kameramann: Die meisten Menschen nehmen ihn als eine Art zweiten David Copperfield wahr. Der Chef meiner Ehefrau kennt ihn persönlich, er sagt, er sei authentisch. Ist das ein Trick? Ein „Las Vegas Casino Trick", wenn er den Löffel verbiegt? Oder ist es wie in der Matrix, wo Neo denkt, der Löffel existiert nicht?

SB: Uri Geller tut nicht nur die eine Sache. Ich vermute, dass er zu bestimmten Anlässen Tricks anwendet, aber manche der Dinge, die er getan hat, sowohl im Bereich der Psychokinese als auch der SP, sind sehr überzeugend. Er verbog einen Schraubenschlüssel, und ich habe ernste Zweifel daran, dass das ein Trick sein kann. Wie viele Subjekte in der Parapsychologie könnte er zu manchen Anlässen legitim sein und zu anderen nicht ganz so legitim.

JNM: Da ist ja ein enormer Druck auf diesen Leuten, dass sie den Medien immer etwas liefern müssen. Deswegen fangen sie an, Dinge vorzutäuschen.

SB: Man muss immer vorsichtig sein, bei Leuten, deren Karriere aus diesem Phänomen besteht. Es gibt diesen Druck, zuverlässig zu sein, obwohl wenige Menschen überhaupt zuverlässig sind.

JNM: Kennen Sie die Arbeit von Dr. Ulrich Warnke in Deutschland?

SB: Nein.

JNM: Ich sende Ihnen einen Link

Kameramann: Ich habe eine Frage, die nicht direkt mit Ihren Themen zu tun hat. Sie haben sicher vom Phänomen der Kornkreise gehört. Soweit ich weiß, von meinen Recherchen her, gibt es Zeugen, die gesehen haben, dass dort einige Lichtkugeln waren, die von irgendwoher kamen, aber irgendwie legte sich das Korn spontan in wenigen Sekunden nieder. Diese Kornkreise wurden also nicht mit Seilen gemacht, sie wurden von einer unbekannten Kraft niedergelegt. Ist es eine Art Psychokinese, die wir beobachten? Was denken Sie darüber?

SB: Ich möchte nicht, dass die Antwort publik wird, denn es ist ein Gebiet, mit dem ich mich nicht beschäftige.

INTERVIEW MIT DR. STEPHEN BRAUDE

Kameramann: Ich dachte, sie hätten eine Idee oder eine Recherche dazu gemacht.

SB: Es gibt so viele Phänomene da draußen, ich kann nicht überall ein Experte sein.

Kameramann: Ich war vor drei Jahren selbst in einem Kornkreis. Mehrere Male, denn es erschienen mehrere in der Nähe von München. Im Jahre 2014 und 2016 erschienen drei Kornkreise. Wir hofften, im Jahr 2018 käme noch einer, aber das war nicht der Fall. Es war ein Gebiet von vielleicht 50 Quadratkilometern. Das war sehr selten. Sehr spektakulär. Ich interviewte den Bauer, dem das Feld gehörte, und seine Frau sagte, beim ersten Schritt, den sie in den Kornkreis setzte, wusste sie, dass er nicht von Menschen gemacht worden ist. Sie lebt seit 60 Jahren auf dem Bauernhof, sie weiß, wie Winde und Stürme die Getreidepflanzen niederlegen. Aber sie sagte, das war anders.

SB: Das glaube ich gerne, aber ich kann dazu nichts sagen. Ich glaube, manche davon sind Schwindel. Ob sie allein durch Gedanken von Menschen gemacht sind oder ob sie etwas mit Außerirdischen zu tun haben - ich habe keine Ahnung. Ich wüsste es gerne. Vielleicht beschäftige ich mich damit in der Pension. (lacht)

JNM: Haben Sie schon einmal von der Arbeit von Hans Otto König gehört? Er hat eine Maschine, mit der er Kontakt mit der anderen Seite aufnimmt. Er kann sogar Videos von Verstorbenen aufnehmen, mit bis zu 20 Minuten Fragen und Antworten im Film. Es ist erstaunlich. Er arbeitete mit Ernst Senkowski, in der ITK, der Instrumentellen Transkommunikation.

SB: Oh ja. Ich bin da misstrauisch. Als ein Beweis für ein Leben nach dem Tod. Ich bin nicht misstrauisch in Bezug auf Psychokinese. Jedes Beispiel davon könnte eine Art Rorschach-Test sein. Die Leute hören, was sie hören wollen.

Dr. Jeffrey Mishlove

Interview mit Dr. Jeffrey Mishlove

Eines Tages wird man offiziell zugeben müssen, dass das, was wir Wirklichkeit getauft haben, eine noch größere Illusion ist, als die Welt des Traumes.
(Salvador Dali)

Dr. Jeffrey Mishlove traf ich in Chicago, wo er an einem grenzwissenschaftlichen Kongress teilnahm, um einen Vortrag über den PK-Man (PK = PsychoKinese) zu halten. Wir checkten im Kongress-Hotel ein, wo glücklicherweise noch zwei Einzelzimmer für meinen Kameramann Robert und mich gebucht werden konnten. Wir lauschten dem Vortrag von Dr. Mishlove. Ich kannte den Inhalt bereits, da ich sein Buch über diesen PSI-Mann *„Ted Owens"* schon gelesen hatte. Diese Story ist so unglaublich, dass es alles an Mainstream-Wissen sprengt, das bisher als gesichert angenommen wurde. Ted Owens hatte Kontakt zu *„Space-People"*, die aus einer anderen Dimension zu agieren scheinen, über eine symbolische Piktogramm-Sprache verfügen und sich telepathisch über diese Symbole mit ihm austauschten. So führte Ted Owens in den 50er bis 80er Jahren hunderte PSI-Aktivitäten durch und ließ diese dokumentieren. Er konnte vermeintlich Wirbelstürme, Dürreperioden, Blitze, Tornados, sowie Ufos herbeirufen und wieder verschwinden lassen. Hier das sehr interessante Interview mit Dr. Jeffrey Mishlove.

JNM: Für die Leute in Deutschland: Wer ist Dr. Jeffrey Mishlove und was tun Sie?

JM: Ich bin Parapsychologe und außerdem der Gastgeber eines Video-Kanals auf „YouTube". Ich interviewe seit fast einem halben Jahrhundert Leute, so wie Sie es tun. Ich habe einen Doktortitel in Parapsychologie. Das macht mich einzigartig. Ich habe den einzigen Doktortitel, den jemals jemand auf dieser Welt von einer akkreditierten Universität erhalten hat, auf dem tatsächlich Parapsychologie steht.

JNM: Sehr interessant. Danke übrigens für das Interview.

JM: Sehr gerne.

JNM: Sie sind Parapsychologe. Viele Leute glauben, die PSI-Phänomene wie zum Beispiel Spuk, existieren nicht wirklich. Andere sagen, diese Leute sind nicht gut informiert. Was ist Ihre Meinung dazu?

JM: Das ist genau richtig. Leute, die glauben, dass PSI nicht existiert, sind nicht gut informiert. Die meisten Leute erkennen nicht, dass wissenschaftliche Forschung auf diesem Gebiet seit 1886 stattfindet. Damals wurde die Gesellschaft für psychische Forschung in England gegründet. Die Gründer auf diesem Gebiet waren große Wissenschaftler. William James, einer der größten amerikanischen Philosophen und Psychologen, Sir William Crookes, Arthur Balfour, der später Premierminister von England wurde, Oliver Lodge - einer der Erfinder des Radios -, und Alfred Russel Wallace, der mit Darwin zusammen die Evolutionstheorie entwickelt hat. Diese Wissenschaftler waren sehr interessiert bei Fragen, die sich um das Leben nach dem Tod drehten. Sie nannten das die „Gedankenkonferenz", Gedanken über Materie. Es ist seit mehr als 440 Jahren Forschung betrieben worden.

JNM: Haben Sie selbst eine PSI-Erfahrung gemacht?

JM: Ich wurde durch persönliche Erfahrung in dieses Feld gezogen. In meinen frühen Zwanzigern hatte ich eine Reihe von Träumen. Sie waren nicht zu erklären, und ich ging zu meinen Professoren. Ich war Kriminologie-Student in Berkeley und fragte meine Professoren: „Was halten Sie von diesem Traum, den ich hatte?"

Zum Beispiel ist mir mein Großonkel im Traum erschienen. Ein sehr kraftvoller Traum. Es war genau zur Zeit seines Todes. Wie sich herausstellte, hatten meine Professoren nichts Intelligentes dazu zu sagen. Dieser spezielle Traum war sehr ungewöhnlich. Als ich aus dem Traum erwachte, sang und weinte ich zugleich. Es war eine der kraftvollsten Erfahrungen, die ich je in meinem Leben gemacht habe. Also versuchte ich, mein eigener Experte zu werden.

JNM: Sie haben mehrere Bücher geschrieben. Eines heißt „The PK Man". En Buch über Ted Owens. Ich habe dieses Buch gelesen, und auch Ted Owens Buch „How to contact space people" (wie man Space-Leute kontaktiert). Sie begleiteten ihn bis zu seinem Tod im Jahr 1987. Er beglaubigte seine Vorhersagen bis zu 188mal. Das ist sensationell, oder?

JM: Beglaubigte ist wahrscheinlich nicht das richtige Wort. Er schrieb mir und anderen Forschern Briefe, um zu demonstrieren, dass er durch Psychokinese etwas erschaffen werde. Die Briefe sind gestempelt und unterschrieben, aber nicht beglaubigt. Aber es gibt Beispiele, wo Leute unter Bedingungen, wo sie beglaubigt wurden, Prognosen stellten. In meinen Unterlagen habe ich 168 Aufzeichnungen verschiedener Demonstrationen seiner Vorhersagen. Ich würde sagen, über 100 davon gingen genau so aus, wie er sagte. Er sagte, er würde große Phänomene erzeugen: Hitzewellen, Kältewellen, Erdbeben, Tornados, Hurrikane, große Stromausfälle, UFO-Sichtungen. Etwa zwei Drittel davon sind genauso geschehen, wie er es gesagt hatte, und die Wahrscheinlichkeit, dass irgendeiner dieser Vorfälle allein geschehen wäre, liegt bei weniger als 1 zu 100.

JNM: Was war Ted Owens Beruf?

JM: Seine Karriere begann, als er für Dr. J.B. Rhine an der Duke-Universität arbeitete. Er war eine Schreibkraft im Labor für Parapsychologie. Er arbeitete an Rhines Buch „The Reach of the mind" (Die Reichweite des Verstandes). Er war ein Assistent. Er lernte Parapsychologie von einem der Gründer dieses Bereichs. Er war zu der Zeit auch College-Student. Das war in den 1940ern.

JNM: Ich habe gelesen, er habe einen Brief an die Wissenschaftler der Regierungen geschrieben, dass ein Wirbelsturm käme, und sie ignorierten es.

JM: Ja, fast jeder ignorierte es. Die Dinge, die er tat, waren so bizarr, dass die meisten Leute sagten: „Das muss ein Fake sein." Oder, wenn Leute an diese Dinge glaubten, dachten sie: „Das ist furchteinflößend! Er ist ein schlechter Mensch, ich möchte nichts mit ihm zu tun haben!" Jemand, der diese Art von Macht hat. Die meisten ignorierten ihn also, entweder sie glaubten ihm nicht, oder sie hatten Angst vor ihm.

JNM: Sein Charakter war sehr aufbrausend, oder? Wenn man ihm nicht geglaubt hat, wurde er sehr wütend?

JM: Ich habe seine Tochter getroffen, Lory, und sie erinnert sich an ihn aus ihrer Kindheit. Er war ein guter Mensch, ein Heiler. Er nutzte in den 1950ern Hypnose, um zu heilen. Die *American Medical Association* stoppte ihn, denn er hatte keine medizinische Lizenz. Soweit ich mich erinnere, war es 1945, als die *American Medical Association* Hypnose als legitime Therapie anerkannte, aber sie mochten die Idee nicht, dass jemand ohne medizinische Ausbildung das tun konnte. Ab diesem Zeitpunkt wurde er verbittert. Das war vermutlich der Anfang seiner Gemütsausbrüche. Natürlich tendierte er seine ganze Karriere lang – wie viele Amerikaner, einschließlich unseres Präsidenten – dazu, anzugeben. (Lacht)

„Ich kann mit einem Fingerzeig einen Blitz einschlagen lassen" - und die Leute lachten ihn aus und sagten: „Du bist ein Idiot". Und dann sagte er: „Ich muss euch wohl eine Lektion erteilen".

JNM: Ich habe gelesen, ein Wissenschaftler kam zu ihm. Sie gingen in ein Gebiet, er zeigte mit dem Finger gen Himmel und Donner ertönte.

JM: Ja, ich habe in seinem Buch ein Schriftstück gefunden, signiert von einem Anwalt, in dem stand, dass sie im Bürogebäude waren und Owens sagte: „Ich kann einen Blitz erzeugen!“ Und der Anwalt sagte: „Okay, lass ihn dort bei der Candon-Brücke einschlagen. Dann fülle ich eine Beglaubigung für dich aus“.

Es war regnerisch und wolkig, aber es gab keine Blitze. Owen deutete mit dem Finger auf die Candon-Brücke und ein Blitz schlug in dieser Richtung ein. Er traf nicht die Brücke, war aber nahe der Brücke. Der Anwalt war überrascht und unterschrieb das Schriftstück. Ich interviewte ihn am Telefon und er bestätigte die Geschichte. Es war viele Jahre später, und zehn Jahre später rief ich ihn wieder an, und er erinnerte sich immer noch an jedes Detail, und sagte: „Ja, das ist wirklich passiert!“

JNM: Es heißt, er konnte UFOs herbeirufen?

JM: Ja.

JNM: Können Sie dazu etwas sagen?

JM: Nun, als ich die Akten im Jahr 1976 bekam, erhielt ich einen großen Stapel Akten von Harold Puthoff und Russel Targ, denn er hatte sich an sie gewendet. Sie wollten aber nichts mit ihm zu tun haben, weil sie damals von der CIA gesponsert wurden. Sie wollten eine nette kleine Operation und dachten, er würde zu viel Publicity erzeugen. So gaben sie mir die Akten und fragten, ob ich dem Fall folgen wolle. Es schien ihnen legitim.

Mir fiel in den Akten auf, dass es mehrere Vorfälle gegeben hatte, wo er sagte, er könne ein UFO erscheinen lassen, und die Leute sahen es, und in den Zeitungen wurde darüber berichtet. Also fragte ich ihn, ob er das für mich tun könne. Und das tat er. Er sagte, er würde drei UFO-Erscheinungen in der San Francisco Bucht innerhalb von 90 Tagen in einem Radius von 100 Meilen erschaffen.

Ich versuchte, daraus eine Doppelblindstudie zu machen. San Diego war die Kontrollgruppe. Ich hatte Leute in San Diego, die Briefe an die lokalen Strafverfolgungsbehörden schrieben, um zu sehen, ob Berichte über UFO-Sichtungen eingegangen waren.

Es gab in der San Diego-Gegend keine, aber zwei in San Francisco, eine davon gehört zu den dramatischsten UFO-Sichtungen, die je registriert worden sind. Das Interessante ist, einige Tage davor rief mich Ted Owens an. Er war sehr aufgeregt und sagte, er fühle, dass es kommt. Er fühlte, dass es größer sein würde, dass Hunderte von Leuten es sehen würden, dass es fotografiert werden würde, dass ein Foto auf der Vorderseite einer der Lokalzeitungen veröffentlicht werden würde. Und genau das geschah. Und sogar mehr, denn es wurde aus der Luft gesehen und vom Boden aus. Ein Pilot führte Kunststücke über dem Campus vor, er flog etwa 3000 Fuß über dem Campus. Dann erschien ein UFO direkt vor ihm. Es wurde fotografiert und auf Video aufgenommen. Das Video wurde auf dem Kanal *Nine Evening News* gesendet. Das Foto wurde auf der Vorderseite der *Berkeley Gazette* publiziert. Es war erstaunlich. Ich interviewte den Piloten des Flugzeugs. Sie alle bestätigten, dass es ein echtes Phänomen war. Ich habe immer noch die Video-Aufnahme, obwohl man es schwer erkennen kann, da das Objekt so klein ist. Doch damals erregte es enorme Aufmerksamkeit. Es gab auch eine UFO-Entführung in Kerkeland, Kalifornien, über die in den Zeitungen berichtet wurde.

JNM: Es sieht so aus, als ob Menschen von unbekannten Intelligenzen aus anderen Welten oder Dimensionen seit dem Anbeginn unserer Kultur kontaktiert worden sind. In Ihrer Fernsehsendung „Thinking aloud" haben Sie mit Jack Walle oder Professor John Mack gesprochen. Auch sie sind überzeugt, dass Leute von Außerirdischen entführt worden sind. Ist das möglich?

JM: Es gibt viele Leute, die glauben, dass das passiert. Es ist ein Puzzle. Ich kann Ihnen nicht wirklich eine definitive Antwort geben, ob Leute wirklich entführt wurden. Es gibt zahlreiche Berichte darüber. Die meisten Leute, die diese Berichte abgeben, haben auch die sogenannte Schlaflähmung erfahren. Typisch dafür ist, sie schlafen und wachen auf, und sie merken, sie können sich nicht bewegen, und in diesem Bewusstseinszustand erfahren sie Besuche von etwas, das sie „Alien Beings" nennen. Die Geschichte ist sehr ungewöhnlich. David Jacobs hat sich auf das Gebiet spezialisiert, und er nimmt die Geschichten ernst. Ich selbst habe noch nicht genug Informationen, um sicher zu sein, dass es wirklich das ist, was diese Leute behaupten. Es gibt Geschichten über Schwangerschaften und Kinder, die von Aliens aufgezogen werden. Ich weiß, dass die Leute, die diese Erfahrungen gemacht haben, sehr ehrlich sind – ich habe keinen Zweifel an ihrer Ehrlichkeit – aber ich weiß nicht, ob wir sagen können, was genau da los ist.

JNM: Ted Owens sagte, er habe seine Fähigkeiten von den All-Leuten aus anderen Dimensionen.

JM: Ich denke, auch hier, Ted Owens ist sehr ehrlich. Er sagte mir: als er zum ersten Mal mit dieser Arbeit begann - das Erzeugen von Wetter-Phänomenen - dachte er, er sei im Einklang mit der Natur. Dass die Natur irgendwie auf seine Wünsche reagierte. In anderen Worten, man könnte sagen, die Natur ist lebendig, die Natur ist bewusst und kann auf ihn reagieren. Später merkte er, dass es nicht die Natur war, sondern diese All-Intelligenzen. Er beschrieb sie als Wesen aus anderen Dimensionen. Sie sehen aus wie riesige Gottesanbeterinnen, er nannte sie *Tweeter* und *Twitter*, denn sie machen hohe quietschende Töne. Er sagte: „Wenn Du sie nur hören könntest. So hören sie sich an. Hohe, quietschende Töne."

JNM: Verstand er, was die Gottesanbeterinnen zu ihm sagten?

JM: Ja.

JNM: Sie können nicht mit allen sprechen, sondern nur mit Ausgewählten?

JM: Er sagte, sie hatten lange nach jemandem wie ihn gesucht, jemand, dessen Nervensystem so stark ist, dass er die Kommunikation mit ihnen überstehen kann. Er behauptete, er sei der erste Mensch seit Moses, der diese Fähigkeiten habe.

JNM: Die Geschichte von Ted Owens beweist doch, dass wir nicht allein im Universum sind.

JM: Lassen Sie mich Ihnen eine alternative Perspektive geben. Ich traf Ted Owens im Jahr 1976, auf einer Konferenz einer Organisation in London, genannt die *Parawissenschafts-Foundation.* Einer der anderen Sprecher dieser Konferenz war eine Frau mit Namen *Susan Panfield.* Und sie war die Ehefrau eines berühmten Arztes in England mit Namen *Ted Baston,* der sich auch für Parapsychologie interessierte, und sie selbst war ein Poltergeist-Medium. Poltergeist-Phänomene umgaben sie. Sie glaubte, dass dies Spirits waren, und später entdeckte sie, dass sie diese Phänomene erzeugen konnte, bewusst. Und das tat sie auch, sie konnte Metall verbiegen und erzeugte auch andere Arten von psychokinetischen Phänomenen. In ihrer Präsentation auf der Konferenz sprach sie über das, was sie „psychische Unterstützungs-Figuren" nannte. Sie sagte, die meisten Leute, wenn sie mit Psychokinese anfangen, wollen dafür nicht verantwortlich sein. Also sagen sie, etwas anderes ist es. Ein Spirit, oder die Natur, oder UFOs. Sie sagte, wenn sie reifer werden, erkennen sie, dass sie es selbst sind. Sie brauchen die psychischen Unterstützungs-Figuren nicht.

Ich habe mich darüber immer gewundert. Ich kann sie nicht beweisen, die Idee mit den Space-Intelligenzen. In Ted Owens Fall war es wichtig für ihn, es zu glauben. Manchmal nahm er die Verantwortung auf sich, manchmal sagte er, sie waren es. Wenn es negativ war, sagte er für gewöhnlich: „Sie waren es."

JNM: Unser Körper ist die Software, mit der wir kleine Portionen der Realität erschaffen. Und ein anderer Körper, der Alien-Körper oder was-auch-immer, erschafft eine andere Realität.

JM: Absolut, ja.

JNM: Wenn die Aliens neben mir stehen, können sie mich nicht sehen und ich sie nicht. Eine andere Frequenz.

JM: Ich denke, wenn wir ins Tierreich schauen, kann man sagen, dass jedes Tier das Universum anders wahrnimmt. Und wir sind auch Tiere. Unsere Wahrnehmung ist begrenzt durch unser Nervensystem und unsere Organe.

Ich hatte einen Mentor, *Arthur M. Young*, der Erfinder des Bell-Helikopter, der allererste lizenzierte, kommerzielle Telekopter, und er war ein Student der Metaphysik. Er entwickelte eine Theorie der Kosmologie: man hat das Tierreich, das Menschenreich, das Planetenreich, das Mineralreich. Er sagte, moderne Menschen wie wir selbst existieren im Menschenreich. Unsere Beziehung zu anderen Wesen ist im Menschenreich, äquivalent zu dem, was Muscheln im Tierreich sein könnten. Es gibt viele Tierarten, die viel weiter entwickelt sind als Muscheln. Es gebe also Wesen wie wir selbst, die ein Bewusstsein haben, wie wir selbst, die aber viel fortgeschrittener sind als moderne Menschen auf dem Planeten Erde.

JNM: Wenn Sie die Nahtoderfahrungen von Menschen auf dem ganzen Globus ansehen, deutet alles darauf hin, dass unser Bewusstsein kein Konstrukt unseres Gehirns sein kann. Was denken Sie?

JM: Dem stimme ich zu. Ich würde sagen, dass das Gehirn wie ein Fernseher funktioniert, ein Receiver des Bewusstseins. Aber das Bewusstsein scheint von irgendwo anders herzukommen. Es gibt viele Beispiele, Nahtoderfahrungen, eine andere Sache ist Terminale Luzidität. Jemand, der einen Hirnschaden erlitten hat oder Demenz, wird kurz vor seinem Tode plötzlich sehr luzid und bewusst in einer Art, die das Gehirn normalerweise nicht leisten könnte. Außerdem, die Recherchen zu Telepathie und *Remote Viewing, Precognition* lassen vermuten, dass der menschliche Verstand in der Lage ist, auf Arten zu funktionieren, die sich nicht auf das Gehirn beschränken.

JNM: Ist die Menschheit bereit für diese Art von Phänomenen?

JM: Sie fragen mich, ob die Menschheit bereit ist für diese psychokinetischen Kräfte, die Leute wie Ted Owens haben? Ich würde sagen, nein. Wir richten diesen Planeten mit unseren ganz normalen Fähigkeiten zu Grunde. Wir verschmutzen die Umwelt, riskieren einen Nuklearkrieg, wir haben ein schreckliches ökonomisches Ungleichgewicht - die eine Hälfte der Welt hat Übergewicht, die andere Hälfte hungert - ich denke nicht, dass die Menschheit ausreichend entwickelt ist, um diese Fähigkeiten zu integrieren. Ich hoffe, dass sich das in Zukunft ändern wird.

JNM: Ich habe Illobrand von Ludwiger in Deutschland interviewt, ein UFO-Forscher mit Interesse an Astrophysik. Er sagte, es gäbe jeden Monat tausende Sichtungen und 150 Landungen. Und doch sagen Wissenschaftler: „Das gibt es nicht". Ist das nicht schizophren?

JM: Genauso ist es in der Parapsychologie. Wir haben 164 Jahre mit wissenschaftlichen Daten. Aber man findet dazu nichts in den Universitäten oder Colleges. Die Leute tun so, als würde es das nicht geben. Deswegen bin ich der einzige mit Doktortitel oder Diplom in Parapsychologie. Das einzige Diplom, das ausgegeben wurde, und zwar vor 45 Jahren.

Die Leute tragen Scheuklappen, sie wollen nichts wissen. Ich würde sagen: wenn sie mit der Durchschnittsperson auf der Straße sprechen, werden zwei Drittel davon PSI-Erfahrungen gemacht haben und dafür offen sein. Aber die meisten davon sind keine Philosophen oder Psychologen. Spricht man dagegen zu Akademikern, wird fast jeder von ihnen sagen, dass es nicht real ist. Haben sie persönlich solche Erfahrungen gemacht, wollen sie es nicht öffentlich zugeben. Weil sie Angst haben, dass man sie auslacht.

JNM: Was denken Sie ist der nächste Schritt in der wissenschaftlichen Gemeinschaft? Wird sich ihr Denken über die Beschaffenheit von Realität ändern?

JM: Ich denke folgendes: es gibt vielleicht ein Dutzend verschiedener Richtungen im Paranormalen und sie liefen sehr viele Beweise. Da gibt es die Nahtoderfahrungen, Reinkarnationsforschung, *Remote Viewing.* Ein Forschungsgebiet betrifft Vorahnungen. Den Leuten wird etwas gezeigt, was beängstigend sein kann. Es werden ihre physikalischen Werte gemessen und es zeigt sich, dass der Körper auf diese beängstigenden Stimulationen reagiert, bevor sie da sind. Im Voraus, das nennt man Vorahnung oder *presentiment*. Der Verstand ist sich dessen nicht bewusst. Andere Gebiete der Forschung, insgesamt vielleicht ein Dutzend, haben statistisch gesehen vielleicht die Chance von Eins zu einer Million genauso zutreffend zu sein. Früher oder später werden die Leute in der wissenschaftlichen Gemeinschaft erkennen, dass sie diese Daten nicht länger ignorieren können, denn langsam aber sicher werden es immer mehr.

In Deutschland - während der Nazizeit - haben sich die Nazis sehr dafür interessiert. Das ist heute gewissermaßen ein Problem. Wenn sich Leute heute dafür interessieren, sagen andere, dass es sehr gefährlich ist. Sie würden den Aberglauben anheizen und wieder zu Nazis werden. Man sieht das Aufsteigen von rechtsextremen Politikergruppen in Europa und in den Vereinigten Staaten, und viele von diesen interessieren sich für diese Dinge. Deswegen macht es den Menschen Angst, wenn Sie denken, daraus wird etwas politisch Schlechtes entstehen.

JNM: Es scheint, dass wir nicht nur diese Realität erschaffen können, sondern auch eine andere in einem spirituellen Rahmen. Ein Wissenschaftler in Deutschland sagte zu mir, wir können Engel erschaffen und dieser Engel ist eine Persönlichkeit, die von Dir selber stammt. Er kann Dich führen und mit Dir sprechen.

JM: Die Philosophen im frühen 20. Jahrhundert oder Ende des 19. Jahrhunderts entwickelten die Idee der Gedankenformen. Man entwickelt einen Gedanken. Du denkst an etwas wie an ein UFO oder einen Engel. Es entsteht eine Person oder was man heute ein *Meme* nennt. Eine Idee. Präsident Trump zum Beispiel tut das dauernd: Fake News, Fake News. Das sind laut den Philosophen Gedankenformen, und ich denke, sie haben recht. Es kann ein eigenes Leben annehmen. Sprechen wir über Alexandra David Neel. Sie meditiert und konzentriert sich darauf, dieses Bild zu erschaffen. Bald kann es jeder sehen und sie können mit anderen Leuten interagieren, genau wie ein menschliches Wesen. Unabhängig von ihr.

JNM: Wir kommen nun zum Ende des Interviews.

Kameramann: Ich habe auch eine Frage. Wenn es Euch nichts ausmacht?

JM: Gerne.

Kameramann: Mir ist vorhin eingefallen: die Änderungen in der Zukunft. Was glauben Sie wird die Folge für die Menschheit sein? Was wenn es eine Art Moment der Offenbarungen gibt? Wir haben so viele Hinweise darauf bisher gesammelt. Sie kennen Leute, die von Außerirdischen kontaktiert wurden. Es gibt überwältigend viele Hinweise darauf auf der Welt, dass wir von Außerirdischen umgeben, überwacht und vielleicht sogar kontrolliert werden. Was werden die Folgen für die Menschen sein, gerade auch für religiöse Menschen? Sie sagten, Ted Owens sei der erste Mensch seit Moses gewesen, der diese Frequenzen hatte, um die Gottesanbeterinnen verstehen zu können. Heißt das, damals waren bestimmte Leute dazu fähig gewesen? Um es kurz zu machen, was werden die Folgen sein, speziell für religiöse Menschen?

JM: Religiöse Menschen werden sehr wahrscheinlich überrascht sein. Wie würden sie das integrieren, wenn Sie ein sehr religiöser Gläubiger wären? Ich denke, wenn diese Offenbarungen stattfinden, und alles deutet darauf hin - genau genommen finden sie seit über 100 Jahren immer wieder statt. Intelligente Menschen werden versuchen, es nüchtern zu betrachten, ohne Vorurteile. Und sie werden versuchen, es mit unserem wissenschaftlichen Wissen zu verstehen. Das wird passieren. Es wird eine neue Weltsicht geben. Wenn sich herausstellt, dass es Außerirdische gibt, werden die Leute irgendwann akzeptieren, dass es Kontakt mit Außerirdischen gab. Es könnte sich auch herausstellen, dass diese Kontakte von anderen Dimensionen stammen, anstatt von anderen Planeten. Es könnte sich auch herausstellen, dass es wir selbst aus der Zukunft sind, dass es sich um Zeitreisen handelt. Entweder andere Dimensionen oder Planeten. Es könnte alles davon sein. Basierend auf den Hinweisen neige ich dazu, zu denken, dass es all dies ist. Aber früher oder später werden die Leute ihre Vorurteile loslassen, ob sie nun wissenschaftlich oder religiös sind. Sie werden in der Lage sein, einfach die Fakten zu akzeptieren. Doch das ist sehr schwer für die Leute. Max Planck sagte einmal: „Die Wissenschaft schreitet mit jeder Beerdigung fort." Das ist in diesem Bereich bestimmt richtig. Es könnte mehrere Generationen brauchen, nachdem die Offenbarung passiert ist, bis die Leute wirklich in der Lage sind, es zu integrieren. Das ist einfach ein neuer Fakt, mit dem wir uns befassen müssen.

Kameramann: Eine philosophische Frage: warum ist es für Wissenschaftler so schwer sich mit diesen Dingen auseinanderzusetzen und zu erkennen, dass sie nicht nur Fantasie sind?

JM: Die meisten Wissenschaftler sind Materialisten. Sie glauben, dass alles aus Atomen besteht und Molekülen. Alles ist physisch. Sie haben kein Konzept für eine nicht physische Realität. Tatsächlich sehen sie sich als Naturalisten und sehr oft als positive Realisten und sie glauben, dass jede Diskussion über das Übernatürliche, das Wundersame oder von Dingen, die im Bereich der Religion liegen könnten, für Wissenschaftler komplett außer Frage stehen. Nicht nur das, sondern auch wenn einer ihrer Kollegen Interesse darin bekundet, dann lachen sie ihn aus. Das ist sehr beschämend, denn wenn man in einem wissenschaftlichen Umfeld ist, und die Leute fangen an, Dich auszulachen, verliert man seine Fördergelder. Sie haben Angst um ihre Karrieren. Ihre Positionen und ihre Fördergelder sind in Gefahr, wenn sie von dem abweichen, was ich die Religion des Materialismus nenne. Die Grundlage der Wissenschaft.

Kameramann: Denken Sie, das System bekämpft diese Wissenschaften als Fake oder Hokuspokus? Dass sie absichtlich wirklich dumme Sachen hervorbringen, damit die Leute den Wissenschaftlern glauben. Glauben Sie, das System versucht das zu bekämpfen?

JM: Das ist eine interessante Frage. Es gibt viele Grenzwissenschaftler, die neue Gebiete erforschen. Leute die sich für die sogenannte Tesla-Technologie interessieren, Pyramiden-Kraft, die Heilkraft der Kristalle, Astrologie und so weiter. Viele von ihnen sind noch nicht einmal als Wissenschaftler ausgebildet. Es sind Laien, die sich dafür interessieren und sie werden gefördert. Oft werden diese Dinge durcheinander gebracht und mit der ernsten Arbeit verwechselt. Es gibt da jede Menge Unsinn. Viele Menschen sind nicht in der Lage zwischen Dingen zu unterscheiden, die idiotisch sind und keine wissenschaftliche Basis haben, und ernsthafter wissenschaftlicher Arbeit. Das ist ein Problem.

Wir leben jetzt in einem Zeitalter, in dem alles in Frage gestellt wird. Wir wissen nicht, woran wir glauben sollen. Das kann sowohl gut als auch schlecht sein. Die Leute müssen in der Lage sein abzuwägen und diese Dinge intelligent zu beurteilen. Dafür braucht es Bildung. Aber nur wenige Menschen sind auf diesem Gebiet gebildet. Es ist schwierig für die Leute. Ich denke, realistisch gesehen wird es noch hunderte von Jahren dauern, bis dieses Wissen in unsere Kultur integriert wird.

Kameramann: Welche Rolle spielt Hollywood in diesem Spiel? Ich meine in den letzten 10 bis 15 Jahren habe ich erkannt, dass es eine Veränderung in Filmen und so weiter gibt. Es gibt eine Serie mit dem Namen „Fringe", wo es um parapsychologische Phänomene geht. Oder der Film „Lucy" von Luc Besson. Glauben Sie, das dient nur der Ablenkung? Oder soll es uns auf das vorbereiten, was kommen wird?

JM: Vermutlich ein bisschen von beidem. Hollywood tendiert dazu, Dinge zu sensationalisieren. Dann gibt es natürlich auch das Horror-Movie-Genre, das die Angst unterstützt. Ich würde sagen, insgesamt gesehen ist der Einfluss von Hollywood mehr positiv als negativ. Ich meine, es ist nett, dass die Leute sich dafür im Rahmen der Fiktion interessieren, aber nur sehr selten ist die fiktionale Behandlung der Themen irgendwie realistisch. Gelegentlich schon, gelegentlich gibt es ein paar sehr gute Filme.

JNM: Aber mit „Remote Viewing" kann man ja in der Zeit voraus sehen. Ich denke sowieso, dass Zeit und Raum nicht existieren. Es ist nur ein Konstrukt unseres Körpers.

JM: Das Problem ist folgendes: Als die Regierung *Remote Viewing* finanzierte, sagten viele der Remote-Viewer, wir können das Rätsel der UFOs lösen. Wir können in die Zeit zurück sehen und unsere Fähigkeiten nutzen, um Fragen zu beantworten. Aber das ist eine Abweichung des Protokolls, denn *Remote Viewing* funktioniert dann gut, wenn man Ziele hat, die man verifizieren kann. Dann weiß man am Ende des Tages, ob jemand richtig lag. Denn man kann beurteilen, wie gut die Beschreibung zum Ziel passt. Das kann man nicht, wenn man über UFOs spricht, also gibt es keinen Weg, es herauszufinden. Die Wahrheit ist, dass die besten Remote-Viewer so wie die besten Baseballspieler, mehr Fehler machen als Home-runs. Es ist also statistisch relevant, aber wenn man ein Ziel betrachtet, bei dem man keine Möglichkeit hat, es zu verifizieren, dann weiß man es einfach nicht.

Kameramann: Eine letzte Frage: Was glauben Sie muss passieren, damit eine Veränderung kommen kann? Muss das System in sich mit einem großen Blackout zusammenbrechen? Oder gibt es eine ständige Entwicklung des Bewusstseins der Menschheit, das sich sowieso in diese Richtung verändert? Was denken Sie?

JM: Ich würde sagen, damit die Menschheit in der Lage ist, es zu integrieren, all diese Phänomene, müssen wir uns bis zu dem Punkt entwickeln, an dem wir aufhören, uns gegenseitig zu bekämpfen. Wenn die Menschen gegeneinander kämpfen, erschafft es eine Umwelt, die für höhere Level des Bewusstseins nicht förderlich ist.

JNM: Nahtoderfahrungen. Ich verließ meinen Körper, und in diesem Moment erkannte ich, dass alle Menschen auf der Welt dieselbe Person sind - ein anderer Aspekt von mir. 7.000.000.000 Menschen. Ich bin 7 Milliarden Menschen.

INTERVIEW MIT DR. JEFFREY MISHLOVE

JM: Wenn jeder so denken könnte, könnte die Menschheit vereinigt werden. Wir könnten als ein Ganzes für das Wohl des ganzen Planeten handeln. Aber solange wir einander bekämpfen, ist es unwahrscheinlich, dass das passiert.

JNM: Was muss passieren, damit wir einander nicht bekämpfen?

JM: Wir brauchen eine Alternative. William James, einer meiner Helden, schrieb ungefähr im Jahr 1903 einen Aufsatz, genannt „das moralische Äquivalent des Krieges". Wissen Sie, wir müssen erkennen, sie können so viel reden wie sie wollen, darüber wie schrecklich der Krieg ist. Wie schrecklich es ist - Menschen werden verstümmelt und getötet. Aber das wird den Krieg nicht beenden. Denn die Leute qualifizieren den Krieg. Die Leute haben die ganze menschliche Geschichte entlang über die Marshall-Qualitäten gesprochen wie Mut, Selbstaufopferung, all die technologischen Fortschritte, die durch Krieg entstanden sind. Manche Leute würden sagen, gäbe es keinen Krieg, würden wir noch genauso leben, wie vor Tausenden von Jahren. Wir hätten nicht die Technologie und die Wissenschaft, die wir haben. Um also den Krieg loszuwerden, müssen wir diese positiven Tugenden behalten, die vom Krieg herrühren. William James schlug vor, dass wir das moralische Äquivalent des Krieges aufstellen müssen. Es gab schon einige kleine Schritte in diese Richtung. Das Friedenskorps, die Vereinigten Nationen vielleicht, wo die Leute sagen, ich kann heldenhafte Sachen tun, ohne andere Leute töten zu müssen. Ich denke, William James hatte die richtige Idee, aber sie muss noch im Großen angewendet werden.

Anton Styger

Interview mit Anton Styger

Die Seele ist wie die Luft.
Niemand sieht sie und dennoch kann sie der Physiker wägen.

Karl Gutzkow (1811 - 1878)

Anton Styger gehört zu den interessantesten Medien, die ich bisher kennengelernt habe. Er ist in der Schweiz zuhause. Ich wurde von einem Freund auf ihn aufmerksam gemacht. So durchforstete ich seine Website und lass ein paar Bücher von ihm. Wahnsinn, dachte ich mir – 12 Bände und das erste Buch ist rund 600 Seiten dick und alle 8 bis 12 Seiten ein neuer Fall von Erlösung, ins Licht senden, Elementare, Lichtwesen, Besetzungen etc., etc. Um das zu erfahren, was Anton bisher in seinem Leben erlebt hat, müssen wohl die meisten von uns mehrmals auf die Welt kommen. Und auch das wird kaum dafür reichen, was er in seinen Büchern erzählt. Also war klar, ich musste ihn besuchen. Und so machte ich mich auf, mit ihm persönlich über seine Erlebnisse zu sprechen.

JNM: Herr Styger, ich sage herzlichen Dank, dass Sie uns eingeladen haben, zu Ihnen in die Schweiz zu kommen. Wir haben hier einen herrlichen Ausblick in die Schweizer Berge und sitzen hier zusammen, um über die Phänomene zu sprechen, die Sie schon seit frühester Kindheit erleben. Auch über Dinge, die positiv sind, vielleicht über Dinge, die überraschend sind, über Dinge, die negativ sind und wie man damit umgeht. Ich bedanke mich sehr herzlich für dieses Interview.

AS: Danke gleichfalls, Herr Maier und ihr Team, ich begrüße Sie recht herzlich und hoffe, dass alles recht gut rüberkommt. Dass ich auf Ihre Fragen auch eine Antwort finde. Das hoffe ich sehr. Und ich hoffe, dass es den Leuten etwas helfen oder erklären kann.

JNM: Herr Styger, es ist doch so, dass diese nicht greifbare Welt noch immer von der klassischen Wissenschaft negiert wird. Diese sagt: das kann nicht sein, alles ist energetisch, alles basiert auf Materie. Unsere Leser und Zuseher wissen aber, dass dies offensichtlich nicht der Fall ist, weil es viele Phänomene und Anomalien gibt. Außerdem gibt es offensichtlich auch Menschen, die hierfür ein Gespür haben und Dinge sehen, die der normale Mensch nicht sieht. Wir haben Ihre Bücher gelesen. Es sind ja viele Fälle darin enthalten. Aber zu Beginn würde ich Sie gerne

einmal vorstellen. Sie sind ja hier in der Nähe aufgewachsen und konnten schon als kleines Kind Dinge sehen, die ihre Brüder, Schwestern und Eltern nicht sehen konnten. Wie war das für Sie?

AS: Wenn man Kind ist, meint man, dass andere Menschen das gleiche auch sehen, wahrnehmen, merken oder verstehen. Man merkt erst später, wenn man größer wird, dass die das gar nie wahrgenommen haben, gar nicht verstehen können, und schon gar nicht gemerkt haben. Und mit dem muss man lernen zu leben. Viele Kinder sind hellsichtig, nehmen etwas wahr, das die Erwachsenen nicht wahrnehmen können. Die Erwachsenen sind dann überfordert und meinen, das Kind erzählt ein Märchen oder die Unwahrheit. Und dann - mit der Zeit - wird das Kind verformt, umgeformt und geschwächt in der Wahrnehmung. Es glaubt natürlich den Eltern zuerst, das ist logisch, und dann verschwindet die Hellsichtigkeit und die Hellfühligkeit.

Bei mir war es umgekehrt. Es blieb einfach. Ich habe da nicht so große Freude daran gehabt. Man sieht dann nicht immer nur das Schöne. Man sieht eben auch das Andere, das Negative. Und das ist nicht immer angenehm. Ich möchte es also nicht jedem gönnen, dass er das sieht. Aber es hätte dann vielleicht für jeden eine andere Bedeutung. Oder neue Chancen im Leben.

JNM: In Ihrem Buch steht, wie Sie als kleiner Junge immer die Milch wegbringen mussten. Und Sie bemerkten, vor allem im Winter, dass Sie jemand auf diesem Weg begleitet hat. Können Sie einmal kurz diese Begegnung schildern?

AS: Selbstverständlich habe ich immer wieder Verstorbene gesehen - herumstehen, herumliegen. Auch in der Kirche, im Friedhof, das war mir bekannt. Zu Hause hatten wir Glück, wir hatten eine Liegenschaft, wo nichts Derartiges war. Aber immer auf dem Weg zu dieser Molkerei gab es mehrere Begegnungen mit Verstorbenen. Die einen standen da, die anderen liefen mir nach. Ich wusste als Kind natürlich auch nicht, wie ich damit umgehen sollte, ich hatte Angst wie andere Kinder auch. Wenn Du das „live" siehst, und Du hörst sogar den Atem von einem der Verstorbenen, Du hörst die Schritte, Du spürst, dass er Dich berührt und Dir etwas mitteilen möchte, nur hörst Du seine Worte nicht. Ich lief dann schneller und konnte nicht viel anderes tun als jeder andere. Ich traute mich auch oft nicht mehr, allein zu gehen. Mein Vater kam mit, die Mutter oder jemand anderes. Vielleicht durch ihr Vertrauen war nach einer gewissen Zeit das Wesen oder diese Seele weg. Einmal habe ich einen gesehen, der war total betrunken, das war ein Knecht von einem Anwesen, einem Hof in der Nähe. Und der war oft auf dem Heimweg total besoffen, kann man sagen, schwankte entsprechend. Einmal hat er es nicht geschafft nach Hause zu kommen, blieb dann im Schnee liegen, schlief ein und starb. Man hat ihn dann gefunden. Am nächsten Abend habe ich noch nicht gewusst, dass der gestorben ist. Man hat es später in der Todesanzeige angekündigt. Und dann laufe ich da vorbei und sehe ihn im Schnee liegen. Denke, was ist mit dem los? Dann gehe ich hin, berühre ihn, und greife ins Leere, in den Schnee. Das war die geistige Körperform von ihm. Er war nicht imstande, zu merken, dass er gestorben ist. Also blieb er im Geist, in der Form da, als Mensch seiner Zeit. Der war dann längere Zeit dort. Ich wusste nicht, was tun. Damals habe ich die Fähigkeit nicht gehabt, etwas zu tun.

Ich lernte aber daraus. Eines Tages war er verschwunden. Irgendwie heim gelaufen, oder fort gelaufen, ich weiß auch nicht wohin. Da konnte ich nicht mehr wissen als andere auch. Aber ich habe es gesehen.

JNM: Sie beschreiben in Ihrem Buch, dass Sie mit Ihren Geschwistern in einer Dachkammer schliefen. Und dass Sie diese Verstorbenen oder geistigen Wesen neben Ihrem Bett wahrnehmen konnten. Vielleicht können Sie das mal schildern? Sie haben dann einen „Riesenschrei" rausgelassen, um sie zu verscheuchen. Sie waren nicht immer ganz angenehm anzusehen.

AS: Die sahen nicht besonders menschlich aus. Sie waren wie kleine Menschen, und hässlich noch dazu. Ich hatte natürlich keine Ahnung, was es war. Ich fragte dann meine Eltern und meine Oma: „Was ist das? Was sehe ich da?" Alle hatten keine Ahnung. Es war ein Haus, das wir bezogen hatten, als ich ungefähr sieben Jahre alt war. Es war also vorher schon bewohnt. Der Mann musste es verkaufen, aus welchen Gründen auch immer. Auf jeden Fall war das schon im Haus. Ich kann nicht genau sagen, wann es begonnen hat. Aber ich könnte einmal behaupten, von Anfang an waren diese da. Zuerst waren es vier, dann waren es fünf, auch mal sieben. Und die sahen einfach wie Menschen-Fratzen aus. Sie waren halb so groß wie ein Mensch, etwa tischhoch. Sie hockten unter dem Bett oder auf mir im Bett. Neben mir schlief mein Bruder, der hat nie etwas gesehen, nie etwas gemerkt. Ich habe ihn am Anfang oft geweckt: „Schau, siehst Du die? Nimmst Du die wahr?" Und er konnte nichts sehen, nichts wahrnehmen. Er war glücklicher als ich.

Ich konnte nicht schlafen, hatte Ängste. Ich war oft nicht in der Lage, das Licht abzuschalten. Ich habe oft in einer Nacht ein kleineres Buch durchgelesen. Auf jeden Fall war ich am anderen Tage todmüde. Es ist also absolut nichts angenehmes, wenn man so etwas sieht. Hätte ich nichts bemerkt, hätte ich wahrscheinlich gut geschlafen. Mein Bruder hat keine Störung gehabt, nichts. Er ist auch gesund geblieben. Erst später konnte ich da etwas tun.

JNM: Aber im Buch schreiben Sie, dass Sie einen lauten Schrei rausgelassen haben, um sie zu vertreiben und Sie haben gemerkt, dass sie darauf reagieren. Vielleicht können Sie die Geschichte noch einmal erzählen, weil die ganz angenehm war.

AS: Es war so, dass ich mich am Anfang nicht getraut habe, mich zu wehren, weil ich dachte, es muss so sein. Oder die Anderen haben das gleiche Problem auch. Und ich hatte nicht mal ansatzweise eine Idee, wie ich die weg bringe. Da war dann der Fall mit diesem Kaplan, der mich als etwa 13jähriger misshandelte und mich bei einer Besprechung buchstäblich zusammengeschlagen hat - aus Verzweiflung oder Überforderung. Ich nehme ihm das nicht mal übel. Aber nach kurzer Zeit stand der als kleiner, reduzierter Mensch neben meinem Bett. Ich habe ihn erkannt mit seiner schwarzen Kutte. Zudem hatte er ein rotes Gesicht wie eine Kugel. Das hatte er schon als Lebendiger. Er sprach mich an. Er war der Erste, der mich ansprach und den ich auch hörte. Die Anderen haben schon geredet, aber ich habe es Gott sei Dank nicht gehört.

JNM: Da müssen wir für den Leser die Geschichte noch einmal ausbauen. Sie haben ja mit ihrer Oma gesprochen, mit ihrer Großmutter. Die hat gesagt, Deine Geschichten glaube ich Dir, aber vielleicht kann Dir der Dorfpfarrer helfen. Und dann sind Sie zu dem Kaplan runtergegangen ins Dorf, in die Kirche, um mit ihm zu sprechen. Es ist natürlich auch interessant zu erfahren, wie die Kirchenvertreter auf diese Sachen reagieren.

AS: Das war die zweite Erfahrung mit eben diesem Kaplan. Der war noch gar nicht lange da. Meine Oma hat dann gemeint: „Der kann Dich verstehen, der ist nicht voreingenommen, der kennt die Familie nicht, der wird Dir zuhören." Also ging ich zu seiner Wohnung zu einer Besprechung, die Oma wartete draußen. Nach fünf Minuten wurde sein Kopf immer größer und immer röter. Er hat mir natürlich kein Wort geglaubt, hat noch Fragen gestellt. Er hat wahrscheinlich geglaubt, ich veräppele ihn oder erzähle Märchen oder möchte ihn blöd hinstellen. Da wurde er sehr wütend, jähzornig, kam hinter dem Schreibtisch hervor und schlug mich buchstäblich zusammen. Einen Zahn hat er mir gelockert und rausgeschlagen. Das hat wehgetan. Auf jeden Fall wurde ich dann vor der Türe gesetzt - rausgeschmissen. Meine Oma hat mich gefragt: „Hat er Dir geholfen?" Ich weiß nicht mehr, was ich gesagt habe, und wir gingen nach Hause. Und wie gesagt, ein halbes oder dreiviertel Jahr später stand er vor meinem Bett.

JNM: Das heißt, er ist verstorben, dieser Kaplan, und stand dann nachts an Ihrem Bett?

AS: Genau. Er war der erste, irdisch geborene, kleine, schlechte Mensch oder Seele, und er sagte: „Bub, hilf mir! Kannst Du mich sehen?"

Ich sagte: „Ja, ich sehe Dich." Habe ihn glatt geduzt.

Er sagte: „Du, ich bin irgendwie an einem Ort, ich bin in der Hölle gelandet! Siehst Du die Anderen?"

„Ja, ich habe Dir ja von denen erzählt. Von diesen fünf, sechs, sieben da."

„Ja, das sind Teufel. Ich bin in der Hölle."

Und dann wurde ich selber so was von wütend, buchstäblich jähzornig. Das hatte ich noch nie, ich war ein ausgeglichenes Kind. Und dann habe ich ihn mit allem, was ich zur Verfügung hatte, beschimpft. Ich sagte: „Absolute Idioten, jetzt raus, ihr Ober-Arschlöcher!" Ich weiß nicht, ob ich noch ein Buch nach ihnen geschmissen habe, auf jeden Fall sind sie verschwunden. Am Morgen, als ich in die Schule ging, hockten alle fünf auf der Außentreppe, sie haben buchstäblich geschlottert draußen, es war Winter.

Da habe ich gesagt: „Guten Morgen, gefällt es Euch da draußen?" Die haben mich komisch angesehen. Auf jeden Fall - plötzlich hatte ich die im Griff und sie nicht mehr mich, und das war für mich eine sehr gute Ausgangslage. Ich habe plötzlich gemerkt: jetzt habe ich sie befreit oder zumindest aus dem Haus geschmissen. Die müssen mir gehorchen, ich nicht ihnen. Das war für mich etwas ganz Neues, das ich nicht gekonnt und gekannt habe.

JNM: Sie waren also als kleiner Junge allein mit diesem Problem, dass Sie die geistige Welt sehen können, dass Sie Verstorbene sehen oder Wesen, die irgendwie komisch aussehen, denen aber nicht hilflos ausgeliefert sind. Sie erkannten, dass sie auf Sie reagieren, und wenn Sie sie rausschmeißen, sind sie aus dem Haus. Sie sind aber praktisch an Ihnen dran geblieben?

AS: Gelöst war das Problem natürlich nicht. Aber sie blieben auf Distanz. Meistens draußen, und wenn jemand die Nase hinein gesteckt hat beim Essraum oder in die Stube, habe ich gesagt: „Du, verschwinde, weg mit Dir! Ich will nichts mehr sehen!" Sie haben immer reagiert wie ein räudiger Hund. Es war keine gute Sache, aber für mich war es die erste Schutzmaßnahme. Und erst im Sommer kam dann die Gelegenheit, denen zu helfen. Sie müssen wissen, dass ich in der Kirche, auf dem Friedhof, in den Altersheimen massenweise Verstorbene gesehen habe. Glückliche, Unglückliche, Kranke, Leidende. So wie sie gegangen waren, waren sie da. Und die zu Hause waren irgendwie etwas Spezielles, aber nichts Gutes, nichts Schönes. Im Sommer war ich dann einmal alleine zu Hause, saß draußen auf der Bank unter der Birke, die der Vater da gepflanzt hatte. Und dann kam dieser Kaplan wieder in die Nähe. Ich habe ihn tagsüber sogar gesehen, es war leicht bewölkt. Ich habe ihn gesehen, er kam in die Nähe und die anderen blieben in einer Art Ehrfurchts-Distanz 5 Meter weg, aber auch in der Nähe. Und dann sagte er: „Bub, hilf mir doch endlich! Du kannst es!"

Dann sagte ich: „Warum soll ich Dir helfen? Du hast mich zusammengeschlagen!"

Ich war immer noch ein bisschen wütend, muss ich sagen. „Du bist doch Theologe." Er: „Ich kann überhaupt nicht begreifen, was da läuft.
Bestell doch jemandem meine Grüße, dass sie mich abholen, ich bin in der Hölle."

Ich konnte nicht verstehen, was er sagte, aber ich wusste, dass er die Anderen sah. Irgendwie habe ich dann ein Verzweiflungs-Gebet gemacht. Also kein kirchliches. Ich habe gesagt: „Gott, wenn es Dich gibt, liebe Engel, holt diese Idioten ab! Ich will die nicht mehr sehen! Auch den Pfarrer da, nehmt den mit. Ist mir egal wohin, nur nicht mehr da. Erlöst uns endlich von diesen Witzfiguren!"

Dann machte es Puff, es kam ein Schatten, eine Wolke, es gab auch einen Knall und dann war nichts mehr da. Am Abend habe ich nichts mehr gesehen, am nächsten Morgen nicht, und dann hat sich das Problem scheinbar gelöst. Also irgendwohin sind sie gegangen. Ich weiß nicht, wohin. Und dann habe ich gemerkt, man kann etwas tun. Es gibt doch jemanden, der hilft. Bis zu diesem Zeitpunkt war ich im Glauben, in der Meinung, da hilft Dir niemand. Ich war gar nicht sicher, ob es einen Gott, eine höhere Macht gibt. Weil, ich hatte ja noch nie etwas gesehen. Ich sah immer nur die Leidenden, die Verstorbenen, die unguten Energien. Und das ist nicht förderlich für einen Glaubenssuchenden. Das war der entscheidende Moment, wo ich gemerkt habe, es ist doch jemand da! Jemand, der denen helfen kann, auf jeden Fall waren sie weg. Das waren die ersten Erkenntnisse.

JNM: Sie haben ja dann im Laufe Ihres Lebens Ihre Gabe für viele hunderte Menschen in verschiedenen Situationen eingesetzt. Das muss man den Interessierten vielleicht einmal sagen: dass es nicht selbstverständ-

lich ist, wenn jemand stirbt, dass er automatisch in die höheren Ebenen - in den Lichtraum - aufsteigt. Viele dieser Verstorbenen wissen vielleicht erst einmal gar nicht, dass sie verstorben sind und leben dann in unserer irdischen Zwischenwelt. Ist das so?

AS: Wenn jemand das Wissen hat und den Glauben, dass es nach dem physischen Tod ein Weiterleben gibt, hat er noch keine Garantie, dass er das Ziel erreicht. Und zwar aus einem Grund: es könnte sein, dass er einfach den Tod verschläft. Dass er sich in der Nacht aus dem Körper verabschiedet, der Körper aufhört zu leben, und er schläft als Seele komischerweise weiter. Das ist das erste Problem, das viele Menschen haben. Sie sind weder gut noch sind sie ganz schlecht, noch haben sie etwas falsch gemacht. Sie haben buchstäblich verpasst, dass sie weggehen könnten oder abgeholt werden. Das zweite ist, dass es natürlich Menschen gibt, die absolut keinen Glauben haben. Sie haben noch nie jemanden gesehen und noch nie etwas gehört. Sie glauben sowieso nichts. Die müssen natürlich mit dem Schlimmsten rechnen. Ein Mensch, der keinen Glauben an das Weiterleben hat, reduziert sich selber, und Jesus hat schon gesagt: „Du bekommst das, was Du glaubst." Wenn Du an das Nichts glaubst, stellt euch mal vor - meine Damen und Herren - wie sich das anfühlt. Wenn Du drüben ankommst, und es ist einfach nichts da. Jesus hat davon schon berichtet, es ist das Schlimmste für einen Menschen, für eine Seele, wenn Du im Nichts ankommst. Du streckst die Arme aus, Du bist im Dunkeln. Du spürst nichts, Deine Füße verlieren den Halt. Du hast unter Dir auch nichts mehr. Und das ist für jeden Menschen - auch Verstandesmenschen - einfach der Horror, wenn Du einfach schwebst. Du glaubst gar nicht, dass Du schweben kannst. Du bist irgendwo nirgendwo. Dann beginnen diese Seelen meistens zu schreien. Das sind dann die bekannten Schreie aus dem Jenseits. Für Hellfühlende, Hellsehende ein absoluter Graus. Wenn jemand die ganze Nacht da herum kräht, herum schreit, um Hilfe schreit. Und Du weißt nicht, wo er ist.

Inzwischen habe ich natürlich schon erkannt, was das ist. Ich habe dann Gott gebeten: „Jesus Christus, bitte hilf denen, die da schreien. Hüll die ein mit Deinem göttlichen Liebeslicht und Deiner Gnade. Gib denen eine Chance, dass sie wieder Boden finden - Licht finden - und führe sie in eine Gegend, wo sie sich wieder als Mensch fühlen können." Siehe da, der Schrei hat aufgehört, oder die Schreierei. Scheinbar hat es auf der anderen Seite Wirkung gezeigt.

Das ist natürlich ganz klar eigenes Verursachen. Glaubenssatz, oder Glaubenskräfte, die man eben hat oder nicht hat, wohin man kommt. Ich würde jedem Menschen raten, in Betracht zu ziehen, dass unser Leben irgendwann endet. Und keiner von uns, der jetzt zuschaut oder zuhört, weiß, ob er morgen noch lebt. Auch wenn Du jung bist, so sicher ist das nicht. Ich kann aber etwas machen, und die geistige Welt wird mir Folge leisten. Das klingt jetzt eigenartig, überheblich, aber es ist so: Ein Wunsch oder ein Befehl, den ich ausspreche, im Guten oder in der Liebe wird auch eine Realität. Ich würde heute schon das Ticket lösen für das Jenseits. Das geht so einfach wie es nur tönt. Ich bitte Dich, lieber Vater, Ur-Schöpfer, lieber Heiland, wenn ich sterbe und von dieser Erde gehe, bitte nimm mich an der Hand, schick mir Lichtwesen und ziehe mich an den Ort, wo ich eigentlich schon herkomme. Ins Paradies, an die schönsten Orte. Ich liebe Dich, Ich danke Dir, dass Du mir, Deinem Erdenkind, hilfst.

Und so wird es sein. Haben Sie keine Bedenken. Sie werden gehört. Aber wenn Sie das nicht wollen, werden Sie auch nichts bekommen.

JNM: Sie sprechen ja hier aus Erfahrung. Das heißt, wenn man hunderte Fälle über die letzten 40 bis 50 Jahre bearbeitet hat, oder bekommen hat - Menschen, die zu Ihnen kommen. Personen, die Schmerzen haben, die austherapiert sind, Menschen, bei denen der normale Arzt nichts findet. Sie sagen, wenn Sie Menschen sehen, sehen Sie in der Aura, hier gibt es dunkle Energien, hier gibt es bestimmte Sachen mit Besetzungen etc. Vielleicht sollte man mal über diese Sachen sprechen. Aber vorher noch einmal: Sie sagen, es gibt Menschen, die den Tod verschlafen. Menschen, die das bekommen, was sie nach dem Tod erwarten. Wenn sie nichts erwarten, sind sie im Dunkeln. Sie sagen aber, dass sie weiter existieren. Das ist, glaube ich, eine wichtige Botschaft. Völlig egal, was Du erwartest, Du existierst nach dem physischen Tod weiter.

Das andere ist, dass es ja Menschen gibt, die durch einen Unfall schnell aus dem Körper katapultiert werden, und die geistern hier in der Zwischenwelt herum und suchen dann Hilfe. Auch diese Menschen können Sie sehen?

AS: Ja, man sieht die Verstorbenen, die verunfallt sind, oft am deutlichsten. Diese Menschen sind in voller Lebenskraft von uns gegangen. Da wurde buchstäblich der Körper von der Seele weggerissen oder die Seele herausgeschleudert. Und oft - an Straßenrändern von vielbefahrenen Straßen mit vielen Unfällen - liegen sie natürlich reihenweise herum. Dann nützt kein Kreuzlein, dann nützt keine Kerze. Da sollte man ein Ablöse-Gebet machen. Es ist natürlich logisch, dass diese Seelen, wenn sie sich bewegen, und ein hellsichtiger Mensch vorbeikommt, dass dieser etwas sieht, etwas wahrnimmt, da bewegt sich etwas vor dem Auto. Er reißt das Steuerrad herum und ist das nächste Opfer - wenn es dumm läuft, der nächste Verstorbene. Die sind einfach aus dem Leben herausgerissen worden und bleiben in diesem Zustand dort liegen. Eines Tages werden sie vielleicht merken, dass etwas nicht stimmt. Man weiß nicht, wie lange das dauert. Dann suchen sie bei den Angehörigen zu Hause, bei Verwandten und Bekannten, und sind dann belästigende, irdisch gebundene Seelen. Sie sind weder gut noch sind sie schlecht, aber störend. Das kann auch am Arbeitsplatz sein, dass da Verstorbene sind, die weiter werkeln, arbeiten. Ich hatte schon Fälle, wo wirklich Maschinen nicht mehr funktioniert haben oder nur Störungen produziert haben. Gerade auch in Deutschland war ein Betrieb mit 50 Angestellten, die hatten eine große Apparatur, die eigentlich Dreharbeiten macht. Das war vollautomatisch. Und plötzlich hatten sie an zwei teuren Automaten nur noch Ausschuss, nur noch Müll. Dann hat mich der Werkmeister in Osterhofen gefragt, ob ich mal in die Fabrik käme, wenn niemand da ist, um zu schauen. Er war noch nicht lange in diesem Betrieb, wusste eigentlich nicht viel darüber, was vorher war. Aber es waren tatsächlich zwei Verstorbene, irdisch gebundene an solchen Dreh-Apparaten. Und das Problem war, der eine ist scheinbar auf dem Heimweg tödlich verunglückt, der andere auf der Hinfahrt. Beide hatten gearbeitet und wollten arbeiten. Der letzte Gedanke vom Tun erfüllt sich dann nach dem Tod. Die jüngsten 2 bis 3 Minuten, wenn ich mir etwas vornehme, diesen Gedanken mache ich dann auch als Verstorbener sozusagen automatisch weiter.

Ich konnte die Seelen ansprechen, es lösen, und siehe da, es hatte nie wieder eine Apparatur einen Ausschuss produziert. Das ist jetzt nichts Böses. Die Menschen waren ja auch nicht schlecht.

Es gibt da noch das andere, dass die Menschen sterben und Angst haben vor dem Tod. Dann haben sie Angst den Körper zu verlassen und bleiben mehr oder weniger freiwillig da. Es macht einen Unterschied. Der Sterbeprozess ist schon entscheidend dafür, wohin ich gelange. Angenommen ein Mensch verabschiedet sich von seinen Liebsten und sagt: „Ich bin alt, ich gehe bald.“ Die Angehörigen stehen im Zimmer. Das ist oft eher störend, man sollte die Sterbenden auch oft allein lassen. Dann sieht man oft verstorbene, ehemalige Seelen ums Bett herum stehen, die dann die Hände ausstrecken und versuchen, die Seele aus dem Körper herauszuheben oder langsam emporsteigen zu lassen. Das ist ein wunderbares Bild, muss ich Ihnen sagen, wenn rundherum ehemalige Verwandte stehen. Dann schwebt die Seele aus dem Körper heraus, geht meistens an die Rückseite vom Bett, dann hängt sie noch 2 oder 3 Minuten von der Decke und schaut zu. Und plötzlich macht es Wusch und es sind alle weg.

Schauen Sie den Verstorbenen an und sehen Sie, der ist ganz entspannt, lacht. Er ist schön, die Haut entspannt sich, man sieht überhaupt nichts von Angst. Man hat das Gefühl, er ist in Freude gestorben. Das ist die bessere Version. Diese Seele wird wahrscheinlich den Weg ins Paradies oder in die geistige Astralebene finden. Sie wird wahrscheinlich nicht mehr kommen, freiwillig oder unfreiwillig.

Also, der andere Fall, wo jemand Angst hat vor dem Sterben, krampfhaft sich festhält am Körper, an allem, was er noch hat: das letzte, was er noch hat, ist die Matratze, da krallt er sich fest. Und es ist buchstäblich sichtbar und hörbar ein Todeskampf. Der Mensch will nicht loslassen. Es ist für die Angehörigen eher Horror, so ein sterbender Mensch. Und doch gibt es am Ende plötzlich einen Knall. Das ist dann das Ende. Der Körper lässt nach, kann nicht mehr leben. Die Seele bleibt, wenn es dumm geht, im Körper oder setzt sich im Bett auf und steht im Raum. Die Angehörigen, die vorher gekommen sind, wollten den abholen. Sie sind wieder gegangen. Sie sagen: „Was will ich mit dem machen, der will ja gar nicht mitkommen." Also, sie lassen ihn einfach im Regen stehen. Und das sind dann gebundene Seelen, oft schlafende, eher sehr störende, verstörende Seelen. Wenn Sie ins Altersheim gehen, Sterbehospiz, da gibt es viele Menschen, die sehen, wer da geht oder gegangen ist. Dann haben Sie vielleicht auch akustisch schon gemerkt, dass etwas da ist. Oder es stinkt. Es gibt Räume, die stinken buchstäblich, man darf das Wort sagen. Irgendwie nach Schweiß, Angst-Schweiß. Wenn Sie sehen könnten, sähen Sie wahrscheinlich mehrere Tote im Raum.

Da kann die Verwaltung nichts dafür. Die könnte jeden Monat Teppiche auswechseln, streichen, lüften den ganzen Tag. Die sind einfach da. Jetzt müssen Sie sich vorstellen, da kommt ein alter, vielleicht schwächelnder Mensch in das Zimmer. Da sind ein paar Tote drin, und die saugen ihn dann aus. Und sehr schnell wird auch der dann sterben.

Ich hatte natürlich schon oft Leute, die im Pflegedienst waren, Jüngere, Ältere, und die haben sich gefragt: „Sind wir im richtigen Beruf? Ich sehe etwas, ich spüre etwas, ich habe Angst. Was kann ich tun?"

Ich habe denen meistens ein Gebetbüchlein geschenkt. Ich habe gesagt: „Schau, da sind Gebete für erdgebundene Seelen drin. Machen Sie das, wenn niemand im Zimmer ist. Laut und deutlich mit einer Kerze rufen Sie den Erzengel Michael oder direkt den Vater oder Jesus Christus um Hilfe."

Das ist keine Kunst. Jeder von uns kann das machen. Wo hilft es am besten? Wie gesagt, Altersheim, Spital und natürlich auf dem Friedhof, oft auch in Kirchen, ist da etwas, was sich bewegt und sich bemerkbar macht. Es gäbe da viel zu tun. Es ist aber leicht. Man muss keine Angst haben.

JNM: Genau das ist das Wissen, welches wir vermitteln wollen: dass dieser Mechanismus nicht automatisch abläuft. Also nicht: ich sterbe und bin automatisch in den höheren Reichen. Ich muss schon etwas dafür tun, ich muss meinen Glauben, meine Intuition dazu einsetzen. Sie sprechen auch davon, dass Sie Ihre Lichtwesen oder Ihre Engel zu Hilfe holen, um die Kommunikation mit vielen irdisch gebundenen Seelen zu verbessern. Können Sie noch etwas dazu erzählen?

AS: Um noch einmal darauf zurückzukommen, wohin dann das Leben geht: viele stellen sich vor, da drüben ist für jeden das Gleiche. Wir kommen in den Himmel, und werden alle engelsgleich. Das ist natürlich kindlich, natürlich auch naiv und aus meiner Sicht auch blöd.

Wenn es eine Gerechtigkeit gibt, dann da drüben. Hier ist die Gerechtigkeit relativ, daran wird gesägt. Wir haben Gesetze, theoretisch eine Demokratie, aber das ist alles relativ gerecht. Aber die absolute Gerechtigkeit widerfährt uns da drüben. Aus diesem Grund ist es ja gar nicht möglich, dass der schlechteste Mensch an den gleichen Ort kommt, an den auch der Beste hingekommen ist. Da drüben ist es ganz klar unterschiedlich. Zu den gleichen Schwingungen finden sich die gleichen Seelen-Qualitäten. Ein gutes Wesen erträgt absolut kein Schlechtes, das geht gar nicht. Die Besseren können Besuche in den unteren Ebenen machen. Aber ein „Unterer" kann keinesfalls in die oberen Stockwerke gehen. Er hat nur das Gefühl, da oben ist etwas Besseres. Es könnte auch sein, dass dies das Mittel zum Zweck ist, damit die Seelen richtig neugierig werden. Damit sie dann aktiv in das nächste Leben gehen können, um das vielleicht zu verbessern. Sie müssen aber zuerst sehen: „Es gibt da etwas erstrebenswerteres als das, was ich habe." Und das fördert ja die Entwicklung.

JNM: Wir sprechen hier über Ethik, wir sprechen über Moral. Was verstehen Sie unter gut und weniger gut, unter besser? Hier geht es nicht um die materiellen Dinge. Mit guten Menschen meinen wir schon welche, die für andere einstehen.

AS: Wir haben seit Beginn der Menschheit immer das Gute und das Schlechte gesehen, verschiedene Episoden und Geschichten erlebt. Das Erste ist schon mal Kain und Abel, die Kinder von Adam und Eva. Und da hat es schon gemenschelt, und es war wahrscheinlich wie heute. Jesus hat an zwei Stellen gesagt, es ist nicht möglich, dass eine Seele sich entwickeln oder etwas entdecken kann, wenn sie nicht das Gegenteil sieht und lernt. Wir müssen kennenlernen, wie die Anderen sich anfühlen, die Schlechten, und dann kommt die Bestätigung und wahrscheinlich der Beschluss: so möchte ich nie sein. So möchte ich nie werden und so möchte ich nie enden. Da wird die Richtung vorgegeben und das Bestreben in die richtige Bahn gelenkt. Aber ohne die Bekanntschaft mit diesen schlechten oder unguten Menschen auf der Welt hätte ich vielleicht nie die Möglichkeit gehabt, zu sagen: „Das will ich nicht." Es könnte auch sein, dass ein Mensch als gute Seele auf die Welt kommt, dann verformt wird, verunstaltet, beschmutzt, besetzt, besessen und vom Gleise weggedrückt und geht dann auf ein Nebengleis. Dort fällt er dann einfach zurück auf die unguten Seiten seiner Seelenebene. Er verliert natürlich dadurch Qualität. Aber wie gesagt, wir sind unsterblich im Geist, in der Seele, natürlich, der Körper ist ein Kommen und Gehen. Aber wir bekommen das ja wieder ab, wenn wir das gelöst haben. Man kommt im nächsten Leben erleichtert auf die Welt, oder mit der gleichen Last am Rücken wie vorher.

JNM: Da kommen wir schon zum nächsten Thema. Was viele Menschen auch nicht wissen, sind Informationen zum Thema Inkarnationen und Reinkarnation, also: ich komme wieder. Gibt es hier Kenntnisse darüber, wie das abläuft? Wie dieser Zyklus ist? Was haben Sie dazu für Erfahrungen gemacht?

AS: Es ist so, es ist für keinen Menschen das gleiche Programm. Es kommt auch jeder mit unterschiedlichen Belastungen und Störungen auf die Welt. Der eine arbeitet sehr schnell und effizient und kommt vorwärts, der andere bleibt stehen, wird verschmutzt, belastet. Er könnte vielleicht noch als Krimineller sein Leben im Gefängnis aushauchen. Das ist alles möglich. Wir haben ja den freien Willen. Es sagt uns niemand, was wir zu tun haben. Wir haben Ethik und Moral von den Eltern gelernt, von unserem sozialen Umfeld. Von den Kirchen mehr oder weniger, das würde ich mal in Frage stellen. Aber grundsätzlich ist das Gute dort irgendwie auch vorhanden. Es ist nicht alles schlecht. Und so lernen wir natürlich: wenn ich etwas Schlechtes tue, werde ich bestraft. Es ist sehr nützlich, die Bestrafungen nur teilweise. Wenn ich nur Gutes tue, hoffe ich zumindest, dass ich ein positives Konto bekomme. Geistig gesehen ist es wirklich so, ich ernte das, was ich gut getan habe auf das positive Konto, und das behalte ich, das wird mir nicht mehr weggenommen. Aber das Schlechte - kann sein, dass ich das im nächsten Leben wieder abtragen muss. Ein ganz bestimmtes Gesetz ist irgendwie untergegangen, ist nie richtig zum Vorschein gekommen - in der Bibel nicht, auch nicht im Neuen Testament, auch nicht in der Kirche, im Alltag: der Ausgleich muss durch die gleiche Seele geschaffen werden. Es kann nicht sein, dass ich zu einem Therapeuten gehe, irgendwo zu einem Guru, gebe dem Geld und sage: „Du löst meine Probleme." Das funktioniert nicht. Es ist die absolute Eigenverantwortung, und das nimmt uns niemand weg. Das kann nicht weggenommen werden. Auch kein Beichtvater. Geht nicht. Das wäre ein Witz, wenn ich einfach jemanden umbringen würde und sage: „Ich gehe dann zum Beichtvater, der macht zehn „Vater Unser", und dann bin ich davon befreit." Das ist natürlich naiv. Das funktioniert leider nicht. Wenn nicht in diesem Leben die Retourkutsche kommt, dann muss ich es wahrscheinlich im nächsten Leben ertragen. Und wehe dem, das hat Jesus schon gesagt, der Tiere leiden gemacht hat. Der Menschen leiden gemacht hat, der wird diese Leiden alle ernten. Eins zu eins. Eventuell noch stärker. Gnade denen! Die tun mir echt leid, diese Menschen. Wenn die meinen, das sei mit dem Tod alles chemisch gereinigt, alles weggewischt. Das ist eine Täuschung. Wir müssen dazu stehen, und im nächsten Leben etwas Gutes tun. Viele Leute, die heute Sozialarbeiter sind, Therapeuten, Heiler, die waren im letzten Leben nicht die besten Nummern. Das müssen wir zugeben. Kein Mensch kann sagen, ich bin immer nur gut gewesen. Viele sagen, ich bin immer nur das Opfer gewesen. Das sehe ich nicht immer so. Viele waren auch die Täter. Wir müssen vielleicht auch lernen, wie sich das anfühlt, wenn ich das Opfer werde, wenn ich vorher der Täter war. Dann erst begreife ich, was es heißt, wenn Du niedergedrückt wirst, kaputt gemacht wirst, sonst kannst Du es gar nicht lernen, Deine Seele zu verändern, damit Du ein edlerer Mensch wirst.

JNM: In Ihren Büchern schreiben Sie, dass viele Menschen auch Probleme mit Besetzungen und Anhaftungen haben. Dieses Thema sollten wir noch einmal kurz besprechen. Wir haben doch den freien Willen, wo uns weder die geistige Welt noch sonst jemand sagen kann, was wir tun sollen. Die Eigenverantwortung, an die wir appellieren, dass wir sagen: Du bist selber an Deinem Schicksal maßgeblich beteiligt. Aber es gibt hier natürlich Störfelder. In diesen Störfeldern haben Sie natürlich sehr viel zu tun gehabt.

AS: Es gibt zwei Sachen, wo es uns sehr schwer fällt, nicht daran beteiligt zu werden. Das erste sind die Hinterlassenschaften von verstorbenen Menschen. Alles, was ein Mensch denkt, redet, fühlt, handelt, ist als Elementar - als Energie - hier auf der Erde gespeichert. Und es kann nicht mitgenommen werden, wenn man stirbt. Mitunter Ablehnung, Verachtung, Neid, Missgunst, die schlimmste und auch stärkste Energie ist Hass. Der Hass bindet und wird nicht frei. Das ist wie sichtbare schwarze Wolken, die um Menschen herum hängen, oder ganze Häuser einhüllen. Gewisse Grundstücke, die so belastet sind, sind für sensible Menschen gar nicht bewohnbar. Das ist der Müll, der da ist. Man kann den sehr leicht beseitigen. Ich muss nur wissen, dass er da ist. Geistiger Abfall, geistiger Müll. Es kann bis zur Boshaftigkeit gehen. Und wenn man das sieht, auf Bildern, Fotos, die man machen kann, sieht man oft Totenköpfe drin, Gesichter, Gesichter mit Hörnern, also gar nichts Schönes. Und je stärker diese Wolken vom dunkelsten vom Dunkeln belastet sind, umso aggressiver und störender ist es für sensible Menschen. Viele Menschen können das Haus nicht mehr betreten: sie haben Angst, es knallt. Türen gehen nachts auf und zu. Es stinkt. Fernsehgeräte schalten sich ein, Kaffeeautomaten schalten sich ein. Das ist dann eben geladene, negative Energie. Die haben oft gar kein echtes Bewusstsein, das sind ja nur Teil-Fragmente vom ehemaligen verstorbenen Menschen. Das kann man nicht als Seelen bezeichnen, das ist Abfall, geistiger Dreck und Müll. Er wird dann von Dämonen gesteuert. Dämonen sind eigentlich das, was schon auf der Erde war, bevor die Menschen gekommen sind. Das sind schwarze, gefallene Engel, hochstehende Geistwesen aus unermesslichen Dimensionen und Ebenen, die zurückgestuft wurden, und denen das Licht weggenommen wurde. Sie sind eigentlich Engel gewesen, aber ihnen wurde das Geistige, Reine weggenommen. Es ist nur noch eine Hülle da und eine Persönlichkeit, der Wille Böses zu tun und Böses zu bewirken. Das sind unsere Gegenspieler, und Jesus hat an zwei Orten gesagt: die Erde gehört dem Satan. Das ist bedrückend, wenn man das hört. Wir meinen immer, die Erde sei etwas Großes, Schönes, Reines. Also, in der Erde wohnt das Niederste und Niederträchtigste, das es überhaupt gibt.

JNM: Lassen Sie uns versuchen, zusammenzufassen, was sich alles in den nächsten Ebenen so tut. Es gibt die irdisch gebundenen Seelen, die verstorben sind und nicht wissen, dass sie eigentlich verstorben sind. Wir haben hier diese dunklen Energien oder diese Dämonen, wie immer man sie auch bezeichnen möchte - die schon da waren, bevor die Menschen da waren. Und dann gibt es noch eine Sparte?

AS: Die Sparte ist vielleicht weiter verbreitet als man meint. Das sind die Astralwesen oder Astralseelen. Wenn man uns anschaut, sind wir eigentlich auch Astralwesen mit einem physischen Körper. Aber nach dem Tod ist natürlich der Körper nicht mehr sichtbar und bei diesen Astralwesen, von denen ich erzähle, ist meist nur der Kopf, oder das Gesicht, oder ein Ausschnitt bis zur Brust sichtbar. Oft sieht man nicht genau: ist das ein Mann oder eine Frau? Die sind dann als Lichtpunkte, Lichtkugeln in unterschiedlicher Größe in der Nähe, beim Haus, auf der Liegenschaft, und nachts kommen sie meistens in die Nähe von Menschen. Sie möchten sich kundtun und zeigen sich dann. Man hat dann ein Gesicht an der Wand gesehen, oder vor sich beim Schlafen. Aber wenn so ein Gesicht immer größer wird, immer stärker und in Dich eindringt und Dich bewegt und Dich verändert, hast Du ein Problem. Dann ist die Seele eingetreten in den physischen Körper. Und die finden den Ausweg nicht mehr. Das ist so, wie eine Biene oder ein Insekt vielleicht in eine Flasche hinein geht. Der Ausweg ist dann praktisch nicht mehr zu finden. Jetzt haben diese Seelen aber irgendwelche Belastungen oder Störungen oder Erinnerungen an ehemalige körperliche Leiden.

Wie entsteht so ein Astralwesen? Ein Mensch, der stirbt, geht durch einen Kanal der Erkenntnisse durch. Das erzählen alle nahtoderfahrenen Menschen, praktisch alle gleich. Zuerst siehst Du das Gute, dann das Schlechte, und die dritte Abteilung ist das, was uns aus der Fassung bringt. Ich sehe, was ich mir vorgenommen habe, meinen Seelenplan, meinen Seelenwunsch und merke, dass ich belasteter bin als vor der Geburt oder nach der Kindheit. Das ist für viele dann einfach des Unguten zu viel. Sie bekommen Panik, Entsetzen und machen einen großen Fehler: sie treten nicht ein, weil sie glauben, sie kommen in die Hölle. Ich komme in das Fegefeuer, das haben sie gelernt im Katechismus.

JNM: Nicht ins Licht.

AS: Das ist hypothetisch, das Licht, es gibt ja Orte wo es kein Licht gibt dort drüben. Also, sie trauen sich nicht, einzutreten. Diese Menschen machen den größten Fehler, sie treten den Rückweg an. Das ist scheinbar noch möglich. Sie treten also nicht über die Schwelle. Sie gehen zurück und dann hängen die hier herum. Wo hängen sie herum?

JNM: Wenn ein Nahtod-Erfahrener zurückgeht, dann hat er ja wieder einen Körper. Diese Seelen gehen zurück, aber dann ist der Körper nicht mehr da?

AS: Jawohl. Der Körper ist entweder verloren gegangen oder defekt oder nicht mehr brauchbar. Oder sie finden sich nicht mehr. Das kann sein. Es gibt die kuriosesten Situationen. Diese Fälle sind natürlich am meisten dort zu finden, wo die Menschen sterben. Vielleicht Unfallorte, Spitäler, Altersheime. Die sind dort zu Haufe anzutreffen. Jetzt suchen die nach Verwandten, Bekannten und sind erstaunt, dass sie niemand wahrnimmt, bemerkt und erkennt. Es sind oft Kinder, die so etwas berichten. Sie suchen natürlich nach einem geeigneten Opfer, also einem geeigneten Menschen, dem sie sich trauen sich anzuvertrauen. Oder sie sehen, dass jemand eine absolut optimale Qualität hat. Also eine reine Seele ohne karmische Muster, karmische Belastungen, eine große Störung - und gehen dann ohne zu fragen hinein. Bei einer Gelegenheit, wo der Mensch schwach ist, in der Narkose, Koma, Ohnmacht, Drogenrausch, da ist der menschliche Wille ausgeschaltet. Da können die sehr leicht rein. Und wenn ich dann mit dem Pendel rückfrage oder die Leute befrage: „Wann haben Sie sich plötzlich anders gefühlt?“ Dann sagen sie: „Nach der Geburt meines Kindes, ich bekam eine Narkose. Ich war ausgeschaltet, nachher fühlte ich mich nie mehr so als Frau oder als Mann wie vorher.“ Man sieht unter Umständen sofort, dass sich der Mensch verändert hat. Der Mensch selber fühlt sich nicht wohl, nicht kräftig genug, halt krank. Und die Angehörigen sehen und bemerken: der hat sich verändert oder die. Selber ist man wie betriebsblind, kommt nicht im Leisesten darauf, dass es so etwas gibt oder so etwas passiert ist. Da beginnt die Leidenszeit. Wie Sie vielleicht wissen, haben wir um uns herum Menschen, mit denen könnten wir die ganze Zeit leben. Es gibt da aber auch die Anderen. Wenn Du so einen erwischt hast, dann hast Du ein Problem. In den meisten Fällen stirbt ja niemand gesund. Viele sind leidend gewesen, oder krank, oder hatten lange Leiden hinter sich. Und sie haben das noch gespeichert - ihre Leiden. Jetzt beginnen die, das wieder im gesunden Opfer zu dramatisieren. Oft sind die Seelen nicht allein. Manchmal sind sie zu zweit, zu dritt, einmal hatte schon einer fünf drinnen. Und dann ist natürlich die Psychiatrie an der Reihe. Dann geht‘s nicht mehr. Dann läuft überhaupt nichts mehr.

Damit Sie das verstehen: in einem Fall hatte ich eine Frau, eine junge Mutter, in der Besprechung. Die kam mit 28 Jahren mit Gicht an den Händen. Die gibt es eigentlich erst ab einem gewissen Alter. Und sie konnte es medizinisch auch nicht im Labor nachweisen. Also, sie hatte Gicht, Pseudo-Gicht. Entweder Du hast sie oder Du hast sie nicht. Auf jeden Fall war sie innerhalb eines Jahres bewegungsunfähig geworden.

Dann habe ich sie gefragt: „Ist in Ihrer Nähe jemand gestorben, der Gicht hatte?“

Sie sagte: „Ja, vor einem Jahr ist eine Frau gestorben, übernächstes Wohnhaus von mir. Eine 92jährige Frau, die war total von Gicht geplagt.“

Und die war in diese junge Frau eingedrungen - kurz nach ihrem Tod. Diese junge Frau hatte noch eine andere Seele dabei, die hat sie gar nicht gespürt. Also haben wir die Frau befreit, sie hat nichts gespürt, es ist gut gegangen. 3 bis 4 Monate später hat sie mir Bilder per Email geschickt, als es ihr besser ging, die Gicht war am zurückgehen. Nach einem halben Jahr waren ihre Finger wieder leicht beweglich. Es hat sich zurückentwickelt, sie ist gesundet. Sie hatte das Gichtleiden von ihrer 92jährigen Nachbarin voll in sich getragen. Da gibt es Tausende von Fällen, die ich kenne.

INTERVIEW MIT ANTON STYGER

JNM: Wir müssen noch darüber sprechen, wieso diese Astralwesen ihr Glück in einem anderen Menschen suchen.

AS: Ich glaube, es bleibt ihnen absolut keine Alternative offen. Man sieht sie nicht, niemand hört sie und sie können sich auch nicht richtig ausdrücken. Sie sind wach, im Gegensatz zu dem schlafenden, verstorbenen irdisch Gebundenen, sind diese Astralwesen immer auf der Suche. Und es ist dann immer die Frage: wo finden sie jemanden, der rein ist? Die sind sehr qualitätsbewusst. Am liebsten gehen sie in Kinder, Kleinkinder, Babys. Oder Jugendliche, die noch nicht stabil sind, werden befallen, angegriffen. Sie fühlen sich dann wie im Schlafwagen der Schweizer- oder Deutschen Bundesbahn. Sie fühlen sich durchs Leben getragen und meinen dann: „Das löst mein Problem."

Jetzt möchte ich Ihnen noch eine Geschichte erzählen. In einem Ort ist jemand gewesen, der spirituell arbeitete. Er hatte eine Nachbarin, die hielt gar nichts von ihm. Sie war einfach Rechtsanwältin, meinte, mit Ihrer Intelligenz könne sie alles machen. Sie hat die Nachbarn immer etwas schräg oder schief angeschaut, hat sie vielleicht Esoteriker genannt, und wollte von denen nichts wissen. Jahre gingen ins Land, die Nachbarn blieben schön auf Distanz zueinander. Die Männer haben zueinander guten Kontakt gehabt, sich verstanden. Der Mann der Rechtsanwältin hat dann zum Nachbarn gesagt: „Ja wissen Sie, meine Frau hat Angst vor Ihnen und Ihrer Frau. Sie hat Angst, dass Sie sie durchschauen können. Sie hat immer eine gewisse Angst vor Ihnen."

Dann war es plötzlich so weit. Die Frau hatte Depressionen, die Nachbarn wussten gar nichts davon. Sie nahm sich das Leben, und schon in der nächsten Nacht stand sie im Haus des Nachbarn, zeigte sich dem Sohn oder dem Kind und machte Lärm. Die haben dann verstanden, sie abzulösen, sie kannten die Rituale und Bittgebete. Die Frau kam dann aber wieder. Und eine durch einen Selbstmord erdgebundene Seele hat schlechtere Karten den Weg zu finden, denn sie ging sich doch selbst ans Leben. Oder sie hat das Geschenk des Schöpfers, das Leben, zerstört. Es ist ein Unterschied, ob Du Dich umbringst oder verunfallst. Schlussendlich, nach längerer Zeit gab es dann Ruhe. Die Frau war - als sie noch am Leben war - besetzt oder besessen und hat aus diesem Grund irgendwie Angst gehabt. Sie konnte sich gar nicht ändern und erst nach dem Tod kam sie zum Nachbarn, um Hilfe zu holen. Das ist natürlich makaber, das erlebe ich auch oft und vielfach.

JNM: Da müssen wir dem Leser natürlich auch sagen, dass dieser Suizid rein logisch kein Problem löst.

AS: Gar nicht. Das Problem bleibt, die Depressionen auch. Es wird eher noch schlimmer: denn der Mensch kann sich nicht mehr verändern, wenn er gestorben ist. Er bleibt einfach in dem Status der letzten 5 Minuten vor dem Tod, stehen. Das ist ein Missverständnis, wenn man meint, ich löse damit ein Problem. Nein, ich komme ins nächst Größere oder Gröbere. Und wenn jemand Suizid begeht, sollte man unbedingt achtsam sein. In der Verwandtschaft, in der Bekanntschaft, bei sensiblen, labilen Menschen koppeln die an, klopfen die an. Es ist oft so, dass sich in einer Familie kurz hintereinander mehrere umbringen. Da hatte ich schon Fälle, bei denen sich in der Verwandtschaft in drei Jahren fünf Leute das Leben ohne Grund genommen haben. Jeder hat dann wieder einen anderen bequatscht. Das geht so, wie wenn eine Schallplatte ein Loch hat: „Ich bringe mich um, ich bringe mich um, ich bringe mich um." Plötzlich ist der sensible Mensch der Meinung: ich muss mich umbringen. Und er macht es wie fremdgesteuert. Das heißt, die verstorbene Seele, der Selbstmörder, hat plötzlich die Macht über den gesunden Lebenden, und der macht es dann, ohne dass er weiß, was er macht.

JNM: Das heißt, unser freier Wille hat hier Angriffsflächen, und man muss wissen, wie man die bekämpft, Veränderungen wahrnimmt, um eben Besetzungen oder Anhaftungen zu bemerken, wenn plötzlich andere Gedanken aufkommen. In materiellen Denkweisen wird das als physische Krankheit angesehen. Das ist natürlich auch möglich. Aber oftmals treiben auch diese geistigen Kräfte ihr Unwesen.

AS: Es ist leider oft so, dass viele sehr sensible Menschen von heute auf morgen wie ausgeschaltet wirken, dann von der Medizin weggeräumt oder mit Medikamenten vollgedröhnt werden. Mit Medikamenten löst man kein seelisches Problem. Ich würde sagen, dass jede Krankheit, die sich manifestiert, meistens einen geistigen Ursprung hat. Ob es aus diesem Leben stammt - diese geistigen Befehle -, oder aus früheren Leben. Somit kommen wir zu der Erkenntnis, dass, wenn wir als Mensch diese geistigen Befehle, die da kommen als karmisches Leiden, karmisches Muster, karmisches Elemental - mit Leidensmustern aus vielen Leben - wenn die nicht gelöst werden, bekommt der physische Körper dann das Leiden ab. Dabei kann man mit Medikamenten nichts machen, wenn die Befehle auf Krankheit eingestellt sind. Also muss ich zuerst die Befehle entfernen, löschen. Für das haben wir im Gebetsbuch Rituale, die jeder von euch machen kann. Er muss aber hartnäckig daran bleiben, bis der Körper reagiert, und dann dem Körper helfen, diese Muster zu lösen: sich an den Ursprung zu erinnern, an das Programm des Schöpfers: die vollste Gesundheit, vollendete Perfektion und „heil sein". Das kann jeder. In der Ich-Form. Man muss sich vorstellen, ich sage dem

Körper: „Ich bin die Seele, ich bin Dein Chef. Du hörst mir zu, bist mein Diener. Ich liebe Dich, ich brauche Dich, aber Du machst das jetzt. Du bist jetzt gesund."

Und somit ist der Körper eigentlich der Nutznießer. Die Seele auch, wenn der Körper gesund ist. Gesunder Körper, gesunder Geist.

JNM: Um in Computersprache zu sprechen: wir haben hier die Software, die wir anwenden können und müssen auf der Software einfach die Viren entfernen - dann läuft das wieder. Auch die Hardware.

AS: Es kann sein, dass die Hardware zerstört ist oder beschädigt. Dann muss man die auch reparieren. Aber der Körper hat Regenerationsfähigkeiten, und aus diesem Grund - Sie haben mich vorhin gefragt - kommen jedes Jahr Tausende zu mir, oder in die Seminare und fragen: „Können Sie mir helfen?"

Es ist die Frage: wie stark glaubt er an sich selber? Der nächste Punkt ist, dass zum Beispiel Menschen, die in eine Krankheit hineinschlittern, in der Krankheitsindustrie landen. Und dort findet man bei jedem Gesunden etwas. Jetzt kommt man gesund rein und kommt krank raus. Jemand fragt: „Haben Sie die Statistik gesehen, es könnte das oder das sein - Könnte sein!" Und Du gehst Heim und denkst, Du bist krank. Oder Du denkst nicht mehr, ich bin gesund. Dann fängt es an.

Eine kleine Geschichte für viele Menschen, damit sie überhaupt den Zusammenhang sehen. Ich hatte ein Seminar in München gemacht, dann kommt eine Frau rein. Sie begrüßt alle, die schon da waren, etwa 55, mit den Worten: „Ich bin die und die, komme von da und da und habe Krebs und ich sterbe in einer Woche." Es war für viele echt ein Schock. Sie haben beim Veranstalter reklamiert: „Warum lässt Du die überhaupt hier rein?" Er sagte: „Ich weiß doch nicht, wer da kommt." Mir sagte sie das gleiche Sprüchlein auch, es standen etwa 15 Leute um mich herum. Mittags fragt sie mich: „Können Sie mir helfen? Ich habe von Ihnen geträumt." Ich sagte: „War es ein schöner Traum?" Es muss ein Supertraum gewesen sein. Sie kam von Nürnberg dorthin. Und sie sagte: „Sie können mir helfen."

Ich sagte: „Ich kann ihnen schon helfen, aber das erste was Sie machen, bevor wir zum Mittagessen gehen: Sie laufen um diese Häuserzeile herum. Und sagen Sie dabei laut und deutlich: „Ich lösche alles, was ich heute gesagt habe - 55mal ich bin krank und ich sterbe. Ich bin gesund, ich bin heil, ich danke Dir, Vater."

„Das kann ich doch nicht sagen, schauen Sie mich an, ich bin voller Metastasen. Das glauben Sie ja selber nicht."

Ich habe ihr auf die Schulter geklopft: „Das ist eben die Meisterschaft. Auch wenn ich das kriege, muss ich sagen, ich bin gesund."

Also machte sie es. Dann habe ich ihr weitergeholfen. Sie hat aktiv diese Rituale gemacht. Ich habe sie ungefähr einen halben Monat später in Rosenheim getroffen und da ist sie auf mich zugegangen, hat mich umarmt und gesagt: „Schauen Sie mich an, kennen Sie mich noch?"

Sie hatte zugenommen und sah normal und gesund aus. Sie hat alles überstanden. Sie war 10 oder 12 Tage vorher beim Arzt zur Endkontrolle. Er sagte: „Da sehen Sie, liebe Frau, was wir heute für sensationelle Medikamente haben."

Sie hatte eine Plastiktüte mit den Medikamenten dabei und sagte: „Ich gebe sie Ihnen. Ich habe sie nicht gebraucht."

Er hat das nicht ertragen. Er hat Mund und Augen aufgesperrt und gefragt: „Wie haben Sie das gemacht?"

„Ich habe gebetet."

„Das glauben Sie ja selber nicht."

Sie hatte keine Krankheiten mehr. Das war das Ziel. Das Wesentliche ist der Glaube und die Meinung, ich bin gesund. Das mache ich nicht mit. Lassen Sie sich nicht von Ärzten umprogrammieren: Sie sind jetzt krank. Wenn Sie das glauben, auch bei Horoskopen, geht es abwärts mit Ihnen. Ich muss immer den Glauben haben: ich bin gesund, ich bleibe gesund, bis zur letzten Stunde. Das ist ein einfacher Spruch. Aber noch eines ist wichtig. Niemand wird wieder gesund, wenn er den Körper ablehnt oder hasst. Aufgepasst liebe Frauen, ihr seid hierbei Spezialisten. Man muss den Körper jeden Tag begrüßen. Da gibt es ein Morgenritual, dass man ihn anschaut und sich bedankt: ich liebe Dich, Du bist großartig, wir sind gesund. Dann macht er alles. Wenn Sie ihn ablehnen, macht er gar nichts. Somit ist die Eigenliebe der Schlüssel zum Erfolg. Auch spirituell.

JNM: Wir haben hier mit unserer materialistischen Denkweise viel zu lernen, um auch diese geistigen Denkweisen in unser Leben zu integrieren.

INTERVIEW MIT ANTON STYGER

Wenn man Ihre Bücher liest, gibt es da ja hunderte Fälle. Fast auf jeder vierten Seite kommt ein neues Fallbeispiel. Es gibt da ja Facetten, die man fast nicht für möglich hält. Aber wir wissen ja jetzt, dass die geistige Seite weiter aufgefächert ist, als wir es bisher für möglich gehalten haben. Wir wissen, dass Menschen, die sterben, das oft nicht bemerken. Und hier gibt es auch ein paar skurrile Fälle. Sie wissen, welchen Fall ich meine?

AS: Der Fall von diesem Jungen, dessen Seele kurz vor der Geburt wechselte. Es war so: die Mutter war im Spital am Gebären. Ihr Mann war eine gewisse Distanz weg auf der Arbeit. Man hat ihn benachrichtigt: „Deine Frau ist ins Spital gefahren worden, und wenn Du kommen willst, komm jetzt.“ Vielleicht war er nervös oder ist aus Unachtsamkeit in einen Unfall verwickelt worden. Auf jeden Fall war er auf der Stelle tot. Jetzt muss man sich vorstellen, seine Frau liegt in den Wehen im Spital. Und er ist genau zu dieser Zeit gestorben. Nach der Entbindung muss man ihr mitteilen: „Ein freudiges Ereignis, Du hast ein Bübchen. Aber Dein Mann ist auf dem Herweg tödlich verunglückt.“ Das musste für die Mutter der Horror sein. Einerseits hast Du das neue Glück in den Armen und andererseits den Totalverlust Deines geliebten Mannes. Das war natürlich eine herbe Enttäuschung und ein schlimmes Schicksalsjahr für diese Frau.

Als das Kind so richtig reden konnte, es war noch klein, zweieinhalb jährig, ist sie mit ihm im Stadtpark spazieren gegangen. Sie setzte sich auf eine Bank - diesen Park hatte sie früher schon besucht. Plötzlich sagte der kleine Mann: „Wir müssen nicht auf dieser Bank sitzen, wir sollten auf dieser Bank da oben bei dem Baum am Waldrand sitzen. Dort haben wir uns das erste Mal geküsst und das erste Mal geliebt.“

Der Mutter fielen natürlich fast alle Zähne raus - also sie hatte gesunde, aber das war für sie natürlich ein Schock. „Was sagt der da?“ Und dann sagte er es noch einmal. Sie fragte: „Woher weißt Du das?“ Und er antwortete: „Weiß ich nicht.“

Das war das erste Mal, dass sie aufmerksam wurde. Dann war er bei seinem Opa. Das war der Vater von seinem Vater. Und dann sagt der kleine Bub, der war vielleicht 3jährig: „Weißt Du, schade, dass Du diese hässlichen Doppelgaragen hier hingestellt hast. Damals war es viel schöner, als die Linde hier stand, der große Baum mit den weiten Ästen. Da konnte ich so schön schaukeln als Kind.“

„Was sagst Du da? Warum weißt Du das?“

„Das weiß ich nicht."

Das sind so Blitzgedanken von diesem Kind gewesen, von dem Vater eben. Und der Großvater hat es verstanden. Dann hatten sie Angst, dass das Kind besetzt ist, besessen. Die Leute denken erstmal ans Negative, haben keine Ahnung gehabt, dass der Mann sein eigener Sohn war. Ich konnte die Leute schon am Telefon beruhigen und ich habe ihnen gesagt: „Nein, Sie müssen keine Angst haben, da ist ein spezielles Phänomen bei Ihnen passiert, dass der Mann bei der Geburt als frische Seele in dem Kind als Ihr eigener Sohn geboren werden konnte. Das ist sensationell, finde ich, und Sie haben jetzt Ihren Mann als Ihr liebes Kind."

Dann gab es ein dreiviertel Jahr später wieder ein Telefonat mit derselben Mutter. Sie sagte: „Jetzt habe ich ein Problem. Ich habe einen Freund kennengelernt. Was mache ich jetzt? Was sagt denn mein Kind dazu?"

Darauf sagte ich: „Fragen wir einmal die Seele des Kleinen."

„Ja, der weiß nichts. Er mag ihn, den neuen Partner."

Dann sagte ich: „Jetzt fragen wir mal die Seele. Wenn ich die Seele frage, frage ich die Engel der reinsten Wahrheit. Bitte frag die Seele dieses Kindes, ob es bereit ist Auskunft zu geben."

Die Seele war sofort da um Auskunft zu geben. Ihr müsst pendeln.
Dann habe ich ihn gefragt: „Hast Du etwas dagegen, wenn die Mami jetzt einen neuen Partner findet oder sucht?"

„Nein, er hat nichts dagegen."

„Willst Du dann, dass die Mama glücklich ist? Hast Du was dagegen?" (Noch einmal gefragt.)

„Nein, nichts dagegen." Also war es gelaufen, und sie hat dem freudig zugestimmt. Sie hat den Mann dann später auch geheiratet. Also ist alles im grünen Bereich. Als ehemaliger Mann und Kind sind sie immer noch alle beieinander. Das Kind weiß vielleicht nicht mehr, wer es ist, hat es vielleicht vergessen. Aber es war für die Eltern und die Mutter ein großer Schreckensmoment. Was ist da passiert?

Solche Fälle habe ich schon hunderte gehabt. Aber nicht in so schneller Abfolge.

INTERVIEW MIT ANTON STYGER

JNM: Sie haben in Ihrem Buch einen Fall, wo Sie über andere Intelligenzen sprechen, die bei jemanden aufgetaucht sind, den Sie behandelt haben.

AS: Ja, da war dieser Junge, der hatte spezielle Wahrnehmungen. Er fühlte sich besonders komisch auf der Welt, konnte sich nicht zurechtfinden, weder im Beruf noch in der Familie. Er hat selber gemeint, er spinne. Er hat auch Elfen, Feen, Naturgeister in Massen gesehen. Wir sind dann oft zusammen gewesen. Ich wollte ihn ein bisschen erforschen - was er überhaupt fühlt, spürt. Er war besetzt und doch nicht besetzt. Er hatte Implantate drin und Erinnerungen aus früheren Leben. Nicht auf diesem Stern, also nicht auf unserer Erde.

Einmal fuhr ich mit ihm durch die Straßen. Bei mir war das auch immer so, ich sehe die Verstorbenen vor mir. In dieser Gegend habe ich auch wieder plötzlich einen vor der Motorhaube gehabt: einen Geist, eine Seele. Ich machte eine Vollbremsung. Der Junge knallte trotz der Sicherheitsgurte voll gegen die Scheibe. Ich sagte: „Entschuldigung Daniel, da vorne standen zwei."

Er sagte: „Es waren sogar drei."

Er hat es auch gesehen. Er war mit der Nase an das Armaturenbrett geknallt, aber er war Hellseher, er konnte das verstehen.

Er hat gesundheitliche Probleme bekommen, weil er Implantate aus früheren Leben hatte. Das muss man sich vorstellen: wenn man in einer höheren Zivilisation operiert, Implantate kriegt, hat man in späteren Leben Erinnerungen an solche Implantate. Und er hing mit diesen Implantaten irgendwie noch in Bezug auf einen Operationsraum zusammen. Er hat das nicht abgenabelt oder konnte sich nicht daraus befreien. Er machte dann Gebete, Rituale, rief seine Angehörigen aus diesen Dimensionen. Sie sollen das herausnehmen, ihn befreien - aus diesem Leben, aus diesem Körper. Ihm ging es dann nachher besser, er konnte in das normale Arbeitsleben zurückkehren. Der Junge fühlte sich plötzlich stark und befriedigt, hat aber vieles von seiner Hellsichtigkeit eingebüßt. Er wollte das aber auch nicht. Er hat dann diese gesundheitliche Störung verloren.

JNM: In Ihrem Buch schreiben Sie auch, dass diese unbekannten Flugobjekte plötzlich über Ihrem Haus aufgetaucht sind.

AS: Ich habe mehrfach solche Erlebnisse gehabt. Gute und weniger gute. Ich bin auch oft nachts spazieren gegangen und habe sie gesehen, beobachtet. Als

Kind habe ich die auch oft gesehen. Einmal, als ich Milch holte, ich war da erst 10 Jahre alt. Das war die erste Begegnung. Das war eigentlich ein Schock für mein Leben. Es war Winter, es gab auf dem Fußweg Schneewände links und rechts. Ich lief da in einer relativ hellen Nacht mit der Milch nach Hause. Ich hatte vielleicht zehn Kilo in einem Traggefäß auf dem Rücken. Und plötzlich hörte ich ein Sirren. So ein Geräusch hatte ich noch gar nie gehört. Dann sah ich nach oben und merkte: über mir ist etwas Dunkles. Und plötzlich „Knack-Knack-Knack", gingen von oben Lichter an, wie die eingeschalteten Scheinwerfer in einem Theater. Es knallte richtig. Und dann hatte ich nicht mehr die Möglichkeit nach oben zu schauen, es waren sehr grelle Lichtquellen. Die Distanz konnte ich nicht schätzen, vielleicht 15 oder 20 Meter. Auf jeden Fall sah ich um mich herum grell erleuchtete Lichtquellen. Damals gab es noch kein Halogen-Licht. Es war ja 1957 oder 1958. Es gab keine Helikopter. Außerdem hätte ich das ja gehört, da wäre dann ein Knattern gewesen. Und dann lief ich zuerst langsam im Kriechgang vorwärts. Plötzlich erfasste mich die nackte Angst und Panik. Ich stellte die Milch ab und rannte so schnell ich konnte 500 bis 600 Meter zum nächsten Bauernhof - zum Hüllemann. Ich rannte da in die Kennel rein, also in den Futterraum, schloss die Tür hinter mir und meinte, jetzt ist alles aus. Als ich unter das Scheunendach kam, sah ich wie die Scheinwerfer von mir wegschwebten und abgeschaltet wurden – der Spuk war weg. Ich hockte eine halbe Stunde nur da, bis ich mich erholt hatte. Ich ging nach Hause und holte meinen Vater. Er hat mich nicht geschimpft. Er sagte, dass er so etwas nicht kennen würde und holte mit mir zusammen die Milch ab.

Ich hatte erst später wieder eine Begegnung mit diesen Außerirdischen. Ich war mit den Pferden beim Reiten. Mit zwei oder drei Mädchen, Gleichaltrigen, oder ein bisschen Älteren. Wir wollten durch einen Wald, aber die Tiere wollten einfach nicht durch den Wald gehen. Der Wald war nicht breit, vielleicht waren es fünf- oder sechshundert Meter. Wir ritten in diesen Wald. Wir hörten etwas, sahen irgendwelche Lichter. Es war einfach nicht möglich, die Tiere zu überzeugen. Und nach einer Weile, etwa einer halben Stunde, war das Geräusch und das Licht weg, die Tiere liefen allerdings ängstlich durch den Wald. Wenn ein Pferd etwas ahnt, hat es Angst und dann läuft es schräg, fast diagonal durch die Straßen. An einer Stelle, an der plötzlich Rauch aufstieg, rannten die Tiere mit uns, so schnell sie konnten. Ich habe nur am Waldrand etwas Rauch gesehen. Es gab aber Schnee, leichten Schneefall. Wir kamen gut nach Hause. Am nächsten Tag ging ich mit dem Vater dorthin, sagte: „Da ist etwas gewesen. Ich habe es aber nicht gesehen, habe nur durch die Tannen hindurch ein extremes Licht gesehen." Also fuhren wir mit unserem Lieferwagen hin. Wir fuhren dann in diese Lichtung, dort lag Schnee. Es gab dort an 3 Stellen etwa 1,50 Meter bis 2 Meter große, abgetaute Stellen mit verbrannter Erde. Aber sonst haben wir nichts gesehen - keine Spuren. Mein Vater hat mir das geglaubt, obwohl er nicht immer leicht zu überzeugen war. Wenn ich ihm was erzählt habe, meinte er immer: „Was ist denn das?" Damals war noch nie die Rede von UFOs. Das war in den 1960er Jahren, wir waren ja noch nicht informiert. Später habe ich die oft gesehen. Schnell am Himmel vorbeifliegend oder Haken schlagend. Aber nähere Kontakte hatte ich lange nicht mehr, bis ich hier war.

Das war in einer bestimmten Nacht, da war ich alleine im Haus. Es war vor fünf oder sechs Jahren, in der oberen Wohnung. Ich schaute zum Dachfenster hinaus und sah eine sensationelle Milchstraße da oben. Ich erfreute mich an dieser herrlichen Sternenpracht und dachte mir: „Wie schön ist das da oben." In diesem Moment schwebte in niedriger Höhe ein UFO relativ langsam vorbei. So ein Trapezoid, mit 3 Triebwerken und 5 Positionslichtern. Ich war wach, rannte raus auf den Balkon und schaute in den Himmel. Von dort sehe ich eigentlich relativ weit, aber ich habe nichts mehr gesehen. Dann denke ich: „Was suchen die denn da?" Ich ging wieder ins Bett, dachte so darüber nach, und plötzlich beginnt mein Bett sich zu schütteln. Zuerst leicht, dann begann es zu hopsen. Dann war es so stark, dass ich an die Decke flog. Ich bin zäh im Nehmen, aber da hatte ich dann auch Angst. Es war sehr ungemütlich und ich sah nichts. Als Hellsichtiger siehst Du nichts. Ich rief nach oben um Hilfe, aber es schüttelte mich trotzdem durch. Das war etwas ganz Spezielles. Plötzlich stand neben mir ein Lichtwesen, streckte mir sein Schwert entgegen. Mehr so eine breite Schaufel. Ein 1,50 Meter großes Schwert, sehr breit und es hat kristallin gefunkelt.

„Nimm das!"

Ich griff zu und schlug um mich, es hat nur so geflutscht. Das Bett fiel auf den Boden, es hat geknallt, und dann war Ruhe. Da merkte ich, dass das Gebet nicht gewirkt hatte, ich musste eine neue Technik anwenden. Kristallines Licht - da wurde mir klar, dass die da oben uns auch Hinweise geben. Inzwischen mache ich Gebete, die das Haus in eine kristalline Wanne mit Deckel einhüllen. Seitdem hatten wir keine Angriffe mehr.

Es gibt Dinge, die kann man fast nicht erzählen. Da war ich drüben allein, in meinem Büro. Meine Frau sah ziemlich überlastet aus und war dann am Mittag heimgefahren. Ich dachte mir: „Heute Abend könnte ich mal eine Dame, die ich schon lange anrufen wollte, anrufen." Eine Frau aus Salzburg hatte mich nämlich kontaktiert - ich konnte bereits ihrer Tochter helfen – jetzt war ihr Sohn in der Psychiatrie. Und wir sprachen am Telefon darüber. Ich habe dabei ausgependelt, was der Sohn hat. Ich habe die Gebete durchgegeben. Und sie sagte: „Sind Sie im Büro?"

Und ich sagte: „Ja."

„Ich sehe Sie inmitten von Papierstapeln und Arbeit."

Dann sagte ich: „Ja, sieht schlimm aus bei mir."

Sie sagte: „Bei Ihnen sind aber zwei Wesen. Sehen Sie die?"

„Nein" sagte ich. Ich hockte also im Büro auf dem Stuhl und sah zur Seite, zur Küche hin. Dort ist kein Licht gewesen. Dann sah ich mich im Stuhl sitzen, sehe aber niemanden hinter mir stehen. Dann drehte ich mich um und sah sie: große Menschen, große Wesen.

Sie sagt: „Das sind Außerirdische, die sind ärgerlich."

Da fragte ich: „Was haben die sich zu ärgern?"

„Ja, Sie lassen die nicht zu."

„Also gut, ich hänge auf, und erkläre es Ihnen später." Dann habe ich das Telefongespräch beendet. Wie gesagt, ich habe sie gesehen, es waren zwei große Männer. Aber es waren Verstorbene, irdisch Gebundene. Ich habe aber auch gesehen: es sind Außerirdische, aber mit Gesichtern wie unsere. Sie sahen ähnlich aus, wie der Junge vom fremden Stern aus meinen Büchern 5 und 6, mit leicht goldiger Haut. Dann sprachen sie mich an. Das ist auch selten. Ich habe sie gehört. „Hilfst Du uns? Wir sind besetzt. Wir sind nicht frei. Kannst Du uns helfen? Wir sind belastet."

„Ja, ich sehe es." Sie hatten als Astralwesen so Dreck anhaften, Müll, dieses wolkenähnliche Zeug. Davon war das ganze Büro nun voll. Also habe ich das Ablösegebet gesprochen und dann gesagt: „Ihr seid doch nicht irdisch?"

„Ja, von der Seele her sind wir keine Erdlinge."

„Warum kennt Ihr mich? Das möchte ich noch wissen, bevor Ihr geht."

Da sagen sie: „Wir sind Bekannte von Deinem jungen Freund vom anderen Stern. Wir stammen von seinem Stern."

INTERVIEW MIT ANTON STYGER

Darauf sagte ich: „Habt Ihr etwas mit der Evakuierung der Erde zu tun? Mit dem, was ich in der Pfingst-Vision (Buch 2) gesehen habe?"

„Ja, wir sind diejenigen, die Euch dann abholen, wenn es soweit ist. Wir danken Dir für deine Hilfe."

Wusch, dann waren sie weg.

JNM: Das ist das Stichwort. Das Buch habe ich noch nicht gelesen. Was steht hier an? Was kommt auf uns zu?

AS: Über die Zukunft bin ich nicht genau orientiert, möchte ich sagen. In der Pfingst-Vision habe ich nachts plötzlich extreme Visionen gehabt. Es war kein Traum, sondern ein dabei-sein, mit-fühlen in einer anderen Dimension, einer anderen Ebene oder anderen Zeit. Aber am Morgen konnte ich mich noch an alles erinnern. Das ist im Gegensatz zum Traum viel intensiver, körperbetonter. Und Du weißt alles noch. Ich wusste nicht so recht, soll ich es veröffentlichen oder nicht. Auf jeden Fall hat sich die Sache so abgespielt, dass ich zu einem bestimmten Zeitpunkt mit meinen Liebsten und Bekannten abgeholt werde. Man hat mir gesagt, dass zu einer gewissen Zeit etwas auf die Erde zukommt. Die Erde wird abgefackelt, gereinigt. Wir haben die Möglichkeit hier zu bleiben - wir sind ja unsterblich - oder wir haben die Möglichkeit wegzugehen. Wir werden abgeholt.

JNM: Physisch abgeholt oder geistig?

AS: Physisch. Physisch abgeholt. Geistig ist ja grundsätzlich das normale Sterben.

JNM: Das heißt, es kommen extraterrestrische Besucher, die tatsächlich Menschen mitnehmen?

AS: Ja, das wird dann irgendwie stattfinden. Oder nehme ich jetzt mal an, es war eigentlich ziemlich abstrakt in dem Moment. Ich wusste gar nicht, ob ich es veröffentlichen darf. Wen habe ich da gesehen? Was habe ich da gemacht? An dem Tag X werde ich aufgerufen: „Sage Deinen Freunden und Bekannten - teile ihnen mit - dass der Tag X naht." Ich habe denen schon vorher erzählt, dass da etwas kommen könnte. Und am Morgen, als ich aufgestanden bin, war das Morgenrot plötzlich im Westen, auf der anderen Seite. Ich hatte das Gefühl, der Himmel brennt. Ja, es war wirklich schlimm, die Telefonleitungen sind zusammengebrochen, es war kein Strom mehr da. Ich konnte aber diese Leute erreichen. Scheinbar fast alle. Sie sind dann hierher gekommen, und da hinten ist dann, als wir hier warteten, ein UFO gelandet. Wir sind dann weggeflogen, kurz um die Erde. Ich habe dann gesehen: der halbe Erdball brennt.

Diese Bilder habe ich dann später gesehen: als in Sibirien die Tundra abgefackelt wurde - als sie unterirdisch brannte. Da habe ich mir gedacht: „Ist es jetzt soweit?" Das war vor sechs Jahren. Ein halbes Jahr später gab es das erste löschen unter der Erde. Da dachte ich: „Ist jetzt die Zeit gekommen?" Allerdings weiß ich nicht, wann das ist.

Das können sie ja selber im Buch nachlesen, was passiert ist. Wir haben überlebt, konnten einen neuen Planeten bevölkern, und haben erkannt, dass wir durch die Gedanken erneut eine Realität manifestieren und materialisieren können. Wir haben gelernt: wir sind Seelen, und haben einen Weg gewählt, physisch zu werden. Aber ich habe auch gesehen, wie wenig wir wahrnehmen - dass wir überhaupt nie einen Grashalm oder eine Tannennadel anschauen. Diese Wunderwerke der Natur, unseres Schöpfers. Es war erschreckend, was ich dort erlebt habe, weil wir doch eine neue Realität manifestieren sollten. Wir wussten nicht, wie ein Grashalm oder ein Baum aussieht - wir sind blind. Wir nehmen es nicht wahr. Wir sehen einen Wald, aber keinen Baum, keine Blätter, keine Rinde. Es war extrem, was ich dort gelernt habe.

Und dann war da noch etwas ganz Spezielles. In Rosenheim kommt eine Frau auf mich zu, und sagt: „Darf ich mit Ihnen unter vier Augen reden? Ich habe ein Problem. Mir ist etwas widerfahren. Ich bin in München in eine Bücherei gegangen. Plötzlich fallen mir vom obersten Regal zwei Bücher vor die Füße. Ich schaue sie an, aber die Bücher sagten mir nichts."

Aber sie hat die Bücher gekauft. Sie hat dann 10 Tage Ferien gehabt und zu Hause speziell die Geschichte der Pfingst-Vision aufgeschlagen. Sie hat den Text verschlungen und gedacht: „Irgendwie spricht mich das an." Am letzten Tag ihres Urlaubs saß sie auf einer Brücke an der Isar. Und sie hat gesagt: „Ich hatte einfach diese 10 Tage lang über das nachgedacht. Plötzlich kommt diese Kugel da herunter. Es war ein bewölkter Abend, niemand war in der Nähe. Diese Lichtkugel kommt, öffnet sich, und es ist ein riesengroßes UFO. So wie Sie es beschrieben haben." Dann sagte sie: „Aber Herr Styger, es ist doch viel größer als Sie beschrieben haben."

Ganz oben war eine Leuchtschrift - sie hat sogar Zeichnungen gemacht. Diese Leuchtschrift ist gelaufen und sah so ähnlich aus wie arabische Schrift oder vielleicht auch wie ägyptische Hieroglyphen. Sie wollte von mir wissen, ob ich das auch gesehen habe.

Ich sagte: „Ich habe es auch gesehen, aber ich weiß auch nicht, was es ist."

Dann hat sie gesehen, dass das Raumschiff etwa 10 Minuten lang über der Isar schwebte, das Wasser hat sich gekräuselt. Es gab einen Schatten auf der Isar, die Kugel hat leicht rosa geleuchtet. Sie hat dabei gar keine Angst gehabt. Sie hat es angeschaut und wusste, es passiert ihr nichts. Dann hat es sich zurückgezogen. Zuletzt hat es einen Knall gegeben und es ist verschwunden. Sie saß noch eine halbe Stunde dort und hat sich gefragt, was das bedeutet. Das wollte sie von mir wissen. Ist sie verrückt geworden, oder hat sie das live gesehen?

Ich konnte durch das Pendel herausfinden: sie hat das live gesehen.

Dann fragte sie: „Was hat das für eine Bedeutung?"

Ich sagte: „Liebe Frau, ich weiß es auch nicht! Ich habe es nicht live gesehen. Ich habe es in der Vision gesehen, aber so klar kann ich es gar nicht beschreiben."

Ich habe dann herausgefunden: wenn die Zeit da ist, in der das passiert, hat sie die Aufgabe, die Leute in Bayern zusammenzuziehen, denn die landeten da schon. Das halbe Raumschiff war schon voll mit Leuten. Aber die habe ich ja gar nicht gekannt. Also, wir sind mit einer großen Gruppe weggegangen. Ich möchte niemanden beunruhigen, aber alle Visionen die ich hatte, sind auch eingetroffen. Das ist natürlich ganz klar möglich. Aber ob es dann auch so sein wird, kann ich nicht sagen. Die Zukunft ist immer ein offenes Buch.

Dorothea Fuckert

Interview mit Dorothea Fuckert

Das Nichts ist nicht Nichts.
Vielleicht hat das Nichts sogar Schöpferkraft,
so dass das Nichts nicht Nichts ist, sondern Alles?

Kersten Kämpfer (*1958),
Dr.-Ing. der Technischen Kybernetik und Automatisierungstechnik

Dorothea Fuckert gehört zu den rund 30.000 Psychologen weltweit, welche die Seelen-Reise nach Dr. Michael Newton durchführen. In der Nähe von Frankfurt führt sie ihre Praxis zusammen mit ihrem Mann.

Dr. Michael Newton, Begründer der spirituellen Rückführungen in das Leben zwischen den Leben ist für mich ein genialer, humorvoller, den Weg der Seele weisender Lehrer. Von ihm und seinem Trainingsteam im *Newton Institute* wurde Dorothea Fuckert 2007 in seiner Methode ausgebildet.

Aus all diesen heilsamen, lehrreichen Erfahrungen kristallisierten sich schließlich drei wesentliche Erkenntnisse heraus: relative Stabilität im Erleben von Wohlbefinden, Freude, Glück, Zufriedenheit und Erfüllung entwickeln wir erstens nur durch konsequentes Annehmen und Durchleben aller Gefühle, auch von Schmerz und Angst. Zweitens durch Rückverbindung mit einer geistig-energetischen Quelle und spirituellen Führung, durch Erinnerung an die Göttlichkeit unserer Seele mit ihrer Grundessenz an Schöpfungskraft, Weisheit und Liebe. Drittens durch Verankerung all dessen in Körper, Erde und Materie. Frau Fuckert ist dankbar für ihre Gabe und Fähigkeit, Menschen dahingehend „beseelen" zu können. Dies ist ihre Berufung, die sie beglückt und erfüllt. So trägt sie auch ihren Anteil zur Bewusstseinsevolution bei, vermittelt Hoffnung und Lebensfreude.

Sie schreibt über sich:

„Als promovierte Ärztin und Psychotherapeutin stehen für mich heute Seelenentfaltung und Körperweisheit im Zentrum meiner Praxistätigkeit. Schon als 5jähriges Kind wollte ich später viele Menschen gesund und glücklich machen. Durch eigene und familiäre Erkrankungen wusste ich damals bereits, dass ich Ärztin werden möchte. Erst im Laufe meines Erwachsenwerdens wurde mir bewusst, dass für mich ein ganz besonderer Weg bestimmt war, um diese Lebensaufgabe zu erfüllen. Während ich selbst immer vollständiger zu körperlicher Gesundung und innerer Heilung fand, erlernte ich eine breite Palette an Methoden der Schulmedizin, Naturheilkunde

und Psychotherapie. Seit 1997 entwickelte sich meine Praxis kontinuierlich in Richtung spirituelle Heilweisen.

Ich hatte das Glück, eine Handvoll wunderbarer und weiser „Lehrer fürs Leben" zu haben. Auch konnte ich beeindruckende energetische und spirituelle Methoden von Heilern aus ganz unterschiedlichen Kulturen an mir selbst erfahren und in meine Arbeit integrieren. Besonders tiefgehend, umfassend und nachhaltig prägte mich die psychiatrische Orgontherapie (Reichsche Körpertherapie), von 1977 – 1981 bei Dr. Walter Hoppe, durch dessen Humor, Güte und Weisheit vieles tief in mir heilte. In der gleichen Methode war für mich von 1988 bis zu seinem Todesjahr 2018 (im Alter von 100 Jahren) Dr. Morton Herskowitz, der jüngste Schüler Wilhelm Reichs, ein wunderbarer Therapeut, Lehrer und Freund. Er bleibt mein großes menschliches Vorbild."

Diese Erkenntnisse formten im Laufe ihrer über 30jährigen Praxistätigkeit schließlich zwei Behandlungswege heraus, mit denen sie der Gesundung, Selbstfindung und Erfüllung ihrer Patienten am besten dienen kann:

- **Spirituelle Rückführung: Seelenreise in das Leben zwischen den Leben (LZL)** nach Dr. Michael Newton
  Heilung und Entfaltung durch die Erinnerung, wer Sie als Seele eigentlich sind, woher Sie kommen, wozu Sie hier sind und wohin Sie gehen.
- **Seelenentfaltung und Körperweisheit**
  Aktivierung der wirksamsten inneren Ressourcen für stabiles Wohlbefinden, Meisterung des Lebens und um Leidensgefühle in positive Kraft zu verwandeln.

Diese beiden Schlüssel verbinden Sie mit Ihrer inneren Stimme und Körperweisheit, mit Ihrem Inneren Kind, Ihrer Seele und mit Ihrer höheren Führung auf unterschiedlicher Weise und Ausrichtung. Sie bringen Sie voran in Ihrer emotionalen und körperlichen Heilung, bei der spirituellen Suche nach Ihrer Seelenessenz, Erkenntnis Ihrer Lebensaufgabe, Erinnerung Ihrer geistigen Führung und Seelenheimat. Sie stellen mehr Balance her zwischen dem weiblich-intuitiven Weg des Fühlens, Erfahrens, der inneren Gewissheit, All-Bewusstheit und dem männlich-mentalen Weg des Denkens, Intellekts, Wissens und Verstandesbewusstseins.

Die zugrundeliegenden Heilungsprinzipien sind: Wertschätzung des Lebens und der Erde als Geschenk, Lachen als beste Medizin, Liebe als größte Heilkraft, bedingungslose Selbstliebe und Annahme aller Schattenseiten, Rückverbindung mit dem göttlichen Ursprung, sowie Verankerung all dessen im Körper. Sie werden zu wahren Allheilmitteln, wenn Sie sie als Schlüssel in Besitz nehmen und im Alltag übend anwenden. Dies gilt für alle Lebensbereiche, auch für Beruf, Beziehungen, Partnerschaft und Sexualität. Es gibt hier eine 40-Tage-Regel: alles, was wir 40 Tage lang übend wiederholen, wird Schritt für Schritt dem Nervensystem eingeprägt. Alles Neue wird so durch Wiederholung gelernt, bis es schließlich leicht und selbstverständlich ist.

JNM: Frau Dr. Fuckert, vielen Dank für die Einladung in Ihre Praxis. Wir reden heute über Rückführungen, aber nicht im klassischen Sinne, sondern wir reden über Rückführungen in Zwischenwelten. Sie wenden eine ganz spezielle Methode an, die Methode von Dr. Michael Newton. Können Sie uns ein wenig darüber erzählen?

DF: Gerne. Vielen Dank auch für das Interview. Ich beginne ein bisschen mit einem Rückblick. Doktor Newton war ein klinischer Psychologe, Hypnotherapeut, Lehrer und Autor. Vor genau 50 Jahren, nämlich 1968, hatte er eine Patientin mit einer schweren Depression. Die hatte sie über 30 Jahre lang und nichts hat geholfen. In seiner hypnotherapeutischen Behandlung bei ihr kam sie spontan in das Seelenzwischenleben oder in das Leben zwischen den Leben wie Michael Newton das dann später nannte. Sie fanden Erinnerungen aus dieser Existenz und nach dieser einen Sitzung war ihre Depression geheilt. Sie hat wie die allermeisten Menschen, die diese Seelenreise erfahren, faszinierende Begegnungen dort mit einem Geistführer, mit weißen Lichtwesen und mit Seelengefährten gehabt. Sie hat sich selbst als unsterbliche Seele in einer Lichtgestalt erfahren. Und sie hat diese ganze Sphäre, in der sie sich da erlebte, als sehr friedvoll, sehr licht-, sehr liebevoll empfunden. Newton war ein sehr skeptischer klinischer Psychologe und hat das nicht gleich für bare Münze genommen. Er hat einfach weiter beobachtet. Er hat insgesamt über 7000 Fälle von hypnotherapeutischen Sitzungen gesammelt, in denen er die Menschen ein bisschen dazu anleitete, in immer tiefere Erinnerungen zu gehen, noch tiefere Erinnerungen abzurufen, und hat sich zehn Jahre lang mit seinen Beobachtungen ganz zurückgehalten. Er hat also ganz im Stillen gearbeitet, denn er wollte eine sorgfältige Methode entwickeln, die dann auch nachprüfbar ist, die dann auch standhält. Bevor er damit an die Öffentlichkeit geht. Er machte einfach die Beobachtung, dass egal welcher Mensch da kommt, er diese Erfahrung in tiefer Hypnose macht. Das habe ich vergessen zu sagen. Hypnotherapie bedeutet in dem Fall, jemanden in eine immer tiefere Trance zu führen. Und egal welcher Mensch da zu ihm kam: Alter, Geschlecht, Beruf, Wohnort, kultureller, sozialer, oder religiöser Hintergrund, das spielte keine Rolle. Die Grunderfahrungen dieser 7000 Menschen waren übereinstimmend.

JNM: Das ist glaube ich auch ein wichtiger Beweis, weil die klinische Psychologie mit dieser transpersonalen Praxis wenig anzufangen weiß, sondern immer sagt: okay, Du kannst vielleicht bis zu einem bestimmten Grad zurückgehen, aber weder zur Geburt, noch vor der Geburt, geschweige denn bis zwischen die Leben. Aber offensichtlich kommt diese Einstellung daher, dass wir denken, dass unser Gehirn das Bewusstsein ist oder erzeugt. Aber das scheint ja in den ganzen Arbeiten, die Sie machen, ganz anders zu sein.

DF: Wir gehen einfach mit Michael Newton von einem überbewussten Gedächtnisspeicher aus. Wir kennen das bewusste Gedächtnis, das vergessene, das unbewusste, das intuitive, auch noch das kollektive von C.G. Jung. Aber wenig bekannt ist das überbewusste Gedächtnis, und das ist ein transzendentes Gedächtnis. Und da sind offensichtlich Erinnerungen von anderen Leben gespeichert, also Vorleben aus ganz anderen Existenzweisen. Deswegen nennen wir es auch Seelengedächtnis. Daraus empfangen die Leute, die Seelenreisen machen, Erinnerungen woher sie kommen. Ursprünglich, wo sie sich zwischen den Reinkarnationen aufhalten, wie es da ist, was sie da machen, mit wem sie da zusammen sind, wozu sie im jetzigen Leben reinkarniert sind, mit welcher Lebensaufgabe und wohin sie gehen. Newton hat ein Buch veröffentlicht: *Die Reisen der Seele*. Und dann ein zweites Buch, in dem er viele seiner Fälle veröffentlicht hat. Diese Bücher sind inzwischen in 25 Sprachen übersetzt. Sie geben den Menschen sehr viel umfassende Einsicht. Und auch Hoffnung.

JNM: Die Religionen haben hier offensichtlich ein wenig versagt. Die Menschen wollen wissen: ist das das einzige Leben, ist es die Materie, die das Bewusstsein hervorbringt, oder wird die Materie vom Bewusstsein hervorgebracht? Gehen wir einmal zurück: als er das Buch veröffentlicht hat, wie haben die Fachkollegen, wie hat die „Branche" reagiert?

DF: Eigentlich positiver, als er erwartet hätte. Natürlich gab es immer auch kritische Stimmen und Skeptiker. Aber das ist halt so, die Wissenschaft hat ja seit Descartes die Seele aus ihrem Weltbild gelöscht. Deswegen glauben auch die meisten Menschen nicht an die Seele, an eine Existenz der Seele. Manch andere stellen sich die Seele vor, als die Summe der geistigen und emotionalen Regungen, die dann beim Tod ausgelöscht wird. Die Religion, speziell das Christentum, nimmt eine Existenz nach dem Tod an in einem Himmel.

JNM: Nach der Auferstehung.

DF: Ja, auch, aber sie leugnet eine Existenz vor dem Leben. Über alle Religionen hinweg, über alle Epochen und Kulturen hinweg glaubt doch die Mehrheit der Menschheit an die Wiedergeburt der Seele. Das Christentum hat dieses Konzept am Anfang gehabt, die ersten 500 Jahre und dann wurde es beim Konzil zu Konstantinopel 523 verbannt. Mit tödlichem Bann belegt. Von daher ist es sehr verständlich, dass sich noch viele Menschen heutzutage schwer tun, sich diesem Konzept wieder zu öffnen.

JNM: Aber ich denke, wir sind auf dem richtigen Weg. Wir haben sehr viele Erfahrungen, die Menschen machen, wir haben luzide Träume, wir haben sehr viele Nahtoderfahrungen, die über ein Leben nach dem Tod berichten. Es gibt diese Nachtodkontakte über Medien, Channelings, ja sogar Sprechfunk mit Verstorbenen. Sie haben berichtet, dass es in Amerika schon Geräte gibt, mit denen man Stimmen aus dem Jenseits einfangen kann. Mit Bildern, das ist mir neu. Kommen wir noch einmal auf diesen Punkt zurück. Der Michael Newton hat festgestellt, es kommen Leute zu ihm. Meistens geht man ja zum Psychologen, denn es gibt ja Behandlungsmethoden - deswegen studiert man ja die Psychologie - um diese Störungen aufzulösen. Aber offensichtlich reichen diese Methoden nicht aus.

DF: Sehr oft nicht. Die Hypnotherapie hat wunderbare Methoden, um einen Menschen in Trance zu führen und damit zurückzuführen in die ursächlichen Erlebnisse. Die ursächlichen Erfahrungen für eine Angst zum Beispiel in der Kindheit. Wir können durchaus zurückführen in ganz frühe Kindheitserlebnisse, ja sogar in den Uterus der Mutter hinein.

JNM: Die Kritiker, die auf der anderen Seite stehen, sagen: das ist eine Suggestion, das heißt, es wird jemanden etwas vorgegaukelt. Das Einpflanzen falscher Erinnerungen gibt es ja tatsächlich, man kann so etwas machen. Wie unterscheidet man das, ob der Patient, der die Therapie macht, etwas erzählt, was er tatsächlich erlebt hat? Oder was Suggestion ist?

DF: Wir führen ja in der spirituellen Rückführung nach Newton den Menschen über den Uterus hinaus in ein bedeutsames Vorleben. Also noch weiter zurück. Und dann über den Tod in diesem anderen Leben in das Leben zwischen den Leben. In diese Existenz der Seele in eine nichtstoffliche, lichte, geistige Ebene. Und da wir so viele Fälle haben, durch Michael Newton, aber auch durch unsere eigene klinische Arbeit, können wir ganz klar sehen: die wesentlichen Erfahrungen, die die Leute beschreiben, decken sich. Das kann einfach nicht imaginiert sein oder reine Fantasie oder Wunschdenken.

JNM: Weil es ja über Kulturen und Länder hinausgeht.

DF: Transkulturell, transnational, und so weiter. Die Stationen, wie sie die lichte Welt da drüben empfinden, die sind auch sehr ähnlich. Die Nahtoderfahrungen, da gibt es einige Ähnlichkeiten und Überschneidungen. Sowohl bei den Nahtoderfahrungen, wie auch bei den „Leben zwischen den Leben Hypnose-Sitzungen", so hat Michael Newton seine Rückführungen genannt, erfahren die Menschen ein Licht. Ein allgemeines großes Licht, oder auch ein Lichtwesen, das auf sie zukommt und liebevoll in Kontakt geht. Das ist identisch bei den Nahtoderfahrungen wie auch bei unseren Rückführungen. Das empfangen werden von Verstorbenen. Verwandte, die vor ein, 10, oder 20 Jahren von hier gegangen sind. Die erscheinen da putzmunter und manchmal auch in ihrer menschlich körperlichen Form, obwohl sie diese nicht mehr haben, und begrüßen den Ankommenden, nehmen ihn in den Arm und sagen: „Mir geht's gut, ja aber für Dich - ja, schön dass Du uns besuchst - für Dich ist aber bei der Nahtoderfahrung noch nicht die Zeit. Jetzt gehst Du wieder zurück, weil Du noch ein paar Dinge zu erledigen hast."

Ähnlich ist auch, wie das Ganze sich dann nachher auswirkt. Aber erst noch zurück zur spirituellen Rückführung: eine weitere Erfahrungs-Station ist das Treffen mit mehreren weißen Wesen. Wie so ein Beratungsteam, man kann Engel dazu sagen. Engel sind auch Lichtwesen. Und jedenfalls ist das alles andere als ein strenges Strafgericht, so wie das Christentum das predigt, sondern es ist bedingungslose Annahme, Verständnis, Humor. Man guckt gemeinsam wie das jetzige Leben so läuft. Was gut geht, wo es noch hängt und was vielleicht noch ansteht.

Das ist einfach eine sehr hohe Ebene von Weisheit und Fürsorge, die der Einzelne erfährt und die er empfängt. Eine weitere Station dieser LBL-Sitzung ist der Blick in den Raum der Lebenswahl, denn da kann man schauen wie man sich das nächste Leben nach welchen Kriterien und Aspekten nach diesem letzten gewählt hat. Die örtliche Umgebung, die Eltern, Geschwister, die Freunde, die Ausbildung, so bis ins Erwachsenenleben.

Das kann man sich doch gar nicht ausdenken, dass dann tausende von Leuten zum Beispiel einen Bildschirm sehen, wo sie drauf tippen: „Und das nehme ich - ah, da gibt's doch mal andere Möglichkeiten, aber ich will jetzt nicht weiter." Oder es sind halt tausende von Büchern da und der Reisende zieht ein Buch heraus. Das ist sein Lebensbuch, und dann kann er gucken auf verschiedenen Seiten die Möglichkeiten anschauen wie im Katalog und sagen: „Ich nehme das und die Option und diesmal probiere ich das."

Also dadurch, dass Tausende von Menschen das so beschreiben, können wir ziemlich sicher davon ausgehen, dass das nicht einfach Wunschdenken ist.

JNM: Das hört sich ganz so an, als wären wir hier auf einem Abenteuerurlaub auf Erden, und da drüben ist unser wahres Zuhause. Und wir gestalten unsere Urlaube hier auf der Erde nach diesen Kriterien. Deswegen sagen wahrscheinlich auch viele: ich bin wieder nach Hause gekommen.

DF: Ja, viele beschreiben es: ich fühle mich hier zu Hause. Die Seelengefährten, die wir auch Seelenfamilie oder Seelengruppe nennen, begrüßen einen meistens mit einem großen Hallo. Voller Freude und Zuneigung, Freundschaft. Es wird oft gefeiert, es ist lustig in dieser Gruppe. Und da sind die Leute, die diese Erfahrung machen, total überrascht, weil „das haben sie sich gar nicht so vorgestellt". „Da ist meine Schwester auch dabei und ach, meine verstorbene Freundin, die ist da auch dabei, und mein Vater, aber der versteckt sich so ein bisschen im Hintergrund. Der scheint ein bisschen ein schlechtes Gewissen zu haben." Ja, es ist total heilsam, diese Erfahrung zu machen, einer freundlichen, liebevollen Verbundenheit in einer Gruppe. Ich frage dann auch immer: „Habt ihr eine gemeinsame Aufgabe; gemeinsame Interessen; gemeinsame Schwingungen?" „Ja; wir wollen alle helfen; wir gehen zum Beispiel in verschiedene helfende Berufe." Oder: „Wir wollen das Bewusstsein auf der Erde erhöhen durch Kreatives, durch Schriftstellerei, durch was auch immer."

JNM: Also, die Aufgaben hören sich für mich positiv an, sind nicht sowas wie: „Ich möchte ein Hochhaus bauen oder die Atombombe erfinden." Sondern es geht immer um zwischenmenschliche Erfahrungen, zu helfen, kreativ zu sein, um die Schöpfung nach vorne zu bringen.

Jetzt sind wir schon wieder bei grundlegenden Fragen. Es ist doch tatsächlich offensichtlich so, dass diese ganzen Religionen, diese ganzen Erfahrungen über die Kulturen hinweg, bis zu den indigenen Völkern, die ja immer spirituelle Erfahrungen gemacht haben, dass es nicht nur ein illusorischer Auswuchs unseres Geistes ist, dass es auch wahre Erfahrungen sind, die aber offensichtlich irgendwo einen bestimmten Grund haben, warum man ein bisschen braucht, bis man diese Erfahrungen aufdeckt. Weil man sonst vielleicht die Aufgabe nicht vollzieht, wenn man sagt: „Ich bin hier auf Urlaub".

DF: Da gibt es so viele Zusammenhänge, die wir jetzt noch nicht verstehen.

JNM: Genau, da nicht alle eine Erinnerung daran haben oder einen Zugriff darauf. Aber es gibt Methoden, diese Erinnerungen aufzudecken.

DF: Ja, genau. Das ist ja auch kein Zufall, dass Michael Newton gegen Ende des letzten Jahrhunderts und Jahrtausends diese Methode an die Hand bekam. Die hat er sich ja nicht aus den Fingern gesaugt. Sondern es kam auf ihn zu, es hat sich gefügt. Inzwischen, möchte ich noch dazu sagen, sind wir über 200 Therapeuten, die vom Newton-Institut ausgebildet wurden, in über 40 Ländern verteilt, auf allen Kontinenten. Und wir haben insgesamt über 35.000 spirituelle Rückführungen gesammelt.

JNM: Das ist ja hochspannend, weil - wenn man diese Zahlen so hört - dann reden wir ja nicht mehr über Esoterik oder irgendeinen Grenzbereich, irgendwelche geistig Abwesende, die irgendwelche Spielchen in irgendwelchen Hinterzimmern machen. Es geht hier tatsächlich um klinische- und therapeutische-, um medizinische Arbeit, die Menschen hilft, sie wieder in die Spur bringt, oder irgendwelche Defizite heilen lässt. Und den Menschen wird gesagt, dass wir keine materiellen Wesen sind, dass die Erde zwar ganz interessante Aspekte hat, mit denen man arbeiten kann, aber dass wir geistige Wesen sind, und dass unsere geistige Heimat die Basis ist. Das müssen wir ja noch viel mehr transportieren.

DF: Unbedingt. Zudem gibt es ja auch die Bücher von Newton, und unseren vierteljährigen Newsletter, den wir herausgeben, wo immer weitere Fälle veröffentlicht werden. Weil Sie gerade das therapeutisch heilsame ansprechen: das heilsame für das Individuum ist, sich außerhalb seines Körpers zu erleben. Das ist dann nicht etwas, was er liest, sondern etwas, das er direkt erfährt. Er kann sich erleben wie er will, er ist total leicht. Er fühlt sich frei, er kann schweben, fliegen, Loopings drehen. Es ist eine Existenz von Lichtfarben. Er erlebt sich selbst als ein Lichtwesen, weil er sich auch in einem Lichtspiegel sehen kann. Und das ist mit das Wunderschönste, was ich seit nun 11 Jahren in meiner Praxis miterlebe: wenn jemand sich im Seelenspiegel und so als Lichtwesen erfährt. In einer ganz einzigartigen Gestalt, vielleicht könnte man sagen wie ein Diamant, mit einer eigenen, ganz eigenen Farbmischung, mit Bewegungsmustern, mit Ausstrahlung und Aufgaben natürlich. Dann ist das zutiefst heilsam.

JNM: Das ist doch eine tolle Geschichte. Wenn man wieder das Beispiel des Urlaubs nimmt: ich mache eine Abenteuerreise, stehe aber immer wieder mit meinen Liebsten zu Hause in Verbindung. Ich kann nach Hause telefonieren, nach Hause skypen, wie auch immer. So ist das offensichtlich mit dieser Methode, man sieht: ah, da komme ich wirklich her. Es ist nicht schlimm, wenn ich hier krank werde oder ster-

be, es ist nicht vorbei! Und die Leute, die gestorben sind, meine Freunde, meine Kinder, wer auch immer, sind wieder in dieser Sphäre und leben weiter.

DF: Ja, wir sind multidimensionale Lichtwesen. Wir haben eine Art göttlichen Ursprung. Wir gehen in die Verdichtung, in die Materie hinein, um unsere Erfahrungen zu machen, zu lernen, zu wachsen. Um bestimmte Lektionen zu lernen, um uns auch immer mehr zu entfalten. Das Göttliche, das in uns ist, immer mehr zu entfalten. Und dann irgendwann, wenn der Zeitpunkt gekommen ist, nicht mehr zu reinkarnieren. Das ist dann einfach genug. Und wir wollen uns vielleicht ausruhen. Für immer, oder für eine gewisse Zeit, das weiß man nicht. Jedenfalls, die Menschen, die ich zurückführe, die bringe ich auch immer an ihr Seelenziel nach allen Reinkarnationen. Und das ist einfach phänomenal, was sie da beschreiben. Es ist im Prinzip etwas archetypisches, und doch erlebt es jeder individuell verschieden. Einer sagte, ich tauchte ein in ein Meer voller Wassertropfen und ich bin ein Tropfen in diesem Wasser. Und manche springen heraus, und manche tauchen unter. Und wir sind alle verbunden, und doch wird die individuelle Bewusstseinseinheit erhalten. Das ist das Phänomenale.

Andere beschreiben es als in einer Flamme. Sie kommen in einer Flamme an und sie sind ein Funke dieser göttlichen Flamme. Wieder andere sagen: „Ich liege hier einfach wie aus weißen Wolken. Und da sind noch mehr Wolken. Es ist totaler Frieden, absolute Stille oder kosmischer Klang. Es ist umfassende Liebe, die sie beschreiben. Also verstehen Sie, das wird so individuell beschrieben, wie man sich nur denken kann. Und doch kann man daraus ja etwas Allgemeines erkennen. Dahin geht die Sehnsucht unserer Seele.

JNM: Wenn ich das in meinen Arbeiten betrachte, weiß ich, dass die Männer immer die schwierigsten Probleme haben mit dieser spirituellen Erfahrung. Unter Ihren Patienten sind sicher auch Männer, die diese Erfahrungen machen. Kommen die freiwillig, oder haben die auch etwas aufzuarbeiten? Wie geht es denen? Ist die Erfahrung eines Mannes anders als die einer Frau?

DF: Im Prinzip nein. Die Seele ist ja geschlechtslos. Zu mir kommen vielleicht ein Drittel Männer, zwei Drittel Frauen. Und zu mir kommen viele akademische Männer: Ärzte, Psychologen, Ingenieure, Physiker. Die kommen eben zu mir, weil ich Ärztin bin. Um bei mir diese Erfahrungen zu machen. Wenn sie in die tiefere Trance kommen und die Schwelle überspringen, dann erleben sie das ganz genauso wie eine Frau.

JNM: Da werden sie überrascht sein.

DF: Manche sind überrascht, manche sind nicht so sehr überrascht, weil die Seele es ja weiß.

JNM: Aber der Verstand nicht.

DF: Der Verstand, den müssen wir ja sowieso ganz zurückfahren, weil der versucht immer wieder, sich einzumischen. Das kann natürlich schon schwierig sein, einen sehr überaktiven Verstand zur Ruhe zu bringen. So dass er nur still dabei ist, und sich nicht störend einmischt, und alles anzweifelt. Da brauchen wir schon ziemliche Tricks, um den…

JNM: …auszuschalten. Da kommen wir gleich zum wichtigsten Punkt: viele sagen: „Bin ich nicht der Verstand, oder bin ich nicht das was ich denke?" Da wird kein Unterschied gemacht

DF: Sicher. Wir sind ja nicht aus einem Guss, oder nur aus einem Teil. Wir sind nicht nur Verstand. Das weiß aber jeder. Jeder auch nur ein bisschen fühlende Mensch weiß das. Dass er auch Gefühle hat. Dass er auch Erinnerungen hat. Dass er Intuition ist. Und, und, und.

Wir müssen dieses Verständnis entwickeln, dass wir verschiedene Seiten in uns haben, verschiedene Anteile unsere Persönlichkeit. Dass wir den Menschen, die wir auf der Seelenreise begleiten, sagen: „Du hast auch eine Seele. Kannst Du Dir vorstellen, dass Du eine Seele bist?" Die meisten sagen ja. Menschen, die sich das gar nicht vorstellen können, die kommen vermutlich erst gar nicht. Und dann fragen wir: „Wo in Deinem Körper würdest Du denn die innere Stimme hören?" Sehr oft wird hier das Herz genannt. Oder auch mal der Bauch. Hier nehmen wir nämlich die innere Stimme wahr. „Und wo nimmst Du eher Deinen Verstand wahr?" Der ist eher so im Kopf. Da haben wir einen guten Zugang zu einer anderen inneren Stimme. Und zudem können wir fragen: „Wie und woran erkennst Du manchmal, dass etwas wahr ist?" Es gibt ja bestimmte Dinge, die sind für uns einfach wahr, zum Beispiel, dass mein Mann mich liebt, ja, das ist für mich wahr, weil es fühlbar ist. So etwas, oder: „Woran erkennst Du, wodurch weißt Du ganz genau, dass Du Deine Kinder liebst?" Das ist ein besseres Beispiel, weil es da noch leichter fällt. „Ja, das fühle ich einfach. Das fühle ich, das spüre ich, da gibt es gar keine Frage." „Hast Du denn einen Beweis dafür, dass Du Deine Kinder liebst oder dass es Liebe überhaupt gibt?" Der Verstand kriegt keine Beweise dafür.

JNM: Müssen oder sollten wir eigentlich unser Weltbild in Zukunft mit diesen Themen erweitern? Um einfach einen anderen Umgang auch mit uns, der Umwelt und anderen Menschen zu finden?

DF: Unbedingt wäre ich für ein Heranführen, ein natürliches und spielerisches Heranführen der Kinder in der Schule und im Kindergarten. Sie nämlich an ihr eigenes inneres spirituelles Wissen heranzuführen, an ihre Seelen-Erinnerung heranzuführen. Das können die Eltern auch schon machen - die Intuition fördern bei den Kindern. Weil die Intuition wie eine Satelliten-Empfangsschüssel für noch mehr noch tieferes Wissen ist, das wir in uns haben. Und die Intuition wird jetzt zum Glück seit ein paar Jahren auch an Universitäten erforscht. Wir haben herausgefunden, dass der Verstand pro Sekunde 15 Bits Informationseinheiten prozessiert und die Intuition 1 Million.

JNM: Frau Kübler-Ross hat in den 80er Jahren ja hervorragende Arbeit mit krebskranken Kindern geleistet. Sie hat gesagt, die Intuition müssen wir anzapfen, weil sie viel mehr weiß, als der Rest. Aber wenn man das schon mit den Kindern macht, und sie an diese Seelen-Erfahrungen heranführt, ist das doch ein ganz anderes Heranwachsen, wenn sie die Gewissheit haben: ich lebe ewig, ich habe hier eine Aufgabe zu erfüllen. Da gehe ich doch mit einer ganz anderen Freude an die Geschichte heran, weil ich weiß, mir kann eigentlich nichts passieren.

DF: Ja, richtig. Bei unseren Seelenreisen fragen wir auch immer persönlich nach: „Wie kann Dein Schützling, Protegé, also diese Seele hier am leichtesten mit Dir in Kontakt gehen. Und auch überhaupt mit den geistigen Ebenen, wie macht er das am besten." Es ist ein wunderbares, so heilsames, bewusstes Treffen zwischen einer Seele und ihrem Geistführer. Der sagt dann: „Nimm Dich ein paar Minuten aus dem Alltagstrubel heraus, komm zur Ruhe, atme ein paar Mal tief, schließ die Augen und dann kannst Du meine Hand auf Deiner Schulter spüren. Ja, oder ich puste Dir ein bisschen auf die Wange. Oder Du denkst einfach nur meinen Namen und dann bist Du im gefühlten Kontakt." Und er erlaubt einem das, so oft wie möglich. Also, da gibt's ja gar kein zu viel. Wir können lernen! Wie eine neue, alte Sprache, die wir mal gesprochen haben und jetzt wieder lernen, dass wir immer auf Empfang sind, auf intuitivem Empfang, während wir unserer Arbeit nachgehen. Also, viele heilend Tätige sind schon dauernd auf Empfang. Ich bin auch auf Dauer-Empfang, wenn ich meine Seelenreise mache. Aber jeder kann das lernen. In Verbindung zu sein mit einer Quelle von hilfreichen Informationen, eine Quelle von höheren Wahrheiten, Weisheiten. Und das wäre so nützlich, zu fragen: „Was mache ich denn da am besten? Ich stehe jetzt vor einer schwierigen Entscheidung, liebe geistige Helfer, gebt mir bitte eine Empfehlung." Der freie Wille bleibt unangetastet. Wir sollen ja keine Marionetten werden. Das wollen die auf gar keinen Fall. Unseren bewussten freien Willen, sogar unsere volle Verantwortung als Schöpferwesen.

JNM: Das ist eine tolle Geschichte für unsere Zukunft als Menschheit. Wenn die sagen, wir haben nicht nur unsere Wissenschaft, unsere klassischen physikalischen Gesetze, unseren Verstand, unser analytisches Denken, sondern diesen Zugang zu Informationen, zu Intuition, zu Wissen, um die Dinge anders umzusetzen. Diesen Kanal sollten wir wieder verwenden.

DF: Die Quantenphysik hilft uns ja dabei. Das auch sogar vom erhöhten Verstand aus zu begreifen, dass alles miteinander verbunden ist, dass es gar keine Trennung geben kann. Nicht mal zwischen den Dimensionen kann es Trennung geben und schon erst Recht nicht zwischen Menschen, so dass wir uns über die Quantenverschränkung eigentlich kennen, dass wir außerhalb von Raum und Zeit kommunizieren könnten.

JNM: Jetzt sind wir wieder bei der Technik angelangt. Sie haben mal erzählt, dass die Forscher auch versuchen mit dieser Technik eine Kommunikation herzustellen.

DF: Damit bin ich nur am Rande in Berührung gekommen. Das ist nicht mein eigentliches Gebiet. Aber ich freue mich sehr darüber und bin sehr gespannt darauf. Sie meinen jetzt diese SoulText/Soulswitch-Entwicklungen von Dr. Gary Schwartz. Ich habe nur etwas darüber gelesen, von einer amerikanischen Kollegin, die auf diesem Kongress war, bei dem er diese Entwicklungen vorgestellt hat. Ich will mich aber gerne in nächster Zeit damit beschäftigen.

Mit solchen Methoden, sowohl technisch als auch parapsychologisch, wird immer mehr möglich sein, immer leichter möglich sein, dass Menschen, die zum Beispiel einen lieben Angehörigen verloren haben, ein Kind oder so, mit dem in Kontakt gehen. Das geht bei der Seelenreise wunderbar, zu 99% treffen Eltern ihre verstorbenen Kinder dabei. Das ist eine totale Erleichterung, die dort quietschvergnügt strahlend zu treffen, sich in den Arm zu nehmen und zu fragen: „Warum hast Du Dich denn umgebracht?" Und der Sohn, der 17 war, sagt: „Meine Aufgabe auf der Erde war erfüllt. Und wisst Ihr es nicht mehr, wir haben vor der Reinkarnation verabredet, dass es diese Möglichkeit gibt. Dass ich mich so entscheide. Wenn ich das dann noch will mit 17, damit Ihr spirituell erwacht, damit Ihr euch wieder verbindet mit Eurer eigenen Seele. Und mit dem Ganzen."

JNM: Das ist dann natürlich eine interessante Erfahrung.

DF: Total! Menschen, die ihren Partner verloren haben, und zutiefst im Kummer sitzen und auch nach ein, zwei Jahren noch nicht draußen sind. Wenn die ihren Partner da sehen und mit ihm kommunizieren können: „Was war das jetzt eigentlich mit dieser Krebserkrankung, und musste das jetzt sein?" Und er – der Partner - erklärt dann, warum es so gegangen ist, und nicht anders - das ist sehr heilsam.

JNM: Dann kann man vielleicht auch Dinge ansprechen, aussprechen, über die man zu seinen Lebzeiten nicht mehr sprechen konnte.

DF: Eben. Auch sagen: „Mir tut es leid, dass ich nicht direkt dabei war, als Du gegangen bist. Aber Du hast mich ja, ehrlich gesagt, weggeschickt, weil Du in Ruhe, ganz alleine gehen wolltest." Dann lacht der Andere und sagt: „Ja, stimmt."

JNM: Kommen da auch Aussagen wie: „Ihr seid sowieso in Beobachtung bei uns, wir kriegen das alles mit?"

DF: Ja, natürlich. Weniger in Beobachtung als in Begleitung. In Kommunikation miteinander. Immer.

JNM: Wir sehen nur oft die Signale nicht.

DF: Ja, meine Schwiegermutter. Als der Schwiegervater starb, ist im Wohnzimmer ein Wecker stehen geblieben, der auf dem Schrank stand. Der Schwiegervater hatte gerne Uhren repariert. Neben seinem Beruf. Aber diesen größeren Wecker, den konnte er nicht reparieren, das ging einfach nicht. Der stand jahrelang nicht funktionierend auf dem Schrank. Und an seinem Todestag ging er auf einmal wieder. Genau am Todestag. Da gibt es unzählige Zeichen, die die Seelen uns geben: wir sind da, wir existieren, wir sind nah bei Euch, wenn wir das wollen. Wir können jetzt kommunizieren. Begreift es doch endlich!

JNM: Unsere Gesellschaft muss diese Dinge - die ja viele Menschen erleben, und versuchen wegzudrücken - akzeptieren, und sagen: „Das ist nicht verrückt! Das ist normal und ich lasse es zu." Dann bekomme ich viel mehr Zeichen, weil ich meine Sinneseindrücke schärfe.

DF: Genau. Ich erinnere mich gerade an eine sehr tiefgehende Sitzung. Eine Frau, sie war Ende 50, die seit ihrem 16. Lebensjahr depressiv war. Eigentlich ihr ganzes Leben lang. Ursache oder Auslöser dieser Depression war, dass der Zwillingsbruder sich umgebracht hatte. Sie hatten eine sehr strenge Mutter, sie hat geschlagen - sie war kalt. Und er hat sich immer so schützend zwischen die Mutter und sie gestellt. Da fühlte sie sich völlig alleine gelassen. Mutterseelenallein eigentlich - allein mit der Mutter. Der Bruder war doch immer ihr Verbündeter und hat sie beschützt. Jetzt ist er nicht mehr da. Sie hat auch ein schlechtes Gewissen gehabt, dass sie ihn hat gehen lassen. Dass sie nicht alles getan hat, damit er sich nicht umbringt. Das ganze Leben lang ein schlechtes Gewissen. Und eine Depression, tiefe Einsamkeit.

Hier in der Seelenreise trifft sie ihren Zwillingsbruder. Sie erlebt, dass es ihm gut geht, sie kann ihn fragen: „Warum hast Du Dich umgebracht, warum hast Du mich allein gelassen?" „Meine Zeit war um. Die Aufgabe war erledigt und wir haben abgesprochen, dass es diese Möglichkeit gibt und ich habe sie gewählt." Die Klientin fing an bitter zu weinen und nach dem Weinen fing sie an, wütend auf ihn zu schimpfen.

„Warum hast Du das gemacht - mich so allein gelassen und bleib bei mir jetzt! Bleib jetzt bei mir." Sie wollte, dass er bei ihr bleibt. Er sagte: „Ich bin nicht mehr in dieser Inkarnation, in diesen vier Dimensionen, ich bin in einer höheren Dimension und ich bin mit anderem beschäftigt, aber ich bin Dir trotzdem nah."

„Nein, Du bleibst jetzt bei mir." Sie hat richtig getobt und er sagte, er sei wieder inkarniert. Das haben wir auch gefragt. Ein Teil seiner Seele ist in den USA verheiratet und hat Kinder, nur mit dem nicht inkarnierten Teil hat sie da auf der geistigen Ebene kommuniziert. Und sie: „Du bleibst jetzt bei mir!" Und dann sagte ich - und auch der Geistführer hat interveniert und beide haben wir versucht sie zu beruhigen: „Dein Bruder hat ein Recht auf sein eigenes Leben. Du musst ihn jetzt loslassen. Du kannst ihn nicht festhalten." Dann sagte er: „Ein Teil meines Herzens bleibt sowieso immer bei Dir, und Du behältst immer einen Platz im Herzen in mir, aber ansonsten gehen wir unserer Wege." Dann hat sie angefangen, das einzusehen und beruhigte sich. Ja, er hatte ein Recht auf sein eigenes Leben. Auf einmal kam eine große Erleichterung. Es löste sich nämlich dieses Schuldgefühl auf. Er hat ihr gesagt: „Du konntest nichts daran ändern, dass ich so gegangen bin." Und dann fühlte sie Liebe, die große Liebe für ihn. Natürlich auch seine für sie. Die haben sich doch noch einmal gegenseitig bestärkt. Ich hörte dann in Follow-up-Gesprächen, drei Monate später und auch ein Jahr nach der Sitzung: es geht ihr blendend. Die

Depression ist weg. Und sie ist sehr schöpferisch tätig. Kreativ mit Kindern, das wurde ihr als Lebensaufgabe genannt. Deine Lebensaufgabe ist, mit Kindern kreativ zu sein.

JNM: Das heißt, es ist nie zu spät.

DF: Es ist nie zu spät. Ich habe auch viele ältere Menschen hier in meiner Praxis, um die 80 und über 80. Für die ist es auch nicht zu spät. Sie wollen noch mal hören, was denn ihre Lebensaufgabe war. „Und fehlt vielleicht noch irgendetwas, was ich erfüllen kann? Oder war alles gut so? Kann ich jetzt einfach das Leben genießen?"

JNM: Das sollte man sowieso nie vergessen.

DF: Eine sehr interessante Beobachtung übrigens - weil sie besonders an solchen Phänomenen interessiert sind, die jenseits der physikalischen Realität sind: was in meinem Praxisraum des Öfteren passiert, ist, dass die Uhr stehen bleibt. Ich habe da eine Uhr stehen. Sie bleibt in dem Moment stehen, in dem der Klient die Schwelle überschreitet und in die nichtlineare Ebene geht. Wenn er wieder zurückkommt, läuft sie weiter. Sie hat dann natürlich enorm Verspätung, eine Verspätung von ca. drei oder zweieinhalb Stunden, dann geht sie wieder.

JNM: Das ist verrückt.

DF: Ja, das ist verrückt. Beim ersten Mal habe ich gedacht, die Batterie ist leer.

JNM: Aber wenn man dann zuschaut, dass sie wieder läuft...

DF: Ja. Wir kriegen Zeichen. Wir sind so mehrdimensional, dass wir nicht von A nach B müssen, um in eine andere Dimension zu gehen, in eine nichtlineare Zeit - sondern die haben wir in uns. Die Dimensionen durchdringen sich ja. Ich kann ja einfach so in eine 5., 6., 7. Dimension gehen. Kinder sind oft in der fünften, wenn sie im Spielen oder im Basteln versunken sind. Oder in der Liebe, wenn wir versunken sind im Liebesakt. Dann sind wir auch in einer höheren, zeitlosen Dimension.

JNM: Ein Bekannter von mir, Dr. Franz Minister, kann durch Aufmerksamkeit auf die Uhr den Sekundenzeiger anhalten und rückwärts laufen lassen. Und dann wieder anhalten und in die andere Richtung.

DF: Wow!

JNM: Er sagt, es ist ein Beweis für sein Seminar „Realitätsgestaltung“. Natürlich muss er sich da sehr konzentrieren, er braucht sechs, sieben Minuten, dann fängt der Zeiger an zu flackern und dreht sich um und beginnt, in die andere Richtung zu laufen.

DF: Es ist sehr spannend, ganz faszinierend, und für mich zutiefst erfüllend, diese Arbeit zu machen. Weil ich jede Seele in ihrer Einzigartigkeit erlebe. So schön. So großartig. So lichtvoll und mehrdimensional. Ich bin jedes Mal begeistert.

JNM: Wie erleben Sie das? Nur durch die Stimme oder gehen sie auch mit?

DF: Ich bin hellfühlig und über die Hellfühligkeit kriege ich Bilder und Energien geliefert.

JNM: Also sehen Sie das praktisch auch mit?

DF: Ich kriege nicht alle Bilder, aber einige. Wie soll ich ihnen das beschreiben? Ich habe immer schon, als Kind, als junge Ärztin… - Ich kann die Seele fühlen. Zumindest in dem inkarnierten Anteil. Die kann ich fühlen. Und während der Seelenreise sehe ich sie in ihrem großen Ganzen. Ich sehe sie in ihren ganzen Farben. Und mit den Bewegungen, weil es kein statisches Wesen ist. Es bewegt sich, pulsiert, strahlt, schickt Funken raus. Das ist wie gesagt der tiefste Heilungswert.

JNM: Es wird sicher viele Patienten geben, die unzählige Psychiater und Psychologen ohne Erfolg hinter sich haben, und plötzlich sehen die: dieser Weg kann heilen.

DF: Oft mit jahrelangen, jahrzehntelangen Therapien. Das ist nichts Ungewöhnliches. Andererseits ist man ja auch nie fertig. Das ist ja alles ein Prozess. Eine Entwicklung, eine spirituelle Bewusstwerdung. Ich will dazu sagen, dass es nicht bei jedem klappt. 19 von 20 Menschen kommen in diesen tiefen hypnotischen Trance-Zustand und können die Schwelle überschreiten. Und dann gibt es den, der kommt vielleicht nur in die mitteltiefe Trance, vielleicht kommt er in seiner Erinnerung noch in den Uterus der Mutter und erlebt sich da in einer geborgenen, schützenden, total umsorgenden Umgebung, ein bisschen schwerelos, und das ist dann auch schon sehr wertvoll. Das ist dann kein

Versagen. Es ging dann halt nur bis zu dem Punkt. Und dann kann man das in einem halben oder ganzen Jahr auch wiederholen.

Gut, es kommt auch mal sehr selten vor, dass jemand wirklich gar nicht abschalten kann, nicht loslassen kann, dann ist das aber ein psychologischer Schutzmechanismus. Das muss dann so sein. Ich gebe Ihnen mal ein Beispiel: Ich erinnere mich an einen Mann von etwa 40 Jahren und als der im Wartezimmer saß - ich ihn noch gar nicht gesehen habe, noch nicht begrüßt habe - kam mir der Erzengel Michael in den Sinn. „Das ist aber merkwürdig." Eine Botschaft habe ich nicht wahrgenommen. Dann begrüße ich den Klienten, und wir beginnen die Seelenreise. Es geht nicht, er kann überhaupt nicht loslassen. Er ist verkrampft. Und dann sage ich: „Was ist denn?"

„Da ist ein Wesen da, und es will nicht, dass ich jetzt diese Erfahrung mache."

„Und dieses Wesen, wissen Sie was?", sagt er dann, „Das saß schon auf der Autofahrt neben mir. Eine blaue Lichtgestalt!"

Da sagte ich. „Ja, das ist der Erzengel Michael." Und dann bekommt er die Botschaft vom Erzengel in der Sitzung: „Dieser Mann soll jetzt vor allem eines lernen: auf den Boden, auf den irdischen Boden kommen, mit seinen Händen arbeiten, und aufhören, stundenlang zu Hause Karten zu legen, Tarot und was weiß ich." Das hat er nämlich praktiziert, jahrelang hat er Tag für Tag stundenlang diese Karten gelegt. Und er war nicht auf dem Boden. In so einer Form gibt es dann auch mal eine Blockade.

JNM: Interessante Geschichte. Was haben wir denn für eine Botschaft an die Menschen, wenn man das zusammenfasst? Als Schlusswort.

DF: Eine sehr wichtige Botschaft, nämlich auch die Erinnerung daran, dass die göttliche Schöpfung sich einfach in der Menschwerdung noch einmal erfahren möchte. Dadurch, durch Eigenschöpfung in die Materie geht, in die Dichte, in diesen Körper, und ins Vergessen, ins totale Vergessen - wo wir herkommen und wer wir eigentlich sind. Und irgendwann wieder in die Erinnerung gelangen. Uns erinnern, wer wir in Wahrheit sind, das Göttliche in uns, den göttlichen Schöpfer. Und dann die volle Verantwortung übernehmen für unsere Schöpfung. Das heißt, jetzt für den ganzen Mist und das ganze Elend und dann die ganze Zerstörung, die wir anrichten, und aus dieser verantwortungsvollen Haltung heraus uns erinnern, was wir eigentlich wollen, was wir eigentlich sind, nämlich Geschöpfe aus Liebe, aus Verbundenheit, aus Frieden.

JNM: Und nicht aus Habgier.

DF: Das sind alles nur Verdichtungen, das sind Verkrampfungen. Die Habgier ist die Verdichtung von innerem Frieden und die Trägheit ist die Verdichtung der Schöpferkraft und der Geiz ist die Verdichtung von Großherzigkeit. Das sind alles nur Verdichtungen. Und wenn die sich lösen, kommt die ursprüngliche Energie wieder heraus. Es geht um die Erinnerung an das, was wir in Wahrheit sind, nicht nur als individuelle, einzigartige, großartige, mehrdimensionale Lichtwesen, jetzt gerade mal in einer der vielen Inkarnationen, sondern auch in Verbundenheit mit allen Anderen.

JNM: Also die Nicht-Getrenntheit zu erfahren.

DF: Die Nicht-Getrenntheit und die Verbundenheit des Einzelnen mit dem Ganzen.

JNM: Und wir werden in Zukunft lernen, dass, wenn wir hier ein Problem haben, wir auch diesen Weg wählen können. Mehr über einen selbst in Erfahrung zu bringen, um wieder in die Lebensaufgabe zu finden.

Frau Dr. Fuckert, ich bedanke mich sehr herzlich für dieses Gespräch.

Das Phänomen der Stimmen im Kopf

Mein wichtigster Gesprächspartner ist meine innere Stimme.
Marliese Zeidler

Es ist erstaunlich, wie viele Menschen Stimmen im Kopf hören. Dieses Phänomen ist so alt wie unsere Geschichte. Größen wie Hildegard von Bingen, Giordano Bruno, Rainer Maria Rilke oder Winston Churchill waren Stimmenhörer.

Welche Erklärung hat die Wissenschaft für das Phänomen „Stimmenhören"? Woher kommen die Stimmen? Galt das Stimmenhören besonders in den letzten Jahrzehnten als Symptom einer gestörten Hirnfunktion, werfen Forscher heute einen neuen Blick auf dieses alte Phänomen – und fördern Erstaunliches zutage: Gehirnscanner zeigen, dass das Stimmenhören keine Einbildung ist; Betroffene hören tatsächlich etwas. Auch scheinen in vielen Fällen die Inhalte des Gehörten weit mehr Bedeutung zu haben, als bisher angenommen. Vier Stimmenhörer, die ihr Schweigen gebrochen haben, beweisen, dass die Erfahrungen sehr vielfältig sind: innere Stimmen können als Höllenqual oder auch als Gabe, Inspiration und Glück empfunden werden.

Die meisten Stimmenhörer sind psychisch völlig gesund und führen ein unauffälliges Leben. Dennoch spricht kaum jemand über das Phänomen und Stimmenhörer werden immer noch stigmatisiert.

Sascha M. :

Hallo! Zu Deinem Post wegen Stimmen im Kopf. Ich habe dieses Phänomen immer zwischendurch. Ich höre nicht nur die eigene Stimme. Diese anderen Stimmen sind schon seltsam. Aber es sind nur Stimmen von Leuten die ich kenne oder kannte. Verstorben oder nicht.

Das krasseste Erlebnis war folgendes: ich hatte einen besten Freund, der leider vor ein paar Jahren an Krebs gestorben ist. Ich war ständig an seiner Seite - bis zum Ende. Als es dann soweit war und sein Herz aufgehört hatte zu schlagen - ungefähr drei Stunden später - war ich bei ihm in der Wohnung auf dem Balkon. Dann hörte ich seine Stimme so klar, als ob er hier gewesen wäre. So intensiv! Ich hatte Gänsehaut und mir wurde es zuerst kalt, danach warm.

Er sagte folgendes:
„Mach Dir keine Sorgen mein Freund, ich gehe an einen guten Ort. Ich habe keine Schmerzen mehr. Danke für alles."

Jetzt habe ich bereits wieder Tränen in den Augen - das ist einfach unbeschreiblich!

Danke, dass ich dieses Erlebnis teilen durfte.

Anna P. :

Ich hörte die Stimme meiner verstorbenen Lebensliebsten und konnte danach mit ihren Anweisungen mit Gedankenenergie einen Löffel verbiegen. Hier ein Foto:

Kathrin K. :

Es war der 8. März 2008! Es war ein schöner Tag, denn schon am Morgen bekam ich einen wunderschönen Rosenstrauß zum Frauentag von einem Verehrer geliefert! Später fuhr ich zu meinen Eltern, um die ich mich an den Samstagen immer kümmerte, da meine Mama zu diesem Zeitpunkt bereits ein Pflegefall war. Ich machte dann dort immer sauber und fuhr meine Mama mit dem Rollstuhl spazieren. An anderen Tagen fuhren meine anderen Geschwister dort hin. Als ich wieder zu Hause war, arbeitete ich noch etwas, telefonierte später noch mit meiner Freundin und ging vielleicht gegen 2.00 Uhr ins Bett. Mitten in der Nacht, es passierte so zwischen den Träumen, hörte ich Stimmen. Es waren zwei Frauenstimmen, die sich miteinander unterhielten und die ich sehr klar und deutlich vernahm. Sie redeten nicht mit mir, aber ich wusste, sie reden über mich. Die eine Stimme sagte zu der anderen: „Wie geht es mit ihr weiter?" Darauf antwortete die andere: „Sie stirbt in 6 Tagen!"

Ich hörte das, wurde kurz wach, erschrak darüber, war aber so müde, dass ich sofort wieder einschlief. Am nächsten Morgen stand ich auf, ging in mein Badezimmer und machte mich fertig. Als ich beim Zähneputzen war, fiel mir auf einmal alles aus der Nacht wieder ein. Ich erschrak wieder und dachte: „Wer waren diese Stimmen und was hat es zu bedeuten?" Auf jeden Fall nahm ich diese Stimmen sehr ernst. Ich rief zunächst meine Freundin an und erzählte ihr davon und später auch meine jüngste Schwester. Irgendwie versuchten sie mich zu beruhigen, dass dies schon nichts bedeute, aber ich grübelte dennoch. Merkwürdigerweise hatte ich um mich selbst keine Angst, obwohl es mir zu dem Zeitpunkt gesundheitlich oft nicht gut ging. Ich hatte Angst um meine Eltern, besonders um meine pflegebedürftige Mama, an der ich sehr hing. Meine Freundin und ich rechneten aus, dass der sechste Tag der kommende Freitag ist. Am Montag musste ich morgens zum Arzt, mir ein 24-Stunden-EKG wegen Herzrhythmusstörungen anbringen lassen. Während ich dort im Wartesaal saß, dachte ich schon wieder an diese Stimmen. Ich war so beunruhigt, dass ich hoffte, der Freitag würde schnell kommen und vorbeigehen und dass ich mir vornahm, am Dienstag nochmal außerplanmäßig zu meinen Eltern zu fahren. Ich dachte, sicher ist sicher. Am Dienstag brachte ich mein EKG-Gerät zurück, doch es goss in Strömen. Ich entschied mich, erst am Mittwoch zu meinen Eltern zu fahren, da die Straßen spiegelglatt waren. Täglich telefonierte ich mit meiner Schwester und Freundin wegen der Stimmen. Die beiden versuchten mich wieder und wieder zu beruhigen. Ich telefonierte auch mit meinen Eltern, denen ich natürlich nichts davon erzählte. Außerdem hätte mein Vater mich eher für verrückt erklärt und mir versichert, ich habe alles nur geträumt.

Am Mittwoch dann, machte ich mich auf den Weg zu meinen Eltern. Mein Vater hatte wie immer den Schlüssel rausgelegt, damit der Pflegedienst wegen meiner Mama rein kann und er nicht immer runter gehen muss. Ich schloss die Tür auf, mir war voll komisch, aber als ich ins Wohnzimmer kam, saß mein Papa auf seinem Sessel und meine Mama in ihrem Rollstuhl und ihnen ging es gut, was sie mir am Telefon ja auch schon versicherten. Wir redeten etwas, ich wollte die Wäsche machen und stellte fest, dass die Waschmaschine nicht geht. Mein Papa war ganz außer sich, dass sie nicht geht, so dass er mich fragte, ob ich die Wäsche mitnehmen könne. Ich sagte zu ihm „Ja, das mache ich, ich bringe sie nächste Woche gleich wieder zurück." Mein Papa bettelte mich regelrecht an, die Wäsche doch bitte am Samstag wieder mitzubringen, nächste Woche sei es zu spät, meinte er. Ich erzählte meinem Papa, dass ich wieder eine neue Kundin zur Massage gewonnen hätte, und dass es sich bei ihr um die Sprechstundenhilfe der Ärztin handelt, zu der ich mein EKG-Gerät hinbrachte. Mein Papa war ziemlich stolz auf mich und konnte es gar nicht glauben, wie gut es bei mir anläuft. Später kam auch noch meine große Schwester und erzählte von ihrem beruflichen Erfolg und mein Papa strotzte nur so vor Stolz, was bei ihm nicht immer selbstverständlich war. Ich knuddelte noch mit meiner Mama, drückte sie, machte zwei Fotos, eines von meiner Schwester und eines von meiner Mama. Mein Papa mochte das nicht so. Bevor ich fuhr, hinterließ ich dort ein paar Tarot-Karten für meine jüngste Schwester. Die wollte sie haben. Mein Papa sagte: „Ja, ich gebe sie ihr, an so etwas glaube ich ja nicht!" Dann fuhr ich extrem beruhigt nach Hause.

Am Mittwoch-Abend rief ich nochmals bei meinen Eltern an, aber mein Papa sagte: „Ich kann leider im Moment überhaupt nicht telefonieren, weil der Pflegedienst hier ist!" Also legten wir wieder auf. Am Donnerstag machte ich mir keine Sorgen mehr um meine Eltern, es ging ihnen gut und somit auch mir und ich hatte die Stimmen vergessen. Ich wollte, wie immer, Mittag nochmal bei meinen Eltern anrufen, verschob es aber auf den Abend, weil ich wusste, dass meine jüngste Schwester gerade dort war und die wollten sich sicher unterhalten. Am Nachmittag arbeitete ich wieder bis zum Abend und schaffte es nicht mehr, mich bei ihnen zu melden. Donnerstag-Nacht telefonierte ich bis 2.00 Uhr mit meiner Freundin. Wir alberten herum, redeten über dies und das. Während des Gespräches, fielen mir plötzlich nochmal diese Stimmen ein und ich sagte zu meiner Freundin: „Du, jetzt fallen mir diese Stimmen wieder ein, morgen ist doch dieser Tag!" Wir witzelten noch darüber und meine Freundin meinte: „Nicht, dass es morgen noch Tote gibt!" Ich bekam während des Gespräches auch noch eine Migräneattacke und wir mussten aufhören, wie gesagt es war gegen 2.00 Uhr. Ich wusste, ich muss jetzt eine Tablette nehmen und mich hinlegen. Ich schaute auf das Telefon und überlegte: „Was mache ich, nehme ich es mit rüber - falls was mit meinen Eltern ist - oder lasse ich es in der Station?" Aus undefinierbaren Gründen, nahm ich es dieses Mal nicht mit ans Bett, scheinbar wegen meiner Migräne - da kann jedes Geräusch zur Qual werden.

Am Freitag-Morgen hatte ich einen äußerst realen Traum. Ich träumte, ich liege im Sterben! Etwas war mit meinem linken Arm nicht in Ordnung, ich konnte ihn nicht mehr bewegen, es war als würde er platzen. Im Traum stand mein Vater vor mir und lachte immerzu. Ich flehte meinen Vater an, bitte den Krankenwagen für mich zu rufen, ich würde sterben. Doch mein Vater lächelte immerzu und sagte: „Das bringt nichts, der Krankenwagen schafft es nicht mehr, es ist zu spät!" Ich schrie meinen Vater regelrecht an, er müsse den Krankenwagen rufen, ich war total verzweifelt und dachte, er kann mich doch nicht einfach jetzt sterben lassen. Doch er lachte weiter und freute sich. Schweißgebadet wachte ich gegen 8.15 Uhr auf, saß im Bett und schrie ganz laut nach meinem Papa. Da erst merkte ich, dass es nur ein böser Traum war. Ich musste erst einmal zu mir kommen und ging ins Badezimmer, ich war total benommen. Ich lief ins Wohnzimmer, sah auf das Telefon und bemerkte dort einen Anruf von meinem Vater. Ich wählte seine Nummer, weil ich Angst bekam, aber es ging niemand ran. Ich dachte, vielleicht schlafen die noch. Dann rief ich bei meiner jüngsten Schwester an, um mich nach ihnen zu erkundigen und sie sagte, sie habe mit meinem Papa gegen 7.00 Uhr gesprochen. Papa ginge es wieder gut, er habe aber in der Nacht einen Asthmaanfall gehabt und der Arzt war wohl da. Sie meinte, er habe am Telefon ganz gut geklungen und war sehr ruhig und entspannt.

Ich war sehr beruhigt und atmete wieder auf! Da mein Papa seit Jahren öfter mal Asthmaanfälle hatte und wir diese schon kannten und auch der Arzt da war, fiel mir zunächst ein Stein vom Herzen, als sie sagte, sie habe mit ihm gesprochen. Ich dachte: „Na dann hat er sich nochmal hingelegt." Ich wollte meine Eltern nicht wecken und schon gar nicht, wenn es meinem Vater in der Nacht nicht gut ging. Er konnte da auch sehr eigenartig sein, wenn man ihn dann störte, wenn er eine schlechte Nacht hatte und nochmal Ruhe brauchte. Ich legte mich wieder mit einer Migränetablette hin, denn die Migräne war immer noch da. Dieses Mal nahm ich das Telefon mit, schaltete aber den Ton wegen der Migräne aus, in der Hoffnung, ich würde es blinken sehen, wenn mein Vater nochmal anruft. Ich lag vielleicht 20 Minuten, da sah ich, dass das Telefon blinkte, jemand hatte auf den Anrufbeantworter gesprochen. Ich hörte den AB ab, und darauf war die Stimme des Pflegedienstes meiner Mutter. Die Frau sagte: „Bitte rufen sie sofort zurück, mit ihrem Vater sieht es nicht gut aus!" Wie von der Tarantel gestochen sprang ich aus dem Bett, zog mich an, rief bei meinen Eltern an, meine große Schwester ging ran und meinte weinend: „Du musst schnell kommen, Papa ist tot, Papa ist tot. Sie haben noch versucht ihn wiederzubeleben, sie haben es nicht geschafft!" Ich rief noch meine andere Schwester an, um sie zu informieren und raste anschließend regelrecht zum Haus meiner Eltern, meine jüngste Schwester kam mir weinend entgegen, umarmte mich und rief immerzu: „Du hast es gewusst, Du hast es gewusst!" Tage später fand ich anhand der Telefonliste heraus, dass mein Papa in der besagten Nacht 11 Mal bei mir anrief. Ich legte gegen 2.00 Uhr nach dem Gespräch mit meiner Freundin auf, schaltete mein Telefon wegen der Migräne ab und ab 3.24 Uhr begannen seine Anrufe im viertel- bis halbstündigen Rhythmus.

Warum ich in dieser Nacht plötzlich diese Stimmen nicht mehr so ernst nahm, kann ich mir bis heute nicht erklären. Aber ich denke, es sollte so sein. Die Stimmen hatten Recht. Ich starb im Traum, mit meinem Papa an meiner Seite, während er in der Realität starb. Nur wegen der Stimmen durfte ich meinen Vater noch einmal lebend sehen, denn ich wäre sonst erst am Samstag wieder zu ihm gefahren. Die Fotos, die es ohne diese Stimmen nicht geben würde, existieren heute noch. Diese Fotos von meiner großen Schwester und von meiner Mama an diesem besagten

Mittwoch. Ab Freitag, den 14. März 2008, als mein Papa starb, nahm ich meine Mama bis zu ihrem Tod im Frühjahr 2015 zur Pflege zu mir auf. Wir hatten trotz allem, noch einmal wunderschöne Jahre zusammen, die ich heute als ein großes Geschenk betrachte, vielleicht sogar als das größte und lehrreichste meines Lebens und die ich niemals mehr missen möchte. Ich vermisse meine Eltern unendlich, aber ich weiß, sie sind immer bei mir und mit mir, bis der große Vorhang fällt! Denn die Liebe ist stärker als der Tod, sie ist es, die alles überdauert, die nie vergeht und uns alle am Ende wieder vereint! Mein Name ist übrigens Kathrin K., damit Du weißt von wem dieses Erlebnis kommt. Dies ist nur ein Zweit-Account von mir, den ich nach dem Tod meiner Mama nutzte um zu trauern, denn ich arbeite selbst spirituell und wollte nicht, dass jeder weiß, wer ich bin. Ich hoffe du hast Verständnis dafür.

Paul U. S.:

Ich höre ab und an die Stimmen ganz nah an meinem Ohr. Es sind die Stimmen meiner verstorbenen Eltern. Oft auch Stimmen von unbekannten Personen. Nur wenn ich mich darauf konzentriere, höre ich nichts - sie kommen einfach wie aus heiterem Himmel. Manchmal höre ich wochenlang nichts und dann plötzlich sind sie wieder da.

Dr. Michelle Haintz

Interview mit Dr. Michelle Haintz

Die Seele ist die Herrin, das Fleisch ist die Magd, denn dadurch, dass die Seele ihrem Leib das Leben mitteilt, hat sie ihn in der Gewalt, und der Leib gibt sich im Empfangen des Lebens der Seele hin.

Hildegard von Bingen(1098 - 1179)

Auf „YouTube" sah ich ein Interview mit einer Frau Dr. Michelle Haintz, das ein Filmkollege eingestellt hatte. Ich fand es sehr interessant, dass eine Ärztin von Nachtod-Kontakten mit ihrem verstorbenen Vater sprach, von automatischem Schreiben und Gesprächen mit einer nicht sichtbaren Wesenheit.

Ich rief die Protagonistin des Films an, um mich mit ihr darüber zu unterhalten, dass das Interview zwar sehr aufschlussreich war, aber ich ahnte: hier ist noch viel mehr. Das war mit Sicherheit nicht die komplette Geschichte dieser Frau – wie auch eine halbe Stunde Interview nur Auszüge von einem besonderen Erlebnis wiedergeben kann. Aber nicht die Geschichte hinter der Geschichte. Wie kam Michelle Haintz zu dieser Gabe – sie als Ärztin musste doch wissen, dass es so etwas eigentlich bei der materialistischen Sichtweise der Medizin nicht gibt. Vielleicht liegt ja doch eine Fehlinformation, eine Schizophrenie oder eine andere Geisteskrankheit vor? Schon bei meinem Telefonat mit ihr konnte ich keinerlei Anzeichen für eine geistige Störung feststellen. Natürlich bin ich kein Psychologe oder Neurologe oder bin sonst medizinisch befähigt, das es mir fachkundig erlauben würde, festzustellen, ob Dr. Haintz geistig gesund ist. Aber ich weiß natürlich, dass das derzeitige Bild über unsere Existenz und der Ausbildung unserer Psyche nicht ausreicht, um diese Phänomene zu erklären.

Ich fuhr also mit meinem Kameramann nach Wien, um Michelle Haintz zu besuchen.

JNM: Liebe Michelle. Schön, dass wir mit Dir heute dieses Interview über den Dächern von Wien führen dürfen - hier in Deinem sehr kunstvollen Zuhause. Man sieht ja schon an Deinen Werken, dass Du als Künstlerin und als Sensitive einen anderen Zugang zu der erweiterten Realität hast. Da sind wir eigentlich schon beim Start. Wie kommst Du zu diesen ganzen Themenfeldern? Du hast ja auch ein Buch geschrieben, da kommen wir gleich noch einmal drauf: „Die Seelen jenseits der Regenbogenbrücke." Wie bist Du dazu gekommen?

MH: Die Sensitivität hat ursprünglich begonnen, nachdem ich im Krankenhaus als Psychiaterin gearbeitet habe. Was ziemlich absurd war, weil - man muss sich vorstellen - das, was meine Patienten berichtet haben, habe ich dann auch erlebt. Also, das war am Anfang ziemlich schräg, eigentlich auch ziemlich beängstigend. Ich habe mich lange gewehrt. Ich war mitten in einer schweren Depression. Ich bin plötzlich, aus heiterem Himmel, in ein ganz dunkles Loch gefallen. Und plötzlich ist es so, als würden die Wolken bei einem Gewitter aufgehen. Ein Licht ist hereingekommen, und dann ist der Name „Eron" gekommen. Das ist die Wesenheit, die durch mich sowohl die Bilder macht, als auch sehr viel Textmaterial durchgegeben hat. Das war zur Zeit der harmonischen Konvergenz - 1987. Was ich zu der Zeit allerdings nicht wusste. Also, ich war frisch bei der Psychiatrie, habe dort gearbeitet, und habe erkannt: „Das geht nicht, wenn man so dünnhäutig ist." Ich habe dann dort aufgehört und bin zur Kunst zurückgekehrt. Ich habe vor der Medizin Kunst studiert und bin also zur Kunst zurückgekehrt. Dann hat sich diese Wesenheit gemeldet. Es hat ungefähr ein Jahr gedauert, bis ich überhaupt bereit war, mich dem hinzugeben.

JNM: Das würde jetzt natürlich die Leser interessieren. Weil vielleicht auch viele bereits ein Erlebnis dieser Art hatten. Wie hat sich diese Wesenheit bemerkbar gemacht? Hast Du Stimmen im Kopf gehabt? Hast Du irgendetwas gehört oder gesehen? Im Bett gelegen? Wie ist das abgelaufen?

MH: Im Bett bin ich nicht gelegen, sondern ich war da an meinem Schreibtisch gesessen, und dann kam diese plötzliche Dunkelheit, die dann aufgehört hat. Danach war nur dieser Satz: „Ich bin der." Ich habe mich gefragt, wer sich da meldet. Dabei habe ich mich natürlich sofort an meine Psychiatrie-Zeit erinnert, und habe gedacht: „Jetzt ist es soweit, jetzt bin ich nicht mehr ganz bei Trost."

JNM: Jetzt höre ich auch schon Stimmen, genau wie meine Patienten?

MH: Jetzt höre ich auch schon Stimmen. Es waren vor allem Stimmen, aber eigentlich ist es ein Hellwissen, ein Hellfühlen. Also, mittlerweile ist es so, dass ich jederzeit Kontakt aufnehmen kann, oder mich für den Kontakt öffnen kann. Es ist einfach ein empfänglich werden, so wie wenn ich das Radio auf einen bestimmten Sender einstelle. Genauso kann ich mich jederzeit an diese Wesenheit anschließen.

JNM: Heißt das, Du gehst medial in eine kurze Trance?

MH: In eine andere Wachheit. Ich war dann in einem Trance- und Ekstase-Seminar bei der Felicitas Goodman. Die hat da gerasselt, 10 Minuten lang - und dann sind wir in Trance gegangen, um unser Schutztier zu visualisieren. Diese Induktion war für mich aber auf Dauer nicht tragbar, weil ich immer Angst hatte, dass ich irgendwelche Inhalte versäume. Ich habe sehr viele Visionen gehabt, und nach zehn Minuten konnte ich mir das alles nicht mehr merken. Ich bin dann umgestiegen auf die Tattva-Trancen, das sind die Karten für die fünf Elemente, also Feuer, Wasser, Luft, Erde, und Äther. Die schaut man an, die starrt man an, dann macht man die Augen zu, dann erscheint das Komplementär-Bild und durch das geht man durch. Also, ich war schon Trance erprobt, aber dass sich da eine Wesenheit meldet, stand nicht auf dem Plan.

JNM: In welcher Form erscheint „Eron"?

MH: Er kommt in allerlei Bildern. In sehr humorvollen Erscheinungen - mit Zylinder, als Storch, in allen möglichen Bildern, die auch oft symbolischen Charakter haben. Aber es ist vor allem ein Gefühl. Es ist dieses Eron-Gefühl. Eron ist eine venusische Wesenheit, also Venus assoziiert. Das ist eine Wesenheit, die ein Gefühl der Liebe in mir erweckt, dass ich so nie erlebt habe. Das war für mich auch letztlich der Einstieg, dass ich sagen konnte: „Okay, das ist real." Denn vorher habe ich gedacht, ich bin einfach verrückt geworden.

JNM: Man muss sich praktisch auf diese Dinge auch einlassen können. Wenn man immer zweifelt, bringt es einen letztendlich nicht weiter.

MH: Ja. Es hat ein Jahr gedauert, bis er mich zu recht gestreichelt hat.

JNM: Was hat er denn für eine Botschaft an Dich gehabt? Warum hat er sich bei Dir gemeldet?

MH: Also, die Botschaften waren eigentlich alles „Lebenshilfe aus dem Jenseits". Oft waren es irgendwelche alltäglichen Hilfsangebote. Aber auch sehr viele Visionen, aus denen zum Teil Chansons entstanden sind, zum Teil sind die auch in Bücher eingeflossen. Also, von ganz alltäglicher Lebenshilfe bis zu ganz großen Visionen. Immer in Richtung Liebe, bedingungslose Liebe, Liebe als Vehikel, Liebe als... Da versagen die Worte, also ich bin sicher eloquent, aber es gibt Phasen, wo ich sage: „Ich kann das nicht mehr ausdrücken."

JNM: Da sind wir ja beim Thema. Offensichtlich nehmen diese Dinge in den letzten Jahrzehnten rasant zu. Insofern, dass immer mehr Menschen berichten, dass sie Erfahrungen machen. Die Parapsychologische

Beratungsstelle in Freiburg hat eine Umfrage gemacht und festgestellt, dass zwei Drittel der deutschen Bevölkerung bereits ein paranormales Phänomen erlebt haben. Deswegen auch diese Dokumentationen und diese Filme zu dem Thema. Damit man sagen kann: „Was erleben denn die Menschen, was ist die Botschaft?" Es scheint, dass die Menschen immer mehr aufwachen, weil wir die materielle Seite überbetonen und die nicht-materielle Seite fast vernachlässigt haben. Du hast ja ein Buch, bzw. mehrere Bücher, geschrieben. Hat die Dir diese Wesenheit diktiert? Läuft das so ab?

MH: Diese Wesenheit hat sehr viel Textmaterial diktiert, aus denen ich zum Teil Bücher gemacht habe. Aber das, was Du meinst, ist das Buch meines Vaters. Als mein Vater gestorben ist, hat es mich doch ziemlich aus der Bahn geworfen. Obwohl sein Tod mehr als wahrscheinlich war, weil er ziemlich alt war. Er war 90, und schwer krank. Eigentlich konnte ich ihn von der Vernunft her leicht gehen lassen. Aber es war wirklich so, dass es mich aus der Mitte geworfen hat. Es hat ein Jahr gedauert, bis ich den Dialog der Hände mit ihm gemacht habe. Der Dialog der Hände geht so, dass man mit der dominanten Hand - als Rechtshänder mit der rechten Hand – schreibt. Man schreibt einen Brief an diese jenseitige Wesenheit, und man versetzt sich in sie hinein und lässt sie mit der linken Hand antworten. Ich wollte eigentlich nur Trost haben. Ich wollte Frieden finden und vor allem wollte ich meine Schuldgefühle lösen, weil ich sehr viel für ihn gemacht habe. Wir waren sehr eng verbunden, aber man kann immer noch mehr tun. Ich habe entsetzlich gelitten und wollte eigentlich so etwas wie Absolution von ihm haben. Und so schnell habe ich gar nicht schauen können, wie ein Buch dabei entstanden ist. Dieses Buch ist für mich ähnlich wie die „Eron-Botschaften", wirkliche bodenständige Lebenshilfe aus dem Jenseits.

JNM: Da sollten wir noch einmal kurz einhaken. Dieses automatische Schreiben, wie es in der Fachsprache genannt wird - das heißt, Du schreibst mit der rechten Hand eine Frage, und mit der linken Hand die Antwort. Dabei führt das jenseitige Bewusstsein Deine Hand. Ist das richtig? Auch in der Schriftart des Verstorbenen, das ist nicht Deine Schrift?

MH: Das automatische Schreiben ist ja im Prinzip nicht genau dasselbe, sondern der Dialog der Hände geht ja darüber: die Nervenbahnen sind ja gekreuzt, also Körper und Kopf. Das heißt, mit der rechten Hand habe ich Zugang zur linken Gehirnhälfte, zur logisch- analytischen, und mit der linken Hand zur rechten Gehirnhälfte. Und die rechte Gehirnhälfte, die ganzheitlich wahrnehmende, hat auch Zugang zu dem, was Quantenphysiker den Hyperraum nennen. Das heißt, über diese Gehirnhälfte bekomme ich Zugang. Es gibt auch medizinische Erklärungen. Es gibt Menschen, die können beides mit der rechten Hand. Es ist so: wir öffnen uns für eine Dimension, die für mich mit der linken Gehirnhälfte nicht zugänglich ist. Dafür brauche ich auch die Trance-Erfahrung um Zugang zu finden.

JNM: Da sind wir ja schon wieder bei der Medizin. Hier sollten wir auch noch einmal kurz einhaken. Einfach um den Lesern klarzumachen, dass wir die Realität durch unser Gehirn, unser Bewusstsein, unseren Körper erst erzeugen. Das heißt, wir holen uns aus diesem Quantenraum Informationen heraus, die wir durch unsere fünf Sinne riechen, hören, fühlen, schmecken und sehen, in eine Realität umwandeln. Was aber auch heißt, wir haben noch viel mehr Möglichkeiten, die Sinne zu erweitern - eben über Trance. Das ist ja genau das, was die alten indigenen Völker gemacht haben mit ihren Schamanen. Da gibt es verschiedene Zugänge zu dieser erweiterten Realität, um noch mehr Informationen aus diesem Tranceraum herauszuholen. Also sollte man nicht vergessen, die Realität, die wir wahrnehmen, ist eine konstruierte Realität unserer Sinne.

MH: Ja, und sie ist ein winziger Ausschnitt. Das Wichtigste ist, dass wir dieses linkshirnige Denken, diese Einschränkung, blockieren. Das schreibt mein Vater in seinem Buch ja auch im Zusammenhang mit Demenz. Wenn die linke Gehirnhälfte abbaut, dann öffnen sich auch diese Para-Sinne. Das war für mich extrem stressig, wie ein so gescheiter, gebildeter, interessierter Mensch so abbaut. Er erklärt es so, dass er quasi im Ausschalten der linken Gehirnhälfte sich für diese Dimensionen geöffnet hat. Er ist immer wieder hin und her geswitcht. Er hat seinen Alltag eigentlich ganz gut gemanagt, und zwischendurch war er schon drüben.

JNM: Das bedeutet ja auch, dass diese ganzen Sterbebettvisionen damit zu tun haben können. Da gibt es ja auch ganz viele Forschungen zu diesem Thema, das Menschen, die kurz vor ihrem Tod stehen, plötzlich erwachen, diese Demenz verlieren, diese Einschränkungen verlieren, plötzlich wieder die Verwandten erkennen und diese ganzen Sinne wieder einsetzen können. Wenn es vorher keine Schädigung gegeben hätte, könnte man sagen, dass das wahre Selbst, das abgespeichert wird, eben nicht im Gehirn ist. Das Gehirn ist wie ein Vermittler, ein Radioempfänger. Kann man das so sagen?

MH: Eindeutig ja. Und das war für mich neu, und das war für mich eben der Beweis, dass es real von ihm gekommen ist, weil ich mir immer zwischendurch gedacht habe: „Naja, das schreibe ich, das schreibt mein Unterbewusstsein." Wie er den Übergangsprozess, also bei ihm war es ein Gang oder Sturz über die Regenbogenbrücke beschreibt, war für mich sehr spannend. Es beschreiben ja viele dieses Licht, diese Liebe. Normalerweise wird beschrieben, wenn man rüber geht, dass die, die schon drüben sind, einen empfangen. Er sagt: „Nein, die empfangen einen nicht, die sind immer da. Nur in dem Moment, in dem man sich öffnet, nimmt man sie wahr. Die sind auch jetzt alle da."

JNM: Wie wenn man in der Dunkelheit in ein Zimmer geht, und wenn man das Licht einschaltet, sieht man alle Gegenstände, die man vorher nicht gesehen hat.

MH: Genau. Weil wir eben vor allem durch die linke Gehirnhälfte blockiert sind. Das war das eine, und das andere, das für mich neu war, war, dass er gesagt hat: „Der Lebensrückblick ist nicht nur auf das tatsächlich erlebte - so quasi die ganzen Erfahrungen - sondern auch auf das, was wir erleben hätten können." Wir treffen im Leben unterbrochen Entscheidungen. Wir machen das oder das. Und aus jeder Entscheidung entsteht eine Realitäts-Linie. Aber die anderen, die möglich gewesen wären, sind genauso real. Das heißt, die wichtigen Möglichkeiten, die er gehabt hätte, hat er in diesem Moment auch wahrgenommen. Und zwar nicht nur gesehen, sondern wirklich gefühlt. Das können wir uns mit dem Hirn nicht vorstellen. Diese zeitliche Koinzidenz von allem zugleich. Er ist drüber gegangen, er hat seine Lieben gesehen, er hatte den Lebensrückblick, alles zugleich. Im gleichen Moment war er bei uns allen, seinen Mädels, seinen Töchtern und Enkelinnen, bei meiner Mutter, bei anderen. Er hat uns jeweils besucht und wollte schon Trost spenden. Was natürlich nicht funktioniert hat. Und da ist so viel passiert bei diesem Übergang. Also, er ist auf dem Weg ins Bett umgefallen und war offensichtlich gleich tot. In diesem Umfallen, in diesem einen Moment ist das alles passiert.

JNM: Und das beschreibt er als Übergang zur Regenbogenbrücke. Nicht, dass die Leser meinen, er ist über eine Regenbogenbrücke gegangen, sondern er hat den Moment so beschrieben. In dem Moment, wo er gestorben ist, wo er umgefallen ist, ist er aus dem Körper raus und hat diese ganze einseitige Welt in diesem Lebensrückblick wahrgenommen. Und das ist natürlich interessant, weil die Quantenphysik ja auch beschreibt, dass dieser Hyperraum, dieses Meer aller Möglichkeiten, diese Potentialität - wo alle Möglichkeiten angelegt sind, wo wir eine auswählen - dass wir im Sterbeprozess dann die ausgewählte sehen, aber alle anderen, die im Quantenraum angelegt sind, auch. Das finde ich spannend, dass man sagt, jetzt sehe ich alle Möglichkeiten in meinem Leben, die ich nicht

gelebt habe. Wie wäre es gewesen, wenn ich diese Frau doch geheiratet hätte? Wenn ich doch noch ein Kind bekommen hätte, et cetera? Wie wäre das gewesen? Und das sieht man und fühlt man dann in diesem Moment. Das ist natürlich hochspannend.

MH: Genau. Das war für mich vollkommen neu, und das hätte ich auch nicht schreiben können. Also, er war in Deutschland, und kam dann zurück, aber er hätte dort bleiben können. Oder er wollte nach Afrika in die Entwicklungshilfe, ist aber nicht gegangen, sondern ist da geblieben. Da waren so viele Wendepunkte, die wir alle im Leben haben. Da ist die Frage, wie wäre es weitergegangen?

Mich beschäftigt der Seelenplan. Gibt es einen Seelenplan, und wenn ja, wie weit geht der? Vielleicht ist dieser Seelenplan kein Seelenplan, sondern es sind Seelenpläne. So wie ein Fluss sich in einem Delta aufteilt, bevor es ins Meer geht. Wir haben eigentlich sehr viele Möglichkeiten. Darum: jede Entscheidung, die wir treffen, wenn wir vor eine Wahl gestellt werden, ist keine falsche Entscheidung. Weil jede uns in neue Erfahrungsräume führt, aus denen wieder neue Türen in weitere Erfahrungsräume führen. Gefühlsmäßig habe ich das so verstanden. Alle Erfahrungen, die in diesem Leben drin gewesen wären, hat er im Augenblick des Übergangs wahrgenommen. Und zwar wirklich mit voller emotionaler Beteiligung.

JNM: Das waren seine?

MH: Natürlich, ja. Und er hat, und das war das lustige, weil ich ihn zu dem Buch gefragt habe, er hat auch dieses Buch an mich in diesem Moment des Übergangs quasi in meiner Matrix deponiert. Ich konnte es aber erst abrufen nach diesem einem Jahr, wo ich wirklich außer Rand und Band war. Erst als ich mich dem Dialog der Hände geöffnet habe, konnte ich das herunterladen. Er hat es also im Moment des Übergangs deponiert. Das ist für uns unvorstellbar.

JNM: Weil wir diese lineare Zeit haben: Vergangenheit, Gegenwart, Zukunft. Offensichtlich ist es möglich, in einer anderen Dimension, in der die physikalischen Gesetzmäßigkeiten von hier nicht gelten, wir die Realität konstruieren, und sie gleichzeitig anders konstruieren können. „Multitasking-fähig" praktisch im Moment des Todes.

MH: Es heißt ja immer, lass doch die Toten endlich ruhen. Die kann ich jederzeit rufen, und er kommt auch immer wieder und hilft mir in irgendwelchen Situationen. Das schränkt ihn ja nicht ein in seiner Weiterentwicklung, die geht ja weiter. Wir entwickeln uns ja danach noch weiter. Das übersteigt ja weit unser Hirn-Potential. Aber nein, er sagt, es schränkt ihn nicht ein. So wie ein Erzengel, den können auch fünf gleichzeitig rufen. Da ist so viel Enge in unserem Denken. Da wäre es schön - und da finde ich eben diese Dokumentationen schön, wenn man da ein bisschen Weite rein bringt.

JNM: Wenn wir kurz auf diese andere Sphäre eingehen: wir haben festgestellt - als Dein Vater gestorben ist, ist er in diese andere Dimension gewechselt. Oder Existenzform, oder Bewusstseins-Existenz, wo viele Dinge gleichzeitig möglich sind - anderer Raum, andere Zeit, aber wo sich auch andere Wesenheiten tummeln. Du hast es angesprochen, dieser „Eron", oder Engel oder Erzengel. Hat Dir Dein Vater etwas darüber gesagt, oder hast Du mit ihnen Kontakt, oder was weißt Du über diese Wesen?

MH: Ich habe mit einigen Kontakt. Und das war lustig, weil „Eron" war für mich immer exklusiv. Irgendwann haben sich dann andere gemeldet, interessanterweise Christos. Also, diese Wesenheit nennt sich nicht Christus bei mir, sondern stellt sich als Christos vor. Eva und Adam, Mutter Maria, obwohl ich ganz und gar nicht christlich erzogen bin, ganz im Gegenteil. Die haben mit mir Kontakt aufgenommen. Da gibt es einige, die ich rufe, wenn ich irgendwelche Heilbehandlungen mache, also ich heile ja nicht, sondern ich helfe Menschen, sich selbst zu heilen. Ich stelle mich quasi als Kanal zur Verfügung. Die haben sich da immer wieder gemeldet. Aber das ist nicht mein Schwerpunkt. Mein Schwerpunkt ist Eron. Da ist wirklich eine ganz starke Verbindung. Auch mein Vater, aber mittlerweile auch meine beiden Brüder, vor allem der eine, der mir sehr, sehr nahe ist, weil er eben ein paar Wochen mit mir im Mutterleib war. Da entsteht ein ganz starkes Band.

JNM: Darüber könntest Du etwas mehr erzählen.

MH: Mache ich gerne, ich wollte nur erst noch etwas auf diese Wesenheiten eingehen. Also, da hat mein Vater etwas geschrieben, und das wird wahrscheinlich manchen Menschen nicht gefallen. Er sagt, es gibt da keine Hierarchien. Diese Engel-Hierarchien, die überall beschrieben werden, hier ist der Erzengel, unten die einfachen Engel. Und er sagt, es gibt auch nicht irgendwelche fixen Rollen für Engel. Wie er es wahrnimmt, ist es so - dass wird Dich auch interessieren: Wenn ein Künstler sich ans Werk macht und sagt, jetzt mache ich ein Bild, dann gibt es Engel, die sich mit einer unendlichen Freude einklinken und sich oft auch aufteilen. Diese Kunst-Engel, diese Inspirations-Engel, diese Musen schwirren um den Künstler herum und er sagt, es ist ein faszinierendes Bild - überhaupt die Kommunikation zwischen den Wesen auf dieser Ebene. Den Verstorbenen, den Aufgestiegenen. Er sagt, „aufgestiegene Meister" ist auch so ein komisches Wort. Wieso Meister? Er ist auch ein Aufgestiegener. Noch einmal, Hierarchie wäre ja eine Funktion einer linearen Zeit. Wenn ich mich weiter entwickle, bin ich weiter entwickelt als ein anderer. Wir sind alle Gott in der Erfahrung. Oder die Quelle. Er sagt, diese Engel sind sehr fluktuierend. Sehr spielerisch. Und er sagt, die Kommunikation mit diesen geistigen Wesenheiten ist eine Art Synästhesie. Synästhesie ist die Möglichkeit, verschiedene Sinne gleichzeitig wahrzunehmen. Das können wir nicht wirklich. Es gibt Synästheten, die haben zum Beispiel zum Klang auch eine Farbe, aber das geht hin und her, das switcht hin und her. Auf der Ebene ist es so, dass man wirklich alles in dem Augenblick wahrnimmt. Er sagt, das sind Licht-Farb-Klang-Spiele, diese Kommunikation, das sind auch Sinneswahrnehmungen, aber es sind Über-Sinne. Nicht so, wie wir das erleben. Da versagen auch ihm meine Worte. Die Gleichzeitigkeit, aber auch dieses Faszinosum. Die Kommunikation die dort passiert, ist energetische Kommunikation. Natürlich Telepathie, aber auch dieses Farb-Licht-Klang-Spiel miteinander.

Er hat beispielsweise empfohlen, dass wir im Alltag mehr auf die Zwischenräume achten sollten. Nicht nur die Dinge anschauen, sondern auch das Dazwischen. Wir können auch mit unseren Über-Sinnen lernen, wir hätten ja theoretisch Zugang. Diese Interaktion, ich sitze in Deinem Herzfeld und Du sitzt in meinem Herzfeld, und diese Herzfelder klinken sich auch ein, und da ist ein ständiger Austausch an Energien. Das ist faszinierend, wenn wir da wenigstens ein bisschen einen Einblick bekommen.

JNM: Das ist jetzt schwierig, für einen Nicht-Wissenschaftler, oder jemanden, der sich noch nicht damit auseinandergesetzt hat. Jetzt sind wir wieder bei unseren Sinnen. Weil wir ja mit unseren Sinnen die Dinge auseinanderschneiden. Wir sagen, Du sitzt jetzt dort, ich sitze jetzt hier, an der Hautoberfläche hört meine Existenz quasi auf - nach dem materialistischen Weltbild. Deine Existenz fängt mit Deiner Haut wieder an. Doch wir wissen, dass das nach der Quantenphysik gar nicht stimmt, weil ja Materie ein Prozess ist. Ein Prozess, der eine Schwingung ist, die keinen Anfang und kein Ende hat. Das heißt, wir sind, wenn wir uns mit dem Mikroskop, oder einem anderen Sinneswahrnehmungsinstrument betrachten würden, holographisch quasi verschränkt und überlagert.

Dass wir uns hier getrennt sehen, liegt daran, dass wir einfach diese Zwischentöne oder Zwischenschwingungen weglassen. So könnte man das sagen. Also, den Interessierten, die das jetzt lesen wird somit klar,

dass die Materie keinen Anfang und kein Ende hat. Dann ist alles im Universum miteinander überlagert und verschränkt. Diese Realität der Dinge, der Getrenntheit, ist ein Kunstprodukt unseres biologischen Körpers, unseres Gehirns, um hier agieren zu können.

MH: Am stärksten ist diese Interaktion, wenn Liebe wirkt. Liebe in all ihren Phasen und Facetten. Das heißt, wenn Liebe zwischen den Menschen fließt, und da ist eine Liebesbrücke so schön. Diese sagt, wir sollen unser Herz öffnen, so dass die eine Hälfte einer Brücke hinüberschwingt zu einer verstorbenen Person, und wir warten ab, dann kommt von der anderen Seite der andere Brückenpfeiler quasi wieder und die beiden verbinden sich. Das ist was, das ist wirklich energetisch nährend. Und ich kann das jedem Menschen empfehlen.

JNM: Das ist auch ein schönes Bild. Wenn man davon ausgeht, dass nie irgendetwas getrennt ist, dann kann man sagen, dass es vielleicht verstärkt wird. Sie wird nicht erst aufgebaut.

MH: Bewusst gemacht. Genauso wie die vorher Verstorbenen ja nicht im Spalier antanzen, sondern schon immer da waren. Aber ich finde, diese Zwischenräume sind für mich unheimlich faszinierend. Nicht nur optisch, sondern auch akustisch. Was ist zwischen dem ersten Wort und dem nächsten? Die Stille wahrnehmen. Letztendlich in allen Sinnen.

JNM: Es gibt ja Menschen, die die Aura wahrnehmen können…

MH: Kann jeder lernen. Wir können unsere Aura fühlen. Auf der nackten Haut tut man sich leichter. Das spürt man.

Mein Vater hat das noch mitgemacht in seinen späteren Jahren. Ich habe eine Meditations- und Selbsterfahrungsgruppe gehabt, und da war er oft dabei. Und dieses Aura-Streicheln, da war er zwar kritisch, hat aber gesagt: „Komisch, was spüre ich da?" Und das hat er geliebt. Besonders wenn junge Mädchen seine Aura gestreichelt haben. Das waren so Vor-Erfahrungen. Was er jetzt erfährt, ist quasi die Potenz dieser kleinen Erfahrungen. Er hat gesagt, er hat oft einen Lichtschein um unsere Köpfe herum gesehen, wenn wir Spiegelübungen um seinen eigenen Kopf gemacht haben. Jeder Mensch kann es lernen, die Aura zu sehen.

JNM: Diese anderen Wesenheiten, diese Engel oder geistigen Wesenheiten, inkarnieren die auch? Oder sind die von Haus aus nur in dieser anderen Sphäre unterwegs? Gibt es hier höhere Schwingungsebenen,

oder wie ist da die Hierarchie? Dieses Wort, haben wir ja gesagt, gibt es ja nicht.

MH: Es gibt vielleicht feinstofflichere und noch feinstofflichere. Ich spüre es im Moment ganz stark. Dieser Raum ist durchdrungen von Wesenheiten auf verschiedenen Schwingungsebenen. Aber das ist keine Hierarchie, sondern im Endeffekt ist alles Erfahrung. Wir lösen uns aus der Quelle, aus Gott als Seelen-Aspekt, um Erfahrungen zu machen. Hier in der irdischen materiellen Realität. Ich weiß nicht, ob ich auf der Venus nicht schon inkarniert war. Ich bin offensichtlich auch Venus assoziiert. Er vermutlich auch.

JNM: Das haben wir schon öfter gehört, dass offensichtlich in anderen Schwingungsebenen, in anderen feinstofflichen Ebenen es auch Leben oder Existenzformen gibt. Darum sagt man, der Mars ist bewohnt, dann heißt es, der Mars ist leer. In unserer Schwingungsebene, in unserer materiellen Schwingungsebene ist er nicht bewohnt, in einer höheren Schwingungsebene ist es vielleicht anders.

MH: Ich glaube nicht, dass irgendwelche Sonden irgendwelche Marsmenschen finden werden. Es sei denn, sie entwickeln Messinstrumente, die diese höheren Schwingungen messen können. Aber es gibt ja die Sirianer, und von den Plejaden gibt es sehr viele Channelings, aus verschiedenen Quellen.

JNM: Auch bei der ITK, der instrumentellen Transkommunikation. Der Sprechfunk mit Verstorbenen. Hans Otto König hat gesagt, er hat viele Durchsagen auch von anderen Intelligenzen.

MH: Natürlich. Wir haben aber offensichtlich die Absicht gesetzt: „Ich möchte mich einschränken. Ich möchte in die 3D-Realität auf dem Planeten Erde inkarnieren. Ich gebe mir das einmal." Mein Vater sagt, ihr seid wie in einem Labyrinth, in dem ihr theoretisch aufstehen könntet, aber ihr bückt euch, damit ihr nicht über die Hecken seht, und haltet euch zusätzlich noch die Augen zu, damit ihr ja nur dieses Gekrieche wahrnehmt. Rumi soll gesagt haben, ihr werdet mit Flügeln geboren, warum kriecht ihr durch die Welt? Das passt genau. Aber offensichtlich ist diese Erfahrung auch spannend.

JNM: Kommen wir zurück zu Deinem Vater, der an Demenz gelitten hat. Der gestorben ist, und jetzt sagt: „Ich habe diese Einschränkungen natürlich nicht mehr. Es ist alles gut. Ich bin hier in dieser anderen Existenzebene unterwegs." Sagt er etwas darüber, ob er auch gleichzeitig wieder inkarniert ist? Wie muss man sich das vorstellen?

MH: Das ist lustig, weil das eine Frage ist, die ich ihm nie gestellt habe. Aber vor ein paar Tagen ist es mir eingefallen, und ich dachte mir, das wäre interessant. Und ja, jawohl, er ist schon unterwegs. Und zwar gibt es ihn sowohl auf der Erde als auch irgendwo anders noch. Aber näheres, sagt er, ist nicht wichtig.

Übrigens zur Demenz. Ganz am Anfang, als er diesen Abbau bemerkte, hat er sehr gelitten. Das war eine sehr schwierige Zeit. Aber er hat sich dann gefügt. Er hat gesagt, es war für ihn faszinierend, denn in der Demenz löst sich die Simultanität der Zeit auf. Das heißt, er war zugleich da, er hat einen Teil da behalten, um seinen Alltag zu managen. Wenn wir ihn besucht haben, hat er uns ein bisschen mehr Energie und Aufmerksamkeit geliehen, weil er immer mit „Drüben" verbunden war. Er sagte, das ist ähnlich wie bei Down-Syndrom-Kindern. Wir haben einen Down-Syndrom-Sohn verloren. Der hat auch ein Buch durch mich geschrieben. Total spannend, auf Zeitlinien surfen. Der beschreibt eben auch diese verschiedenen Realitätsebenen. Wir treffen eine Entscheidung, leben dann das, aber die anderen Entscheidungen sind genauso real. Und sie sind möglich, erlebbar.

In dem Buch - das ist ein Roman, aber mit unheimlich viel Wissen - zeigt er die verschiedenen Realitätswege, die er quasi durchlebt. Er schaut, wie wäre das gewesen. Wir müssen nicht auf den Übergang warten, sondern wir können das ständig machen.

Was wir zum Beispiel auch machen sollen - das habe ich jetzt erst wieder gelesen - ist diese Regie, die unsere Seele uns angedeihen lässt, wie sie uns zum Beispiel in bestimmte Erfahrungen führt.

Ich wollte an die Akademie und bin dort nicht aufgenommen worden. Ich war sehr enttäuscht und frustriert und gehe am Weg in ein Kaffeehaus, in dem ich zehn Jahre lang nicht war. Da treffe ich einen uralten Freund. Der sagt, ich bin über einen Graben gegangen, ich war jahrelang nicht da, aber irgendetwas hat mich gerufen. Wir treffen uns. „Wie geht es Dir?" „Ja, ich bin in der Akademie nicht aufgenommen worden." Dann sagt er: „Es gibt auch die Kunstschule." In der Kunstschule habe ich dann den Vater meiner Tochter kennengelernt, in der Kunstschule habe ich den Mann kennengelernt, durch den ich zur Medizin gekommen bin, dort habe ich die Frau kennengelernt, die mich zu Felicitas Goodman gebracht hat, die Trance-Erfahrungen und die Kunst letztendlich. Und wichtige Astrologen.

An diesem einen Nachmittag im Kaffeehaus, wo ich wirklich hingeführt worden bin, hat sich mein komplettes Leben verändert. Wir sollen im bewussten

Lebensrückblick, noch bevor wir über die Regenbogenbrücke gehen, damit spielen. Auch, um den roten Faden zu erkennen, der uns durch das Leben führt. Da wo ich sage, unsere Seele führt uns, unser Seelen-Aspekt.

JNM: Das ist ein interessanter Aspekt, den Du gerade ansprichst. Viele Nahtoderfahrene haben mir genau das gleiche erzählt. Dass sie in dem Moment, in dem sie die Erfahrung gemacht haben, gesehen haben, dass es verschiedene Wege gibt. Dass es wie ein roter Faden ist. Dass diese „Weggabeln" zu etwas geführt haben, dass es ganz sinnvoll war. Darum sagt man: jede Erfahrung im Leben hat zwei Seiten. Man meint, es ist negativ - jetzt gehe ich in das Café weil mich die Akademie nicht aufgenommen hat, aber dann tun sich dort komplett neue Wege auf. Man sagt: „Gott sei Dank haben die mich nicht aufgenommen, sonst hätte ich das nicht machen können."

MH: Es gibt Geschenke, die sind so verpackt, dass man sie nicht gleich als Geschenke erkennt.

JNM: Das hast Du jetzt schön gesagt. Wenn man sich bei Dir umsieht, sieht man eine starke Ausdrucksform von Kunst. Kannst Du mal kurz an dem Bild hier erläutern, was Du da machst oder wie diese Bilder, diese Skulpturen, und Halbreliefs entstehen?

MH: Das, was hier im Bild plastisch ist, wird in Ton modelliert und wird dann in einer speziellen Papierbearbeitung nachmodelliert. Wenn das trocken ist, wird der Ton rausgenommen, und diese Hohlreliefplastik wird dann auf Holz aufgespannt, grundiert und gemalt. Diese Technik hat sich durch mich entwickelt. Also, die habe nicht ich entwickelt, die ist durchgekommen. Sie ermöglicht mir das Spiel mit Ton. Das ist für mich ein ganz starkes Erlebnis. Also, ich fasse Ton an und bin schon in Trance. Aber mit Farbe und in den Raum treten. Weil der Ton in der Keramik - ich habe auch Keramik studiert, da gibt es hier auch einige Plastiken - hat mich nie befriedigt, denn wenn der Ton gebrannt ist, ist er hart. Das mag ich nicht. Aber dieses weiche, sehr weibliche, empfängliche, auch Ur-Material - da gibt es ja ganz alte archetypische Erfahrungen. Das liebe ich sehr. Und eben die Kombination mit Papier und Farbe.

JNM: Das heißt, diese jenseitigen Wesenheiten gehen durch Dich oder mit Dir zusammen, um etwas Neues zu schaffen, zu kreieren, kreativ zu sein. Ob das nun Informationsaufbereitung ist, wie man sie in den verschiedenen Welten wahrnehmen kann, Informationen über diese anderen Seiten, diese anderen Existenz-Ebenen, aber auch Bilder rüber

zu holen und hier wieder sichtbar zu machen. Denn diese Bilder sind ja keine Abbildungen der irdischen, normalen Realität, sondern viele Wesenheiten, Gesichter von Engeln, Geistern, ausdrucksstarke Farben, blau, rot, grün. Eine Momentaufnahme eines Energie-Prozesses, der von woanders herkommt.

MH: Genau, es ist so, dass die Bilder durch mich entstehen. Ich habe ja vor der Medizin Kunst studiert, und da habe ich ganz andere Bilder gemacht. Das waren meine Bilder. Aber da war von Anfang an klar: das bin nicht ich. Das entsteht durch mich. Also, ich leihe die Hände, die müssen natürlich geschickt sein, aber ich weiß vorher nie, was da entsteht. Ich gehe in den Ton, ich sage dann immer, ich bin im Ton, und wenn das Bild fertig ist, sage ich: „Aha, interessant!"

JNM: Da fällt mir ein interessanter Aspekt ein. Wenn man ein Medium wie Dich hernimmt, um etwas über die andere Seite zu erfahren, dann ist das ja wie ein Spiel. Aber andersherum nehmen diese Wesen auch wie in einem Spiel Medien wie Dich her, um etwas auszudrücken. Sie tauchen quasi auch in unsere Welt hinein, in unsere Vorstellungswelt, unsere Realität, um hier Dinge zu gestalten.

MH: Aber nicht nur gestalten, denn der Eron hat mir ja gesagt - ich sag er, er ist ja geschlechtsneutral - er war oder ist nie inkarniert auf der Erde. Und er nützt mich als Kanal um Erfahrungen zu machen. Er erlebt durch mich diese fünf Sinne. Die gibt es, nehmen wir mal an, nur auf der Erde. Nur in unserer Realität. Er sagt, dass es total spannend für ihn ist. Zum Beispiel auch die Erfahrungen von Emotionen. Wobei die nicht so schönen, die traurigen, hat er nicht so gern. Es ist alles spannend. Das heißt, nicht nur spielt er durch mich - ich sage lieber spielen als arbeiten, weil das innere Kind spielt lieber als das es arbeitet - nicht nur spielt er durch mich, sondern er holt sich auch durch mich Erfahrungen. Man kann sagen, ich speise meine Erfahrungen in die Akasha-Chronik und er kann sie sich holen, oder er dockt direkt an mich an.

JNM: Das ist interessant. Wenn eine Wesenheit sagt, dieser Prozess der Inkarnation ist mir zu anstrengend oder wie auch immer, ich will jetzt kein Leben leben nur in dieser 3D-Realität, ich nehme mir einen Bio-Container, einen Körper, die Michelle, tauche mit meinem Bewusstsein ein, und erfahre, wie es ist, hier ein Mensch zu sein.

Das ist, wie wenn wir sagen, jetzt gehen wir schnell in den Freizeitpark, fahren mal mit der Achterbahn, damit wir erleben, wie diese Schwere-

losigkeit oder Beschleunigung ist, ohne dass man ein Kampfpilot wird. Ein Kampfpilot will ich jetzt nicht mein Leben lang sein, aber einmal diese Erfahrung der Achterbahn machen, ist natürlich schon spannend. So ungefähr ist das, oder?

MH: Und da hat er sich auch wirklich ein Lebewesen ausgesucht, das sehr sinnlich ist. Also für mich sind die fünf Sinne - ich habe ja die anderen auch schon in der Entwicklung – also, ich bin ein sehr sinnlicher Mensch. Und da findet er offensichtlich ein breites Feld bei mir vor.

JNM: Das ist natürlich spannend, weil bestimmte Menschen, die das lesen, jetzt sicher denken: „Oh, da habe ich auch welche, die mitspielen. Die diese Sinne mal testen wollen. Dass man sagt, okay, Du kannst durch mich mal drüben spielen. Aber ich spiele auch hier, auf dieser Seite".

Ist da die Gefahr vorhanden, dass er bleibt und nicht mehr geht? Wird über solche Dinge auch gesprochen, über die negativen Aspekte? Wenn es überhaupt etwas Negatives gibt?

MH: Mich hat immer wieder jemand gefragt: „Wie weißt Du, ob das ein Guter ist?" Es fühlt sich so an. Für mich ist da nie die Frage gewesen. Ich habe auch nie gefragt, wo er herkommt. Man hat mich gefragt: „Wo kommt er her?" Als ich ihn gefragt habe, hat er gesagt: „Ich bin Venus assoziiert." Dann habe ich gesagt: „Aha, interessant." Das ist so eine Erfahrung. Es stimmt einfach. Es fühlt sich richtig an, es fühlt sich nach Liebe an. Er schlüpft ja nicht in mich hinein. Sowie auch das Buch im Augenblick des Übergangs in der Matrix von meinem Vater deponiert wurde. Es ist ja auch nicht so, dass, wenn ich etwas erfahre, der Eron sagt: „Haha, jetzt nasche ich mit." Zum Beispiel bei einem Liebeserlebnis: „Ich hätte so gerne mal einen Orgasmus." Das ist ja auch spannend. Auf anderen Realitätsebenen scheint es das nicht zu geben. Ich weiß es nicht.

JNM: Vielleicht ist ja das der Grund, warum wir inkarnieren.

MH: Das wäre eine Möglichkeit, ja. Aber der Preis ist recht hoch, wenn wir ehrlich sind. Es ist nicht so, dass er quasi mit dabei ist. Das hätte ich wahrscheinlich nicht gern. Wobei, mittlerweile sind wir so gut miteinander, dass ich damit kein Problem hätte. Aber es ist einfach so, dass er-sie-es sich die Energie einfach holen kann. Ich nenne es eine „Erfahro-Thek". Unter der Akasha-Chronik kann man sich nichts vorstellen, aber eine Erfahro-

Thek, wo alle Wesenheiten, Menschen, nicht Menschen - was man sich vorstellen kann - ihre Erfahrungen einspeisen. Auf verschiedenen Planeten, in verschiedenen Dimensionen, Realitätsebenen, das ist ja egal. Weil Gott, weil die Quelle sich erfahren möchte. Und dieser Erfahrungspool erweitert sich ständig. Und je resonanter wir mit dem Inhalt sind, desto leichter haben wir Zugang.

JNM: Der Schlüssel zum Abruf dieser Informationen ist also die Resonanz?

MH: Resonanz, genau. Darum habe ich auch keine Angst, dass irgend ein böser Geist oder eine verirrte Seele mich besetzt - ich bin nicht erleuchtet, ich bin noch da. Aber ich denke, ich habe Resonanz zu liebevollen Wesen. Und das zeigt sich ja auch in diesen Erfahrungen. Also mit Christos war es eine ganz intensive Zeit, wo ganz viele Visionen durchgekommen sind. Wunderschöne Visionen.

Ich hatte eine Vision: ich bin am Meer, und die untergehende Sonne wirft einen Lichtstrahl auf das Meer. Und da kommt eine Wesenheit auf mich zu. Es hat sich herausgestellt, es war Jesus Christus, Christos. Das war zu einer Zeit, da habe ich gedacht, da oben stimmt etwas nicht. Aber das war so eine berührende Erfahrung, das ist mir so ans Herz gegangen, das war der Beginn dieser Freundschaft, nennen wir es so, bi-dimensionale Freundschaft. Solche Visionen sind das.

JNM: Wenn man dem Leser eine Zusammenfassung gibt: das heißt ja praktisch, dass Du eine ganz normale irdische Ausbildung gehabt hast - Abitur, Studium, erst Kunst, dann Medizin. Aber Du warst nicht glücklich in all diesen Tätigkeiten. Und erst durch das Öffnen und das Zulassen, also es nicht als Krankheit zu sehen, hat sich was getan. Es gibt ja viele Menschen, die in psychiatrischer Behandlung sind, und vielleicht ähnliche Erlebnisse hatten. Das kann man dort nicht einordnen, und diese Menschen werden dann mit Medikamenten vollgestopft und weggesperrt. Was eigentlich eine grausame Tat ist...

MH: Das mache ich ja nicht mehr.

JNM: Genau, Du hast ja diese Empathie gehabt, und das mit „gesehen" und mit „gefühlt". Du hast es auch gesehen und gehört, was dieser Patient erlebt. Du hast Dir aber dadurch ein Leben aufgebaut und ein Leben gelebt, das nicht mehr diese negativen Dinge produziert, weil Du

es ja mit Begeisterung, mit Liebe machst. Auch wenn Dein Lebensweg vielleicht nicht unbedingt leichter ist als ein anderer Lebensweg gewesen wäre.

MH: Mein Seelenname ist irgendwann einmal durchgekommen. „Anjesar". Das heißt übersetzt „Bogen der Liebe". Also, meine Aufgabe ist folgendes: cover Earth with understanding. Und cover Earth with love. Verstehen in die Welt bringen, und Liebe in die Welt bringen. Und das bei einem eher unvollkommenen Geschöpf wie ich es bin. Ich bin ein „work in progress". Da hat sich schon sehr viel getan.

Jetzt kommen wir vielleicht zu den Zwillingen, wenn das für Dich okay ist.

JNM: Ich hätte gerne noch einmal kurz nachgehakt. Die Menschen sagen immer, dass man alleine gar nichts bewegen kann. Aber wenn man das nimmt, und jeder, der ähnliche Erfahrungen macht, sagt, das ist meine Berufung - eine Brücke zu schlagen zwischen den Welten, und den Menschen etwas zu bringen, auch wenn es nur ein kleines Puzzleteil ist. Diese Puzzleteile ergeben irgendwann ein großes Bild. Man sieht ja, dass sich momentan etwas auf dieser Erde bewegt. In zwei Richtungen! Einmal in die negative Richtung - dass wir diese Erde nicht so behandeln, wie wir sie behandeln sollen. Dass wir diese Realität hier nicht so gestalten, wie wir sie eigentlich gestalten könnten. Auf der anderen Seite - dass Menschen mit Fähigkeiten geboren werden, die ganz andere Zugänge zu dieser Realität haben, die die Realität anders gestalten können, weil sie viele größer und viel liebevoller sind.

Das ist, glaube ich, schon eine Botschaft - dass man sagt: mach das, was Dir Dein Herz sagt.

MH: Und ich glaube auch, dass jeder Mensch ein Geschenk für die Welt ist. Die Geschenke sind so verpackt, dass man sie nicht gleich als Geschenk erkennt. Ich war ja lange Zeit auch Persönlichkeitstrainerin und habe Persönlichkeitstrainings-Seminare gegeben. Da war immer der Impuls: ich möchte Menschen helfen. Nicht über sich selbst hinauszuwachsen - wir sind groß genug - sondern in sich selbst hinein zu wachsen. Unsere wahre Größe einzunehmen. Indem wir damit aufhören, uns selbst kleiner zu machen als wir eigentlich sind, aber auch Anderen nicht erlauben, uns klein zu machen. In jedem meiner Seminare habe ich am Anfang eben dieses Beispiel mit dem „in Dich hineinwachsen" gebracht. Und am Schluss habe ich gefragt: „Wie weit bist Du in Dich hineingewachsen?"

JNM: Sich selbst annehmen wie man ist?

MH: Einfach das Potenzial erkennen, anerkennen, entfalten. Am besten geht das - und das ist die neue Serie „Seelenfitness“ oder „Seelenresonanz“ - wenn wir in Resonanz mit unserer Seele schwingen. Wenn das Ego nicht sagt: „Ich will aber etwas Eigenes.“

Für mich sind Ego und Seele so etwas wie eine Marionette. Das Ego ist die Puppe an den Fäden der Seele. Wenn die Seele sich eine Bewegung wünscht, und das Ego diese Bewegung freiwillig macht, ist das ein wunderschöner Tanz. Wenn die Seele sagt „Ich würde gerne in diese Richtung gehen“ und das Ego sagt „Ich mag nicht“, dann muss immer wieder korrigiert werden, und dann wird es dieser abgehackte Marionetten-Tanz. Fühlt sich nicht gut an, schaut auch nicht schön aus. Meine Meinung - jetzt im hohen Alter - ist, dass wir immer mehr in Seelenresonanz gehen. Und dass ich den Menschen zeige, wie das am besten geht. Die Seele kommuniziert ständig mit uns. Über Synchronizitäten, über Träume, über Wachträume, über Begegnungen, über Sätze die uns einfallen oder auf uns zukommen. Wir können aber auch aktiv mit der Seele kommunizieren. Über Orakel, zum Beispiel über den Dialog der Hände.

JNM: Das heißt, wir müssen wieder mehr in die Stille kommen, damit wir lernen, wieder auf die unterschiedlichen Sachen zu hören, die zwischen den Zeilen zu finden sind?

MH: Da drin im Herzen spielt es sich ab. Wenn man sagt „zeig auf Dich“, zeigt man ja nicht auf den Kopf oder Po, sondern auf das Herz. Auf das Zentrum. Da ist für mich auch der Sitz der inneren Stimme, des höheren Selbst, der Seele, was auch immer. Da kann man Anschluss finden, aber natürlich in der Stille, in der Meditation, im friedlich sein, aber auch in der Kunst. Wenn ich in einem Bild drinnen bin, bin ich vollkommen weggetreten. Ich bin offensichtlich in Resonanz mit meiner Seele. Und auch angeschlossen an drüben.

JNM: Ich bin ein Verfechter der Kunst, weil ich selber viel Kunst mache. Ich denke, Kunst kommt in unserer westlichen Kultur viel zu kurz. Und wenn, dann ist sie kommerzialisiert. Aber ich denke, Kunst ist auch ein erweitertes Sehen, um die Realität ein bisschen in Erfahrung zu bringen. Etwas zum Vorschein zu bringen, das man so, mit den anderen Sinnen, nicht erfahren kann.

MH: Genau.

Über die Zwillinge möchte ich noch gerne sprechen. Das Buch meines Vaters war für mich auch so wichtig, weil es mich auf ein Phänomen aufmerksam machte, von dem ich schon wusste - ich hatte das schon von einer Aura-Heilerin gehört. Die hatte gesagt, dass ich nicht alleine inkarniert bin. Sie hatte gesagt: „Da gibt es Zwillingsbrüder".

Dieses Buch, das mein Vater nachdem er über die Regenbogenbrücke gegangen ist, also nachdem er gestorben ist, durch mich geschrieben hat, war nicht nur Trost für mich. Es ist ein Buch, das vielen Menschen schon sehr gut getan hat. Es hat mich aber auch an ein Thema herangebracht, von dem ich an sich schon wusste, doch ich wusste es nur im Kopf. Aber durch das Buch konnte ich es quasi erkennen und anerkennen: nämlich, dass ich nicht alleine inkarniert bin. Ich hatte zwei Brüder, der eine ist sehr bald schon - nach wenigen Tagen - nach Hause gegangen. Und der zweite war einige Monate mit mir gemeinsam im Mutterleib. Diese enge Verbindung zwischen Zwillingen ist etwas ganz starkes. Das bildet ein Band, das eigentlich ewig hält. Das liegt daran, dass Zwillinge immer aus der gleichen Seelenfamilie und dem gleichen Seelenaspekt kommen. Ein Seelenfunke aus demselben Seelenaspekt. So erklärt mein Vater das in seinem Buch. Er hat mir erklärt, dass er eine Zwillingsschwester verloren hat. Ich habe meinen Zwillingsbruder verloren, und wir haben das aufeinander projiziert. Das heißt, wir waren nicht nur Vater und Tochter, sondern quasi auch Ersatzgeschwister. Und letztlich auch Ersatzpartner. Natürlich ohne Inzest, aber wir waren ganz starke Liebende, weil alleingeborene Zwillinge immer auch das andere, die zweite Hälfte, suchen. Dieses Thema der alleingeborenen Zwillinge ist ganz, ganz wichtig und hat mich eine Weile sehr beschäftigt. Weil ich vieles in meinem Leben im Nachhinein erst verstehen konnte. Es ist so: wenn ein Zwilling verloren geht, hat der übrig bleibende - der dann zur Geburt kommt - unbewusst meistens das Gefühl, er sei schuld am Tod des anderen. Das heißt, er fühlt sich schuldig, dass er dem anderen Nahrung oder Raum weggenommen hat. Der überlebende Zwilling hat ein Leben lang das Gefühl, er muss sein „überlebt haben" rechtfertigen. Daher hat er auch ein ganz schlecht ausgeprägtes Selbstwertgefühl. Es ist ähnlich wie bei KZ- oder Kriegs-Überlebenden. Diejenigen, die überlebt haben, fragen sich oft: „Warum habe ich überlebt?"

Dieses Thema der alleingeborenen Zwillinge ist etwas, das jetzt mehr und mehr bekannt wird. Da gab es einen Online-Kongress dazu. Mein Bruder hat gesagt, dass ungefähr 80% der Geburten Mehrlinge sind - in meiner Generation nicht, aber heute sehr wohl.

JNM: Ein Neuzeitphänomen?

MH: Ein Neuzeitphänomen. Vor allem die neuen Kinder, die Regenbogen- oder Kristallkinder, Indigos - das sind eigentlich fast alles Mehrlinge. Die medizinische Erklärung wäre, dass aktuell sehr viele Hormone im Umlauf sind. Denn seit Anfang der 60er Jahre nehmen Frauen die Pille. Das geht durch den Harn ins Grundwasser und wird von den Kläranlagen nicht ganz herausgeholt. Wir alle stehen mehr oder weniger unter Hormon-Therapie. Durch die Antibabypille, aber auch durch die hormonelle Vorbereitung auf künstliche Befruchtungen. Außerdem ist es ja so, dass die Erde in einem sehr prekären Zustand ist. Wir haben bei Tschernobyl beobachtet, dass zum Beispiel die Früchte dort viel größer wurden. Die Natur hat die Tendenz, in Notzeiten - und für die Natur fühlt es sich vermutlich wie eine Not an - Reserven zu schaffen. Also ein „mehr" zu schaffen. Das wäre die medizinische Erklärung.

Die spirituelle und metaphysische Erklärung ist, dass die Zwillinge und Drillinge, die den zur Geburt kommenden Mehrling begleiten, wieder auf die geistige Ebene hochgehen, und quasi dazu da sind, ihm Liebe mitzugeben. Natürlich können Seelenfunken auch von drüben hier Liebe verankern, aber als Zwilling zu inkarnieren ist etwas ganz anderes, viel stärker. Menschen, die alleingeborene Zwillinge oder Drillinge sind, haben eine ganz starke Liebesenergie. Das weiß man ja von geborenen Zwillingen. Liebe zwischen Zwillingen ist etwas ganz besonderes. Das ist stärker, inniger, intensiver, tiefergehend. Und weil eben die Erde in diesem Stadium der Entwicklung mehr Liebe, mehr Liebesenergie braucht, passiert das jetzt immer häufiger.

Mein Bruder hat von 80% gesprochen. Ich habe immer gedacht, dass ich das falsch verstanden habe. Aber ich habe es in zwei Büchern wiedergefunden. Wichtig dabei ist: die, die davon betroffen sind, sollten es wissen. Und zwar, weil das ganz wertvoll ist, weil es darum geht, diese Wunde, dieses Ur-Trauma zu heilen, das ins ganze Leben nachwirkt. Das scheint mir ein wichtiges Thema zu sein. Und vor allem sind wir ja mit unseren Zwillingen, Drillingen im Jenseits verbunden. Das passt natürlich auch in dieses Thema. Wir sollten auch Verbindung mit ihnen aufnehmen. Was ich jemanden empfehle, ist, dass man erst einmal erkennt, dass die Indizien für einen Zwilling da sind. Vielleicht hatte die Mutter in der Schwangerschaft Blutungen, oder es wurde bei der Ultraschalluntersuchung festgestellt. Das Problem ist nur, dass bei uns Ultraschall erst im dritten Monat gemacht wird, und die meisten sind da schon verloren gegangen. In Dänemark sind die Ultraschalluntersuchungen früher, dort hat man da ganz andere Statistiken. Für den Fall, dass ich es erkenne, dann ist das erste, was ich empfehle, über den Dialog der Hände Kontakt aufzunehmen. Also, ich schreibe: Ist da jemand? Gibt es da wirklich einen Zwilling oder Drilling? Und dann nehme ich das Schreibgerät in die linke Hand und lasse es schreiben. Das, was da herauskommt, ist so berührend, da gibt es gar keine Zweifel, dass ich es geschrieben haben könnte.

JNM: Das werden wir nachher noch mal mit Dir filmen. Damit die Menschen sehen, wie das funktioniert. Und die Botschaft an die Menschen, die aus welchen Gründen auch immer dieses Buch lesen: „Das Leben ist ewig, es hat unterschiedliche Facetten, unsere Realität ist eine selbst geschaffene Realität durch unseren Bio-Container, unseren Körper, unser Bewusstsein." Auch durch unser Gehirn, weil wir die Welt mit unseren fünf Sinnen erfahren. Und die viel größere Potentialität in diesem Quantenraum ist noch viel größer. Da gibt es viele und andere Existenzen um uns herum, die durch uns diese Welt hier erfahren wollen. Und wir bekommen durch sie einen Zugang zu dieser nicht messbaren Seite der Welt." Wir werden jetzt auch zeigen, wie Dein Kontakt zu diesen Wesenheiten funktioniert.

MH: Gerne. Mir ist noch etwas eingefallen. Ein deutsches Medium, mit dem ich befreundet bin, hat einmal gesagt: „Die Zwillinge wollen wahrgenommen werden." Es ist fast so, dass die von drüben rufen und sagen: „Wir wollen jetzt wahrgenommen werden." Darum finde ich das Thema so wichtig und schön.

JNM: Da scheint wirklich ein intensiver Dialog mit drüben stattzufinden. Das sieht man bei all den verschiedenen Kommunikations-Techniken wie Medien, Transkommunikationsforschung, oder Tonbandstimmen. Diese nicht messbare Seite der Realität, die ja viel größer ist, möchte jetzt endlich wieder Gehör finden und sagt: „Hallo, uns gibt es auch noch."

MH: Genau, sie rufen. Mein Vater kommuniziert mit mir, wenn ich das Frühstück richte und das Radio aufdrehe. Ich habe in der Küche ein Radio, mit dem ich einen klassischen Sender empfange. Also, ich drehe auf, und es fängt sein Lieblingsstück an. Oder unser Lieblingsstück. Es gibt Stücke, die haben wir gemeinsam geliebt. Das ist x-mal passiert.

Das sind Synchronizitäten. Es ist nicht so, dass er jetzt den Sender manipuliert. Das ist einfach eine zeitliche Koinzidenz, die nicht voneinander bedingt ist, die aber einfach ein Hinweis ist. Für mich sind das alles Hinweise der Seele und auf Seelenebene sind wir sowieso eins. Noch einmal, das finde ich wichtig zu sagen: wenn wir Kontakt über diese Liebesbrücke aufnehmen, den Laserstrahl im Lichtermeer, wenn wir Kontakt aufnehmen zu Verstorbenen, nehmen wir zugleich Kontakt auf zu unserer Seelenebene. So wie sie uns jederzeit wahrnehmen können, können wir, wenn wir uns einstimmen, sie jederzeit wahrnehmen. Ich glaube, das ist das Wichtigste, was dieser Planet in dieser Phase braucht.

JNM: Das wäre auch die nächste Stufe der Forschung, dass Menschen lernen, wie diese Kontakte herzustellen sind, wie man diese Kontakte nutzt, um ein besseres und verständnisvolleres Leben zu führen.

MH: Genau. Und da sind so viele Tipps im Buch, also zum Beispiel dieses Selbstwert-Spiel. Gerade alleingeborene Zwillinge haben ja ein sehr schlecht ausgebildetes Selbstwert-Gefühl. Und da gibt es ein Bild, wo er sagt, wir sollen uns vorstellen, dass wir die Sonne sind. Die Sonne, die strahlt ja bedingungslos. Sie sagt nicht: „Du warst lieb, Du bekommst ein Strahl, und Du warst nicht lieb, Du bekommst keinen Strahl." Die strahlt einfach. Einfach dieses „ich strahle nach allen Seiten", was wir ja sowieso tun. Das elektromagnetische Feld um unser Herz herum ist heute messbar. Die Herzintelligenz-Forschung in Amerika misst es heute. Der nächste Schritt wäre dann: wir sind inmitten einer Sonne. Wir sind im Zentrum der Sonne, und von allen Seiten kommen die Strahlen auf uns zu. Das können wir jetzt mit der Atmung kombinieren. Beim Ausatmen bin ich Sonne und strahle aus, und beim Einatmen bin ich in der Sonne und empfange die Strahlen von allen Seiten. Das ist eine wunderbare Übung, die - glaube ich - die Welt heilt, ein bisschen zumindest. Wenn jeder das macht, tut sich etwas. Wir können, sehr viel tun. Jeder für sich.

JNM: Mehr Kampf für die Liebe als gegen die Liebe?

MH: Nicht so sehr Kampf. Licht ist sowieso stärker. Wenn Du mit einer Kerze in einen dunklen Raum gehst, verdunkelt sich nicht die Kerze, sondern der Raum erhellt. Wenn jeder bei sich anfängt. Und auch uns selbst zu lieben ist wichtig. Das ist etwas, was ich allen Alleingeborenen sage: „Stell Dir vor, Du bist der Zwilling, der zu früh heimgegangen ist. Was würdest Du Dir für den, der noch da ist, wünschen? Würdest Du wollen, dass der sich sabotiert, weil er das Gefühl hat, er sei schuld, dass Du gegangen bist? Oder würdest Du wollen, dass er glücklich ist und sein Potenzial entfaltet?"

JNM: Die Frage ist eigentlich schon beantwortet.

MH: Ja, eine rhetorische Frage. So ist es aber. Die Verstorbenen wollen ja auch nicht, dass wir um sie trauern. Mein Vater war nicht glücklich in dem Jahr, wo ich völlig außer Kontrolle war. Für mich war es wichtig, weil ich dadurch für diese Offenbarung weichgeklopft wurde. Die hatte ich ja schon gekriegt, aber ich habe sie nicht wahrgenommen. Bis ich gesagt habe: „Okay, ich bin ein alleingeborener Zwilling." Offensichtlich war das wichtig. Aber Freude hat es ihm keine gemacht. Er fühlt sich jetzt wohler. Eron natürlich auch. Mein Vater hat auch gesagt, es ist schon so viel Leid in die Akasha-Chronik eingespeist, das brauchen wir nicht mehr. Was es jetzt braucht, ist Glückseligkeit.

JNM: Das heißt, wir brauchen nicht mehr erfolgreiche Menschen, sondern erfolgreiche Liebende?

MH: Glückliche Menschen. Menschen, die ihr Potenzial leben, ohne Wachstumsschmerz. Das ist ein Begriff, der mich wahnsinnig macht. Wenn man als Kind sagt, das tut weh, und dann hört: „Ach, das sind Wachstumsschmerzen." Vollkommen vertrottelt. Das sind Konzepte, die uns natürlich Angst machen vorm wachsen. Nein, ein glückliches, glühendes Wachstum in meine Größe hinein. Wenn jeder das macht, und jeder das Geschenk, das er oder sie für die Welt ist, auspackt, dann geht es uns besser.

JNM: Danke für dieses interessante Gespräch.

Martin Zoller

Interview mit Martin Zoller

Die Zukunft hat viele Namen:
Für die Schwachen ist sie das Unerreichbare;
für die Furchtsamen ist sie das Unbekannte;
für die Tapferen ist sie die Chance.
Victor Hugo

Martin Zoller, Schweizer mit Wohnsitz in Panama, zählt heute weltweit zu den renommiertesten medialen Beratern und Sehern. Er wurde durch Presse und TV weltbekannt, als er mit seinem sechsten Sinn ein im Dschungel Boliviens abgestürztes Passagierflugzeug orten konnte, nachdem alle anderen Suchaktionen bereits gescheitert waren. Im Deutschen Fernsehen half er in seinem eigenen TV-Programm, Vermisstenfälle zu analysieren und unterstützt dabei regelmäßig die Suche nach Vermissten.

Er ist weltbekannt für seine Fähigkeit, die menschliche Aura zu analysieren. Mit seinem sechsten Sinn kann er Menschen durchleuchten, erkennt deren Persönlichkeit, analysiert ihr Potential und ihre Zukunft. Aus der ganzen Welt wird er kontaktiert für Beratungen zu beruflichen, privaten, zwischenmenschlichen und spirituellen Themen. Politiker, Anwälte und Wirtschaftskader sind nur einige der Berufsgruppen, die zusammen mit ihm ihre Strategien entwickeln. Über den ganzen Globus verteilt hält er Vorträge und Seminare zu seinen Prophezeiungen, zur Medialität, zur Kraft der Intuition und über „Remote Viewing."

JNM: Es freut mich sehr, dass Du uns ein Interview zum Thema „Hellsehen", zum Thema „Remote Viewing" und zu dem, was wir als „die geistige Welt" oder „nicht greifbar" bezeichnen, gibst. Du bist gerade aus der Schweiz angereist, bist aber viel in Mittel- und Südamerika. Die Leser, die Dich noch nicht kennen, möchten natürlich etwas über Dich erfahren. Wie kommst Du zu diesen Fähigkeiten, über die wir gleich sprechen werden? Und was machst Du genau beruflich?

MZ: Schön, dass ich bei Dir sein darf, Nepomuk - dass wir uns endlich einmal kennengelernt haben. Seit Kindheit bin ich hellsichtig. Ich sehe Auren, ich sehe Lichtwesen, ich sehe Verstorbene, spüre, was viele normale Menschen nicht wahrnehmen. Das ist eine Sensitivität, die mir in die Wiege gelegt worden ist, wie man so schön sagt. Die ich dann natürlich entwickeln musste, mit der ich lernen musste umzugehen, mit ihr zu arbeiten. Ich war damals 23, mit 24 bin ich nach Indien - für fast ein Jahr - und habe dabei gelernt, mit der Kraft der Medialität umzugehen und damit zu arbeiten, diese im Alltag einzusetzen und mit Menschen zu arbeiten. Ich mache das jetzt seit gut 25 Jahren Haupt-Berufungs-berufsausübend. Wie Du richtig gesagt hast, ich bin ursprünglich Schweizer, in Paris geboren, und ich wohne jetzt seit 25, 26 Jahren nicht mehr in der Schweiz. Ich war lange in Südamerika, aber auch im Mittleren Osten, in Indien, in den USA. Also in verschiedenen Ländern und Kulturen, in denen ich auch lernen durfte, wie diese Sensitivität in verschiedenen Kulturen eingesetzt wird. Und das finde ich auch immer spannend. Medialität ist in Europa, im Mittleren Osten, im fernen Osten, in Indien, in Südamerika anders als hier, es wird anders ausgelebt, man kommuniziert es anders, man benutzt andere Ausdrücke für viele technische Richtungen und Arbeitsformen. Das macht es natürlich auch spannend, weil ich somit auch immer etwas Neues dazulerne. Ein Beispiel: immer wenn ich in ein neues Land komme, oder an einen Ort, an dem ich noch nicht war, suche ich Menschen, die ebenfalls medial, hellsichtig, heilend arbeiten und lasse mich von denen beraten. Ich finde es spannend, wie ein Schamane es in den Anden, in Bolivien liest, oder in Ecuador oder ein Schamane in Nigeria, Tansania oder Südafrika, oder ein Heiler in Indien, oder ein Hellseher in Europa. Die arbeiten alle ganz anders, und wenn man sieht, wie sie dieses Feld ausüben, wie sie damit umgehen, lerne ich auch immer sehr viel. Und das macht Spaß.

JNM: In der Zeit der Aufklärung wurden all diese Phänomene ja als Dinge abgetan, die man noch nicht erklären kann. Die westliche, wissenschaftliche Kultur hat diese Dinge aus dem Alltag verdrängt. Dennoch haben viele Menschen diese Empfindungen, diese Erfahrungen. Zwei Drittel der deutschen Bevölkerung hat bereits etwas Paranormales erlebt, aber die Mainstream-Wissenschaft hat sich hier dogmatisch Grenzen gesetzt. Alles, was wir nicht wiegen und messen können ist nicht existent. Außer vielleicht diese elektromagnetischen Wellen wie Radio- oder Fernseh-Wellen. Aber dieser geistige Moment wird völlig verkannt. Jetzt sagst Du, Du kommst weit herum auf der Welt. Diese Gaben, oder diese Fähigkeiten, sind ja eigentlich so alt wie die Menschheit. Du schreibst in einem Buch, dass dieses Gewerbe eigentlich das älteste Gewerbe der Welt ist. Viele Anführer, viele Schamanen, viele Stammes-Oberhäupter hatten auch teilweise diese Fähigkeiten, mit ihren Ahnen zu sprechen, mit der geistigen Welt Kontakt aufzunehmen. Ich sage jetzt mal ganz lapidar, wenn Leser dabei sind, die etwas skeptisch sind: was bringt uns das, mit der geistigen Welt Kontakt aufzunehmen, wenn es diese gäbe?

MZ: Die Frage könnte man sogar etwas ausweiten. Die geistige Welt ist ja ein Bereich der für uns normalerweise nicht wahrnehmbaren Realität. Ich nenne das auch Zeit und Raum verschobene Realitäten. Jetzt ist ja diese geistige Welt nicht nur etwas externes, sondern es ist auch etwas internes. Man kann es sich so vorstellen, dass, wenn man sich dieser feinstofflichen Welt öffnet, sich das Bewusstsein von einer dreidimensionalen Realität in eine multidimensionale Realität erweitert. Das heißt, man versteht plötzlich, dass es nicht nur eine geistige Welt gibt, sondern viele geistige Wirklichkeiten bestehen um uns herum. Und viele oder alle diese Wirklichkeiten beinhalten irgendwelche Wesenheiten, seien es Verstorbene, Außerirdische, Schutzengel, Geistführer, Astralwesen, aber dasselbe projiziert sich natürlich auch in uns. Diese Endlosigkeit existiert auch in uns. Und wenn wir uns diesen Welten öffnen, sehen wir plötzlich nicht nur Auren und Lichtwesen, sondern wir erkennen auch ganz neue Aspekte in uns. Und damit jetzt auch zur konkreten Antwort auf Deine Frage: was bringt es, wenn ich mich dieser feinstofflichen Welt öffne? Man lernt extrem viel über sich selbst, und ich denke, das ist das Wichtigste. Wichtiger, als dass man weiß, dass es Außerirdische, Verstorbene, und ein Leben nach dem Tod gibt, ist wahrscheinlich, dass man auch über sich mehr und besser lernt: Wer bin ich? Warum bin ich hier? Dass man lernt, dass man nicht nur ein Wesen aus Fleisch und Knochen ist, sondern man hat auch einen Astralkörper, man hat eine Aura, man hat Chakren, man kann bewusst mit Träumen arbeiten, man kann bewusst mit Visionen arbeiten, mit Prophezeiungen. Also in erster Linie eine wunderbare Möglichkeit, sich selbst und das Leben besser zu verstehen. Und wenn man das macht, öffnet man sich eben auch für feinstoffliche Welten um uns, weil wenn wir merken, was in uns alles möglich ist, erkennen wir automatisch auch, dass es um uns herum viel mehr gibt, als wir bisher wahrgenommen haben. Deswegen ist es eine Erweiterung des Lebens, es vereinfacht das Leben auch und es führt einen auf den richtigen Weg. Den richtigen Weg im Sinne von: dass man erkennt, dass man eben nicht nur ein physisches Wesen ist, sondern die Multidimensionalität lebt.

JNM: Wir haben ja einige Fragen schon wieder in Deinen Antworten gefunden. Viele wissen vielleicht gar nicht, dass wir ein sogenanntes Jenseits-Modul besitzen, die Zirbeldrüse. Und es gibt momentan auch viele Biologen, die über dieses Organ schreiben. Das heißt, eigentlich sind Menschen mit besonderer Begabung nichts Besonderes, denn theoretisch hat jeder die Gabe. Bei dem einen ist es etwas besser ausgeprägt, aber man kann es schulen. Man kann lernen, dass dieses multidimensionale, dieses holistische Universum nicht außerhalb von uns liegt, sondern eigentlich innerhalb von uns. Das findet man durch Meditationen - diese ganzen alten Kulturen wissen natürlich von diesem Weg nach innen, vom

Selbst zum Alles zu werden, um diese anderen Welten und diese Informationen zu bekommen. Das heißt, ich bekomme ja nicht nur Informationen über meine normalen, klassischen Fragen: Was tue ich beruflich? Was interessiert mich? Wo liegen meine Interessen, meine Begabungen? Ich kann mich hier auch hineinspüren - das ist diese Intuition – und dass muss man jetzt erkennen, auch in der Wissenschaft. Da war ja auch die Frau Kübler-Ross, die mit Kindern mit Krebs gearbeitet hat und erkannt hat, dass die Intuition offensichtlich mehr über die Zukunft weiß, als unser logischer Verstand.

MZ: Ich vergleiche das auch mit dem GPS im Auto. Wenn es ein gutes ist, dann ist es mit mehreren Satelliten verbunden. Das zeigt uns, wo wir im Moment aktuell sind und wo wir uns hinbewegen. Es kann uns auch aufzeigen, wo gewisse Baustellen oder Staus sind, und dann leitet es uns um, um gewisse Wartezeiten zu umgehen. Und mit unserer Intuition ist es eben genauso, das heißt, unsere Intuition weiß wer wir sind, kennt unsere Vergangenheit und unsere Zukunft. Unsere Intuition ist eigentlich der sechste Sinn und ein Werkzeug, das wir alle in uns tragen. Da gibt es natürlich auch Menschen, bei denen ist der sechste Sinn etwas stärker angeboren als bei anderen Menschen. Genauso wie die einen mit dem Talent der Kunst geboren werden, das heißt, die Begabung der Kunst wird ihnen in die Wiege gelegt. Die werden dann begnadete Künstler, Musiker, Maler, was auch immer. Dann gibt es Andere, die haben die Kunst der Wissenschaft in die Wiege gelegt bekommen, die werden dann gute Wissenschaftler, wie zum Beispiel Einstein. Oder sie haben die Kunst der Sprache, sie sprechen sieben Sprachen, werden Simultanübersetzer an der UNO oder sprechen acht Sprachen gleichzeitig. Dann gibt es wieder Andere, die haben die Gabe der Medialität oder des Hellsehens, die Kraft der Intuition in sich. Das sind dann Menschen, die zum Beispiel Auren sehen, in einer Quantenphysischen Realität leben, die die Kraft der Seherei und der Prophezeiung in sich tragen. Und klar, es gibt natürlich auch immer wieder Menschen, die daran zweifeln. Das sieht man ja auch an den Kommentaren in den sozialen Medien. Es ist eben oft so, dass die Menschen, die diesen Themen nicht geöffnet sind, einfach nur das Grundwissen nicht dazu haben. Mir kommt das manchmal so vor, als ob jemand, der nur Micky Maus, Donald Duck oder Asterix und Obelix liest, plötzlich über Goethe philosophieren will. Das geht nicht. Also, sie lesen dann Disney oder Micky Maus und haben das Gefühl, sie können an einem Gespräch teilnehmen über Goethe oder Schiller. Dann ist das natürlich eine ganz andere Ebene. Da haben sie auch nichts zu suchen, ganz einfach, weil ihnen das Grundwissen und die Information dazu fehlen. Weil, sobald jemand sich bewusst und intensiv mit diesen Themen identifiziert, sich damit auseinandersetzt, darüber lernt - da kommen wir wieder auf die Literatur zurück - wenn man dann anfängt, auch solche etwas tiefere Literatur zu lesen, dann werden die Gespräche auch ganz anders. Und diese voreingenommenen Meinungen lösen sich auf, weil, wer halbwegs intelligent ist, und sich über diese Themen richtig informiert und nicht nur oberflächlich, der erkennt: da ist etwas, da muss etwas sein. Dann sind solche zwanghaften Verurteilungen gar nicht mehr möglich.

Anderes Beispiel: jemand, der nur in seinem kleinen Dorf in Bayern wohnt, hat Schwierigkeiten zu verstehen, wie andere Kulturen funktionieren. Wenn Du dem plötzlich einen Schwarzafrikaner bringst, erschrickt er. Wenn Du dem Musik aus Bolivien vorspielst, sagt er: „Oh mein Gott, was ist denn das?" Aber wenn man anfängt zu reisen, Erfahrungen mit solchen Kulturen macht, dann nimmt man solche Begegnungen auch ganz anders wahr. Man kritisiert es nicht mehr, man lebt es, man versteht es, und sieht, dass das ein Teil eines Ganzen ist.

JNM: Genau, dass es eine Bereicherung ist. Und das dieser sechste Sinn - die Fähigkeit, über diese irdische Realität hinauszublicken - eine ganz normale Sache ist und nichts Paranormales, sondern etwas Normales, das halt einfach besser gelernt und geschult wird. Ich denke, dass die Wissenschaft momentan erkennt - das kommt ja auch von der Quantenphysik - dass die Materie nicht auf Materie aufgebaut ist, dass es im Grunde genommen schon etwas Geistiges gibt. Das heißt, in Wirklichkeit gibt es überhaupt nichts haptisches in der Welt, sondern eine permanente Veränderung. Jetzt wären wir auch bei diesem Thema „Hellsehen". Wenn die Quantenphysik sagt, die Zukunft ist noch offen, wieso kann man dann in die Zukunft sehen? Wenn doch die Zukunft noch gar nicht passiert ist?

MZ: Ich vergleiche das gerne mit den Jahreszeiten. Die Zukunft und die Zukunftsentwicklung sind vergleichbar mit unseren vier bekannten Jahreszeiten. Es gibt Frühling, Sommer, Winter, Herbst. Es gibt gewisse Situationen, die sind vorgegeben. Die unterliegen dem Lauf der Zeit. Der freie Wille besteht nun darin für Dich als Individuum mit diesen vorgegebenen Situationen umzugehen. Da ist der freie Wille angesprochen. Das heißt, Du kannst für Dich entscheiden, wie gehst Du mit diesen Jahreszeiten um. Bleibe ich im Winter in Deutschland, oder gehe ich in die Karibik? Oder gehe ich nach Ibiza und überwintere dort? Und wenn Du Dich entscheidest hier zu bleiben, dann kannst Du immer noch entscheiden: gehe ich viel raus, gehe ich Skifahren, bleibe ich nur zu Hause, schließe ich mich ein und bin jeden Abend in der Sauna? Es gibt in der Zukunftsentwicklung gewisse Situationen, die kann man nicht ändern, die sind auch nicht abhängig von der persönlichen Wahrnehmung. Und ich arbeite auch viel mit Prophezeiungen, Vorhersagen, das kann man auch auf meiner Webseite lesen. Das wird immer wieder von der internationalen Presse veröffentlicht und niedergeschrieben. Ich habe schon X Situationen vorhergesehen, bis auf den Monat genau. Geopolitische, wirtschaftliche Ereignisse, die dann so auch eingetroffen sind. Die Zukunft hat ihre Meilensteine, die vorgegeben sind. Der freie Wille besteht dann in meiner Erfahrung - meistens zumindest – darin, wie wir als Individuen mit solchen vorgegebenen Situationen umgehen. Du hast die Quantenphysik erwähnt, ich finde das total spannend. Die Quantenphysik hilft auch sehr viel - speziell uns Westlern - hier zu verstehen, wie diese multidimensionale Wirklichkeit funktionieren kann. Aber meine Erfahrung zeigt mir auch, dass es tatsächlich vorgegebene Situationen gibt, die auf uns zukommen.

JNM: Das hängt vielleicht auch damit zusammen, dass, wenn der Weg ein Prozess ist, der schon angelaufen ist, es dann auch eine bestimmte Zeit braucht, in der er in die eine bestimmte Richtung läuft. Natürlich kann ich diesen Strom immer wieder verändern. Wahrscheinlich müssen mehr bei dieser Veränderung des Stroms mitmachen. Aber wenn Du sagst, ich habe hier einen Gezeitenlauf, ich weiß in der Natur, dass jetzt der Frühling kommt, dann weiß ich, was auf mich zukommt. Dann kann ich mich natürlich individuell darauf einlassen. Kommen wir noch einmal auf dieses Hellsehen. Das heißt, Du kannst Hellsehen für globale oder größere Entwicklungen. Geht das auch für einzelne Personen?

MZ: Auch für Einzelpersonen. Ich mache ja auch seit 25 Jahren Beratungen für Einzelpersonen. Zum Beispiel über die Aura. Du hast vorhin die Aura angesprochen. Über Aura-lesen, über das in die Energiefelder der Menschen tauchen. Und dort gibt es natürlich auch ganz klar unterschiedliche Bereiche, die man beeinflussen kann, und andere nicht. Beeinflussbar sind Situationen, die nur von Dir abhängen oder vielleicht doch von Deiner Partnerin oder Deinem Partner. Je nachdem, wenn man zu zweit ist, und den freien Willen relativ einfach beeinflussen kann. Wenn es nun aber um eine Vorhersage in einer größeren Masse geht, in die Du auch involviert bist, dann kann man die Situation vielleicht nicht mehr abwenden. Aber man kann sehen, was Du als Individuum machen kannst, um mit dieser Situation bewusster umzugehen. Und das, was Du gesagt hast, das unterstütze ich, das sehe ich in meiner Erfahrung genauso. Man spricht hier auch von der kritischen Masse. Sobald die kritische Masse etwas entscheidet oder beeinflusst, kann etwas verändert werden. Aber dann gibt es auch einen Zeitpunkt, ab dem eine Entwicklung auch eine Eigendynamik hat. So dass man es nur noch sehr, sehr, sehr schwer beeinflussen kann.

JNM: Wie ist das jetzt mit globalen Entwicklungen? Wir sind natürlich von Informationen abhängig, die wir permanent in den Medien lesen. Die Mainstream-Medien bringen uns Nachrichten, wo man meint, dass die ganze Welt im Krieg liegt oder dass alles ziemlich im Umbruch ist. Das mag ja sein. Wir haben diese Klimaveränderung. Wir wissen, dass sich der Planet verändert. Wir sehen aber auch, dass die Menschen immer noch versuchen, mit kriegerischen Auseinandersetzungen Probleme zu lösen. Wir haben in den letzten zweitausend Jahren philosophische Ansätze gefunden, wie man etwas machen kann, können es aber in der Praxis nicht umsetzen. Siehst Du hier eine Veränderung auf uns zukommen? Siehst Du global und vielleicht auch in Europa diese Veränderungen?

MZ: Ich sehe auf jeden Fall, dass wir in einer Zeit großer Umbrüche sind. Ich veröffentliche auch immer wieder meine Vorhersagen in der Presse und im Internet. Wir leben in einer Zeit der größeren Veränderungen, aber Mitteleuropa ist in den letzten 150 Jahren durch mehrere solche Veränderungen gegangen, und Europa existiert immer noch. So sehe ich es auch für die Zukunft. In den nächsten 30, 40 Jahren sehe ich sehr große Veränderungen, aber ich würde sagen nicht unbedingt größer und gravierender als 1914 bis 1918 oder 1938 bis 1945. Aber sicher in ähnlichen Umfängen in gewissen Punkten. Nicht identischen, aber ähnlichen Umfängen. Aber wie gesagt, das Leben geht immer weiter, und Entwicklungen gibt es immer. Veränderungen gehören zu unserem Prozess, aus dem wir ja auch lernen. Wie Du schon gesagt hast, erscheint es leider so, dass wir als Kollektiv nicht genug gelernt haben, um die kritische Masse zu beeinflussen. Um es so zu machen, dass unsere Zukunft von der breiten Masse bestimmt wird. Soweit ist es leider noch nicht. Deshalb gibt es immer wieder diese kriegerischen Prozesse, diese politischen Konflikte, die leider auch immer diejenigen beeinflussen, die es am wenigsten verdienen, die es gar nicht ausgelöst haben und meistens nicht einmal wissen, warum es eigentlich passiert.

JNM: Das ist richtig. Der Bauer in Bolivien, der plötzlich in den Krieg ziehen muss, der den ganzen Zusammenhang nicht versteht, warum der Krieg überhaupt geführt wird. Der Eingeborenenstamm, der vertrieben wird, weil auf dem Land irgendwelche Bodenschätze sind, die man bergen will. Der versteht auch nicht, warum er plötzlich weg muss.

MZ: Nicht nur der Indianer in Bolivien, sondern auch der Mitteleuropäer, der versteht oft auch nicht mehr viel.

JNM: Das ist richtig. Die schmerzhaften Prozesse, die über Leid und Tod gehen, da sind wir noch nicht drüber hinweg. Ich spreche das jetzt

deswegen an, weil ich in Deinem letzten Buch gelesen habe, dass Du auch andere Intelligenzen channelst. Wir haben oft einen interessanten Blick auf die nicht irdischen Intelligenzen. Wir suchen mit irgendwelchen Radioteleskopen nach intelligenten Signalen im All. Wir haben das multidimensionale Universum noch nicht verstanden - dass nicht alles in der Schwingung, in der wir sie wahrnehmen, existiert, sondern dass weiter entwickelte Intelligenzen ganz andere Möglichkeiten haben, über Raum und Zeit zu kommunizieren. Da hattest Du eine Kommunikation mit jemanden, der sagt, er kommt aus dem System des Sirius. Er spricht von einer Sternen-Bruderschaft, einer galaktischen Intelligenz. Und dass wir erst am Anfang stehen und gerade erst begreifen, dass wir nicht alleine unterwegs sind. Würde das den Menschen weiterhelfen, wenn sie wüssten: wir sind hier nicht allein? Dass die Erde nicht der einzige bewohnte Planet ist, sondern dass eigentlich alles bewohnt ist?

MZ: Auf jeden Fall! Und was ich ganz speziell spannend finde - und jetzt kommen wir wieder auf das Reisen zurück - das Thema Lichtwesen. Seien das nun Engel, Außerirdische oder Ahnen, ist ja total unabhängig von Kultur und Religion. Das heißt, egal in welches Land ich gehe, egal ob in Bolivien oder am Amazonas, in Brasilien, in Afrika oder Mitteleuropa, überall kennen die Menschen diese Phänomene und Wirklichkeiten von Lichtwesen. Mir zumindest ist keine Kultur bekannt, die diese Licht- und Energiewesen nicht auf die eine oder andere Art kennt. In der Tat wissen wir, dass sie vorhanden sind. Wir wissen, dass sie existieren, sonst wären sie nicht auf der ganzen Welt vorhanden. Wir lernen mehr und mehr, speziell in Mitteleuropa, uns diesen Welten wieder zu öffnen. Das weißt Du so gut wie ich, in anderen Kulturen ist das gang und gäbe. Da wird das überhaupt nicht hinterfragt. Da sind die Kontakte mit den verstorbenen Ahnen genauso natürlich, wie zwischen uns zwei. Der Vorteil an dieser Kommunikation ist natürlich schon, dass man sieht, dass wir nicht alleine sind. Und dass wir eine Führung haben, die hinter dem verbalen Austausch mit Menschen steht. Wie Du auch in einem meiner Bücher gelesen hast, wo ich beschreibe, dass ich sehr viel von diesem Wesen durch diese Channelings lerne. Und meine Erfahrung zeigt, dass auch viele andere Menschen das tun. Ich bin überzeugt, wir sollten mehr auf diese Wesen hören, denn die sind uns nun mal 10, 20, 30, 50.000 Jahre voraus. Das heißt, die haben mehr Weisheit, mehr Wissen, mehr Intuition. Die haben einfach ein ganzheitlicheres Verständnis. Wenn wir besser auf die hören würden, würden wir sicher weniger Fehler machen. Wenn wir, wie man so schön sagt, uns selbst ans Bein pinkeln.

JNM: Das wäre eine große Aufgabe, einen Großteil der Menschheit davon zu überzeugen: ihr seid nicht alleine. Es gibt hier viele, viele Existenz-

Ebenen, die schon ganz andere Entwicklungsstufen haben. Diese schwierige Phase, die die Menschheit anscheinend gerade durchläuft, übersteht man am besten, wenn wir uns hier kommunikationsmäßig austauschen. Unsere bisherigen Verhaltensmuster, die wir die letzten paar Jahrtausende an den Tag gelegt haben, die kriegerischen Auseinandersetzungen, bei denen läuft immer das gleiche Programm ab. Dann wären wir in unserer Bewusstseinsentwicklung sicher schneller, als wir es jetzt sind.

MZ: Absolut richtig. Das würde uns so viel in unserer Entwicklung helfen.

Dr. Michael König

Interview mit Dr. Michael König

*Der Mensch ist eben dadurch in Irrtum gefallen,
dass er das Natürliche in sich vom Übernatürlichen schied.*

Friedrich Schelling

Dr. Michael König, geb. 1957, ist Quantenphysiker und widmet sich seit fast 30 Jahren der Erforschung des Zusammenhangs von Geist und Materie. Von 1987 bis 2004 leitete er ein privates Forschungsinstitut und erwarb Patente im Bereich der komplementären Medizin. Als einer der Wegbereiter der Neuen Physik und des Paradigmenwechsels ist er ein gefragter Referent und Dozent auf internationalen Kongressen, an Universitäten und in Dokumentarfilmen. Seit vielen Jahren veranstaltet er auch spirituelle Workshops.

JNM: Sehr geehrter Herr Dr. König, herzlichen Dank für dieses Interview zum Themenbereich der Transzendenz, der Wirklichkeit, der Materie und des Bewusstseins. Sie haben als Quantenphysiker viele Bücher geschrieben. Ein Buch fasziniert die Menschen am meisten, das Buch heißt „Das Urwort". Sie schreiben als Quintessenz, Materie und Geist sind eine Einheit, und Gott ist die Quelle aller Energie im Universum. Das als Aussage eines Mainstream-Wissenschaftlers, hört sich für einen Menschen, der sich mit diesem Thema vielleicht noch nicht so viel auseinandergesetzt hat, sehr esoterisch an.

MK: Ja, das hört sich vielleicht so an, aber das ist halt die Wirklichkeit, in der wir leben.

JNM: Wie sind Sie denn auf diese Theorie gekommen? Oder wenn ich etwas ausholen darf, der einzige, der das bisher auf den Punkt gebracht hat, war Professor Hans-Peter Dürr, der postuliert hat: Materie ist nicht auf Materie aufgebaut. Was meinte er denn damit?

MK: Er bezieht sich natürlich auf den Effekt, dass Materie als Energieform dargestellt werden kann. Wenn man sich erinnert, hatte Albert Einstein einmal die Formel $e = mc^2$. Diese Formel besagt ja, dass Energie und Materie, also Masse, aufgrund dieser Formel gleichwertig zu behandeln sind. Wir können jede Form von Materie auch in Energie umwandeln. Oder umgekehrt: Energie ist die Voraussetzung dafür, dass ich etwas materialisieren kann.

JNM: Er nannte die Materie auch geronnener Geist. Im Grunde gibt es so etwas wie Software, die die Materie beobachtet, dann stellt man fest, dass Software, Energie und Materie erst sekundär in Erscheinung treten, sozusagen als geronnener Geist. Wenn diese Wirklichkeit tatsächlich nicht materieller Natur ist, nicht etwas Greifbares ist, haben wir praktisch noch keine Sprache dafür. Die Physik mogelt sich immer etwas um dieses Thema herum, sie spricht immer noch von Elementarteilchen, von Elektronen, Neutronen und Quarks. Wir sagen es dem Laien einfach so: „Ach, das sind irgendwelche kleine Teilchen, die man wie bei Lego-Bausteinen auseinanderbaut". Aber ich glaube, da ist ein falsches Verständnis da.

MK: Es gab eine irre Entwicklung in der modernen Physik, als wir die Teilchenstruktur der Materie entdeckt haben. Zu Beginn des 20. Jahrhunderts war das. Da hat man festgestellt: wir kommen mit den konventionellen Dimensionen, die wir aus dem Newtonschen Weltbild haben, nicht mehr aus. Kurz zur Erinnerung: dieser Newton postulierte einen absoluten Raum, das sind die drei Dimensionen des Raums, Höhe, Breite, Länge. Das ins Unendliche ausgedehnt ist quasi der Raum. Dann gab es noch die Koordinate der Zeit. Das war das Weltbild nach Isaak Newton, und in den Köpfen der Wissenschaftler ist dieses Weltbild immer noch sehr stark präsent. Die Quantenphysik hat uns allerdings gelehrt, dass die Zusammenhänge offensichtlich etwas komplexer sind, als wir uns das per Newton vorgestellt haben. Denn um Teilchen konsistent beschreiben zu können, müssen wir postulieren, also annehmen, dass es noch weitere Dimensionen gibt, die für die Herstellung, für die Form eines Teilchens entscheidend sind.

So begann das schon zu Beginn des 20. Jahrhunderts, dass sich einige Mathematiker Gedanken darüber gemacht haben, zusätzliche Dimensionen in die Beschreibung von Teilchen einzuführen. Dieser Ansatz wurde aber erst einmal von der damaligen *Kopenhagener Gruppe* verworfen. Das waren so die Altvorderen der Quantenphysik mit Niels Bohr und Anderen. Erst in den 1960er, 70er Jahren wurde dieses Konzept zusätzlicher Dimensionen wieder aufgenommen, und seitdem erleben wir geradezu eine Explosion von Teilchenmodellen, die annehmen, dass es noch weitere Dimensionen gibt.

Davon ausgehend habe ich meine Urwort-Theorie entwickelt, weil mir einfach klar ist: unsere Wirklichkeit ist viel multi-dimensionaler als es uns unsere normale Wahrnehmung vorgibt. Wir bestehen aus mehr als den Dimensionen von Raum und Zeit. In meiner Theorie beschreibe ich das in Form von sogenannten Partialstrukturen. Dabei ist der Raum, den Newton aufgespannt hat, und dessen sich auch noch die Relativitätstheorie Einsteins bedient, kein vierdimensionales Raum-Zeit-Kontinuum, sondern es existieren mehrere Partialstrukturen. Es gibt also auch Räume oder Gruppen von Dimensionen, die zum Beispiel im Innern der Teilchen anwesend sind, das sind sogenannte innere Teilchen-Dimensionen, und welche, die nach Außen in Erscheinung treten, so wie Raum und Zeit. Aber hinter dem Raum und hinter der Zeit verbergen sich noch weitere Dimensionen. Und dabei handelt es sich dann um eben höherwertige Teilchentheorien, die zum Beispiel auch entwickelt wurden von Jean-Emile Charon, einem französischen Kernphysiker, oder auch dem deutschen theoretischen Physiker Burkhard Heim. Der hat eine insgesamt 12-dimensionale Welt aufgespannt, und da bringt man dann eben auch die Aspekte des Geistes mit in die physikalische Betrachtung hinein. Und das ist das Neue an dieser Form der physikalischen Beschreibung, dass wir sozusagen ein etwas vollständigeres Bild der Wirklichkeit erhalten.

JNM: Erst die Information macht die Realität, das heißt, wir nehmen einen Teil der Informationen aus diesem Quantenrauschen heraus, und bauen daraus die Realität. Ist denn außerhalb von uns überhaupt irgendeine Realität? Denn die Realität, die wir sehen, ist ja eine von uns konstruierte.

MK: Letztendlich ist das so. Wir können auch mit unseren Modellen immer nur versuchen, die physikalische Wirklichkeit zu beschreiben. Dazu sind wissenschaftliche Modelle da. Sie beschreiben die Natur so, wie wir sie wahrnehmen. Aber das, was wir nicht wahrnehmen, das fällt uns dann natürlich schwer zu beschreiben. Trotzdem wissen wir, dass wir in einer größeren Wirklichkeit leben, weil wir eben nicht alles wahrnehmen. Jetzt kann man aber aufgrund von Beobachtungen auf das Vorhandensein weiterer - unseren Sinnen nicht zugänglichen - Dimensionen schließen. Es gibt Hinweise auf die Existenz eines Hyperraums. Das wurde wissenschaftlich gezeigt, zum Beispiel durch das Experiment der Quantenverschränkung. Da stellt man fest, dass sich Informationen zum Teil mit Überlichtgeschwindigkeit verbreiten, obwohl wir wissen, dass in unserer äußeren Raumzeit Signale nur mit Lichtgeschwindigkeit übertragen werden können. Also muss die Informationsübertragung auch noch über höhere Dimensionen kurzgeschlossen sein, die dann entsprechend höhere Geschwindigkeiten erlauben. Und so kommt man dann eben zu entsprechenden Modellen, die versuchen, diese Dinge zu beschreiben.

JNM: Bleiben wir noch einmal bei diesem transzendenten Bereich. Sie sprechen von Hyperraum, Sie sprechen von erweiterter Realität. Manche sprechen von Potentialität, manche vom Vakuum, vom leeren Raum.

Manche sprechen von Jenseits. Sind das Begriffe, die noch nicht richtig definiert sind, sprich, man spricht von einem Bereich außerhalb unserer Raumzeit?

MK: Zunächst einmal beziehen sich wohl alle erst einmal auf Begriffe außerhalb unserer Raumzeit. Ich habe das noch etwas detaillierter aufgespannt. Man kann nämlich zeigen, dass der Jenseits-Bereich ganz bestimmten Dimensionen zugeordnet werden kann, die durch bereits entwickelte Teilchenmodelle überhaupt erst entwickelt wurden. Zum Beispiel in der Theorie von Jean-Emile Charon. Er zeigt, dass das Elektron nicht nur eine Repräsentanz in der äußeren Raumzeit hat, sondern dass es auch noch über innere Dimensionen verfügt, die nach außen nicht in Erscheinung treten. Aber genau da kann man dann bestimmte Phänomene wie zum Beispiel die Jenseits-Bereiche, die auch in der religiösen Betrachtung eine Rolle spielen oder in spirituellen Betrachtungen - das kann man dann in solchen Modellen darstellen. Und man kann dann die Bedeutung von Trans-Dimensionen, also weiteren Dimensionen, ausdeuten.

JNM: Das ist ja sehr spannend. Es heißt, die Physik ist noch bei Weitem nicht am Ende der Fahnenstange angelangt, sondern man versucht ja gerade beim CERN in der Schweiz diese Energien aufeinander zu schießen, um festzustellen, wie die Erzeugung von Materie aussieht. Geschieht das tatsächlich in der Auseinandersetzung mit anderen Dimensionen?

MK: Eigentlich nicht. Aber was wir in unseren Beobachtungen feststellen, egal ob ein Elementarteilchen-Physiker die Phänomene beobachtet oder ein Quantenphysiker: wir finden immer Hinweise auf Trans-Dimensionen. Also auf weitere Dimensionen. Aber das, was wir experimentell untersuchen, spielt sich natürlich immer nur in der äußeren Raumzeit ab. Also im konventionellen Newtonschen Ereignisraum. Dennoch gibt es eben Hinweise zu diesen Trans-Dimensionen. Deshalb müssen wir eben auch Modelle entwickeln, die das mit einschließen. Nur wie man diese Trans-Dimensionen dann ausdeutet, philosophisch, religiös, spirituell, da ist natürlich noch eine gewisse Beliebigkeit da, weshalb sich unterschiedliche Modelle auch dahingehend unterscheiden.

JNM: Kann es sein, dass es Menschen gibt, die erweiterte Sinne besitzen, die mehr wahrnehmen? Manche Menschen berichten, sie sehen in andere Seinsbereiche hinein, die ein normaler Mensch nicht wahrnehmen kann.

MK: Es ist sicherlich richtig, dass Menschen unterschiedliche Zugänge zu diesen Bereichen haben, und dass es da verschiedene Talente gibt. Aber grundsätzlich sind die Mechanismen, wie ein Mensch auf die anderen Seins-Bereiche zugreift, sicher bei allen Menschen gleich. Der eine ist da halt trainierter als der andere. Oder andere Menschen klammern solche Wahrnehmungen grundsätzlich aus, weil sie sich rational sagen: „Das gibt es nicht, das ist Quatsch." Sie verbauen sich den Weg dogmatisch, diese höheren Wirklichkeitsbereiche überhaupt wahrnehmen zu können. Weil sie es ausschließen, dass es die gibt.

JNM: Das liegt natürlich auch an dem Weltbild, das wir von klein auf beigebracht bekommen...

MK: Das ist richtig.

JNM: ... bei dem wir lernen, dass es Kinder, die mit unsichtbaren Freunden spielen oder Sachen wahrnehmen, die Erwachsene nicht wahrnehmen, nicht gibt. Aber ich denke, wenn man diese Forschungsergebnisse ernst nehmen würde, dann gibt es diese Bereiche, Dimensionen, die wir vielleicht nicht so wahrnehmen, es sei denn, wir haben eine erhöhte Sinneswahrnehmung.

Kommen wir vielleicht auch gleich zu diesem Bereich der Biologie, dieses Phänomen der Bio-Photonen. Was kann man dazu sagen? Wie hängt das mit der Transzendenz zusammen?

MK: Es ist sicherlich wichtig, solche Modelle, die auch den Austausch von Energieteilchen beschreiben, in der Betrachtung miteinzubeziehen. Die Bio-Photonen-Forschung hatte einen sehr starken Impuls erhalten seit den 1980er und 1990er Jahren, insbesondere hier im europäischen Raum, durch Professor Fritz-Albert Popp. Aber diese Forschungsergebnisse sind leider in der Physik allgemein nicht so stark aufgegriffen worden. Zum Teil lag das aber auch an der Intervention von Interessen. Weil dadurch eine völlig neue Medizin möglich geworden wäre, die sich nur durch Informationen darstellt, und das steht halt im krassen Widerspruch zur heute dominierenden Pharmaforschung, die mit Milliarden sicherlich auch andere Forschungsergebnisse unterdrücken kann. Das hat leider auch dazu geführt, dass manche Wissenschaftler in der Öffentlichkeit in Misskredit geraten sind, weil sie sich mit solchen Dingen beschäftigen.

JNM: Alle diese Dinge werden versucht, wegzureden, mit der Argumentation, man kann die Forschungen nicht beliebig wiederholen, weil die Ergebnisse schwanken, und deswegen wird das Phänomen von Haus aus geleugnet.

MK: Es ist die Prämisse unserer Art von Wissenschaft. Unsere Art von Wissenschaft hat so als wichtige Eigenschaft, dass ein Experiment immer reproduzierbar sein muss. Das kann man mit toter Materie sehr gut machen, die verhält sich immer gleich. Sobald aber lebende Organismen mit im Spiel sind, funktioniert das nicht mehr mit der Reproduzierbarkeit. Dennoch gibt es die Phänomene, auch wenn sie nicht reproduzierbar nachweisbar sind. Aber trotzdem kommen wir zu solchen Messungen. Hier muss man den Wissenschaftlichkeits-Begriff vielleicht etwas erweitern, damit wir solche Phänomene auch in die Betrachtung mit einbeziehen können.

JNM: Wir werden die nächsten Jahrzehnte ein paar Dinge ändern müssen. Allein in Deutschland leben 8 Millionen Menschen, die Dinge berichten, die überhaupt nicht ins klassische Weltbild passen. In Nahtod-Erfahrungen erlebten sie eine andere Raum-Zeit-Dimension, eine andere Seins-Form. Bewusstsein existiert außerhalb des Körpers. Man ist noch da, mit dem gleichen Gefühl, der gleichen Wahrnehmung, man ist aber nicht mehr in seinem Körper, man sieht sich von außen oder geht in eine andere Dimension.

MK: Wir müssen unsere alten, dogmatischen Scheuklappen ablegen. Und davon hat die Physik allemal genug. Wir mussten mehrere Jahrhunderte warten, bis das Newtonsche Weltbild korrigiert wurde, das war aber auch nur möglich, weil sich unsere messtechnischen Möglichkeiten erweitert haben. Ich erzähle Ihnen das mal kurz. Das Newtonsche Weltbild wurde zum Beispiel dadurch überwunden, dass man festgestellt hat: der Merkur hat eine Drehung in seiner Bahn. Der läuft nicht nur in seine Bahn zurück, sondern bewegt sich eher wie eine Rosette. Das nennt man Perihel-Drehung der Merkur-Bahn. Da der Merkur sehr nahe an der Sonne ist, ist der Effekt besonders stark und wurde dort zuerst nachgewiesen. Das veranlasste Einstein zur Entwicklung seiner allgemeinen Relativitätstheorie, weil er zeigte, dass der Raum in sich gekrümmt ist. Und dadurch kommen solche Verbiegungen zustande.

Aber das war vorher im Newtonschen Weltbild nicht erklärbar. Und das hat den Rahmen einer dogmatischen Theorie gesprengt. Und so muss es auch in der heutigen Zeit sein. Die Wissenschaftler müssen einfach offener werden in ihrer Weltsicht. Solange sie noch mit einem eingeschränkten Weltbild herumlaufen, werden sie auch keine neuen Räume aufspannen und neue Entdeckungen machen.

JNM: Ein weiteres Problem ist, dass in der Globalisierung versucht wird, auf Gewinnmaximierung hinzuarbeiten. Manche Forschungsergebnisse

werden dann auch unterdrückt, da sie nicht profitabel sind. Es wird natürlich auch möglichst lange versucht, dieses System aufrecht zu erhalten.

MK: So ist es.

JNM: Forscher brauchen Forschungsgeld, werden ja finanziert. Freie Forschung in dem Sinn gibt es gar nicht.

Dann sind natürlich viele dieser Berichte über Phänomene jungen Forschern gar nicht bewusst. Sie haben keine Kenntnis davon. Wenn sie nämlich diese Kenntnis hätten, würden sie sagen, da muss man mal nachforschen. Und so kommen auch diese Dinge zustande, dass es eine Zeit braucht, um dogmatische Ansichten zu wechseln. Aber irgendwann bricht der Damm.

Momentan scheint es ja so zu sein, dass die Biologen der Physik nacheifern wollen. Dabei ist mittlerweile dieses messbare Thema nicht mehr so greifbar. Vielleicht können wir ein bisschen auf die Forschung eingehen.

MK: Zunächst einmal sehe ich Bewusstsein als Kooperativ-Phänomen. Und zwar, die Elektronen – das hat ja Charon gezeigt – sind gedächtnistragende Teilchen. Sie können sich an das erinnern, was sie erlebt und erfahren haben. Was kann so ein einzelnes Teilchen erleben? Es kann zum Beispiel erleben, dass es ein Photon mit einer bestimmten Information empfangen hat oder abgestrahlt hat. Oder es hatte einen Stoßprozess mit einem anderen Teilchen. An solche Dinge kann sich ein Teilchen erinnern. Das sind quasi die Gedächtnisstrukturen auf der Teilchenebene. Die Teilchen tauschen diese Informationen untereinander aus durch den Austausch von Photonen. Das sind die Quanten der elektromagnetischen Strahlung. Durch elektromagnetische Strahlung wird Information ausgetauscht zwischen den Elektronen, dadurch entsteht im Kooperativen so etwas wie Bewusstsein.

JNM: Und dieses Feld, diese Struktur scheint Bestand zu haben?

MK: Ja.

JNM: Das heißt, unser biologischer Körper ist nichts weiter als eine Art holographischer Speicher, der alle Aktivitäten aufzeichnet?

MK: Kann man so sagen.

JNM: Eine bestimmte Struktur, die nicht mehr aufrechterhalten wird, wenn der physische Körper stirbt. Wird diese Informationsaufzeichnung gespeichert?

MK: Ja, ich habe das versucht darzustellen anhand meines Modells der Essenz-Elektronen. Das sind gerade die Elektronen, die quasi die Seele eines Menschen bilden, also das, was nach einem physischen Tod noch übrig bleibt. Und das ist in der Tat das gesamte Bewusstsein einer Persönlichkeit. Das lässt sich ja auch anhand der Nahtod-Erfahrung vieler Menschen deutlich nachzeichnen.

JNM: Offensichtlich ist es so, dass Menschen häufig berichten, sie hätten sich von oben gesehen, wie sie medizinisch behandelt werden, dass sie wissen, wer sie sind, aber trotzdem sehen sie alles gleichzeitig. Sie berichten auch von Landschaften, von anderen Gegenden, die unseren ähnlich sind, aber mit ganz anderen Farben. Kann das sein?

MK: Ja, das kann durchaus sein. Da beschreiben die Menschen wahrscheinlich irgendwelche Partialstrukturen von Trans-Dimensionen, die eben sich nicht decken mit unserer äußeren Raumzeit, sondern die man dann eben einem Jenseits-Bereich zuordnen kann. Das sind einfach andere Dimensionen. Und manche Menschen haben die Möglichkeit, das wahrzunehmen. Außerkörperliche Wahrnehmungen sind halt der Dichte des physischen Körpers entkommen. Dann ist es natürlich vielleicht auch möglich, andere Bereiche wahrzunehmen, die man in der Dichte der physischen Struktur gar nicht wahrnehmen kann. Weil wir dazu zu intransparent sind.

JNM: Wir sind also den größten Teil des Seins in diesem irdischen Dasein gefangen, dabei gibt es noch unendlich viele andere Erfahrungen, unzählige weitere Dimensionen. Wo muss die Wissenschaft ansetzen, um hier weiter zu forschen?

MK: Ich glaube, es ist ein völlig neues Verständnis von Wissenschaftlichkeit erforderlich. Wir müssen uns von den alten Dogmen trennen, die wir vorhin schon genannt haben, die unser Weltbild einschränken. Und damit auch die Möglichkeiten einschränken, überhaupt danach zu schauen. Man muss offener werden. Der Mensch hat auch im Mittelalter geglaubt, er lebt auf einer Scheibe. Die Erde ist ein Kasten, und wenn man darüber hinausgeht, plumpst man irgendwo runter. Irgendwann haben wir festgestellt, dass die Erde eine Kugel ist. Dass wir auf dieser Kugeloberfläche leben. Das war auch erst dadurch möglich, dass man sich von alten Dogmen getrennt hat. So ähnlich muss es in der Wissenschaft auch zugehen, nur ich befürchte, dass es thematisch nicht so einfach ist, weil es sind ja immer die Alten, die mit dem alten Weltbild leben, und dieses weitergeben an die Studenten, und somit kann nichts Neues in den Wissenschaftsbetrieb hineinkommen. Es sei denn von Querdenkern und Paralleldenkern, die aus diesem System ausgestiegen sind. Die können vielleicht Impulse geben.

Aber eine öffentliche Forschungsstätte wie Fraunhofer oder andere Einrichtungen, die werden so etwas nicht machen. Das wird von vornherein systemisch abgeblockt und dadurch ausgegrenzt, und eben nicht geforscht.

JNM: Hoffen wir nicht, dass es zu einem wirtschaftlichen globalen Kollaps kommen muss, um ein neues Denken zu postulieren. Sondern dass es aus unserem eigenen Denken heraus funktioniert. Momentan schaut es ja fast so aus, dass diese alten Denkmuster noch einen großen Teil der westlichen Zivilisation beherrschen. Es wird auch schwer sein, sie von diesen Dingen abzubringen. Notwendig ist auch ein ganz anderes Denken über den Umgang mit Mitmenschen, über den Umgang mit der ganzen Natur, Flora und Fauna. Eine andere Herangehensweise an das Leben selber.

MK: Sehe ich auch so. Ich bin da allerdings nicht so optimistisch. Ich glaube, dass dieses System, in dem wir jetzt leben, größere Sprünge nicht mehr hervorbringen kann. Weil dieses System nur noch versucht, sich selbst über Wasser zu halten. Ich ahne, dass wir nicht um einen größeren Phasenübergang herumkommen. Dass erst eine größere Verwerfung, sowohl im wirtschaftlichen als auch im sozialen und globalen Bereich, ein neues Denken öffnen wird.

JNM: Die Menschen denken aber schon weiter. Vor allem die jungen Menschen sehen, dass das Miteinander nicht so ist, wie es sein soll. Sie erkennen, dass irgendetwas im Argen liegt, dass wir etwas ändern müssen. Ich denke schon, dass der Keim draußen gesetzt ist, man muss schauen, welche Form das annimmt.

MK: Ja gut, dennoch sehe ich im normalen Wissenschaftsbetrieb derzeit keinen Impuls, der uns deutlich nach vorne bringt.

JNM: Jetzt haben wir genau das Problem, dass es viele Menschen gibt, die sehr wissenschaftsgläubig sind, sie glauben nur die Dinge, die man sieht und hört. Sie sagen, so falsch kann unser Weltbild nicht sein, denn wir haben unsere Zivilisation darauf aufgebaut, aber das heißt nicht,

dass die neuen Informationen falsch sind. Sie sind viel größer als diese andere Wirklichkeit. Die wirtschaftlichen Zivilisationen der Menschen waren ja immer nur zeitlich begrenzt. Keine Hochkultur hat sich selber überlebt. Es war immer ein Wechsel da.

Wenn man sich die Menschheitsgeschichte ansieht, sieht man, dass wir theoretisch alle Möglichkeiten haben. Theoretisch versteht jeder einzelne, was wir tun müssen, aber wir können es im Biologischen und Sozialen nicht umsetzen.

MK: Ich glaube, unser System als Mensch ist durchaus geeignet, diese Multi-Dimensionalität zu umfassen und zu erkennen, weil wir ja selbst solche multidimensionale Wesen sind. Wir grenzen uns ja nur dogmatisch auf das ein, was wir im Außen sehen. Aber es gibt genug Menschen, die aus ihrem inneren Potential heraus in der Lage sind, eine größere Wirklichkeit auch anzunehmen und ihr Weltbild entsprechend umzugestalten.

JNM: Es gibt ja auch Menschen, die besondere Fähigkeiten haben. Wenn man an diesen Sai Baba in Indien denkt, der in der Lage war, Dinge zu materialisieren.

MK: Das weiß ich jetzt nicht, ob das so ist. Das wird kolportiert, ob das nun wirklich so ist...

JNM: Aber wenn das so ist, kann das Bewusstsein Materie erschaffen, die dann bei uns in Erscheinung tritt. Diese Fähigkeit würde natürlich sehr viele Dinge erleichtern.

MK: Klar, wenn man „schnipp" machen kann, und ich habe die Banane, die ich dann essen möchte. Aber ich glaube, so einfach funktioniert unsere Wirklichkeit dann doch nicht.

JNM: Aber sollte so etwas tatsächlich möglich sein, würde es auch beweisen, dass das Bewusstsein extreme Einflüsse auf die Realität hat.

MK: Es geht ja viel einfacher. Alle Menschen haben ja solche Erfahrungen im außersinnlichen Bereich. Zumindest viele Menschen. Deshalb wird es sich über kurz oder lang durchsetzen, dass es tatsächlich eine Realität ist.

JNM: Viele Menschen hatten ein paranormales Erlebnis und konnten es nicht einordnen. Es wird in der Öffentlichkeit nur nicht viel darü-

ber gesprochen. Aber je mehr darüber bekannt wird, je mehr darüber berichtet wird, desto mehr können wir das auch einordnen und unser Weltbild entsprechend erweitern. Man merkt, ich bin nicht verrückt, sondern diese Dinge existieren, weil wir nur einen Teil der Realität wahrnehmen. Eigentlich ist es ja schon im Alltag so, dass jeder seine eigene Wahrnehmung hat. Wenn man Augenzeugen befragt, sagt der eine, der Dieb hat eine rote Jacke gehabt, der andere sagt, es war ein kleiner Dieb mit einer blauen Jacke. So nimmt es jeder in diesem Moment ein bisschen anders auf. Das Problem der falschen Erinnerungen gibt es ja auch, durch das neu Durchdenken wird es schon wieder falsch abgespeichert. Auch diese Phänomene sind natürlich vorhanden, die natürlich in das neue Weltbild hineinpassen müssen. Was ist dann eine richtige, was eine falsche Erinnerung? Was ist überhaupt eine Erinnerung, wo ist die abgespeichert?

MK: Wie gesagt, Elektronen sind unkaputtbar. Das weiß man aus der Physik. Also, sie haben eine prinzipiell unendliche Lebensdauer. Alles, was ein Elektron gelebt hat, speichert es ab. Damit ist es auch der ideale Träger von menschlichem Bewusstsein.

JNM: In anderen Forschungsbereichen hat sich gezeigt, dass das Wachbewusstsein und auch das Unterbewusstsein Zugänge in andere Dimensionen, in andere Welten haben, die unendlich groß sind. Man kann es gar nicht richtig steuern, weil man nicht weiß, welche Erfahrung man macht. Es gibt ja mittlerweile auch viele Wissenschaftler, die dies auch erforschen. Ich habe einen Freund, der ist Psychologe, Rolf Ulrich Kramer, der auch davon berichtet, dass die Menschen sich plötzlich an Sachen erinnern, die nicht in einem physischen Leben stattgefunden haben, sondern zwischen den früheren Leben. Ich denke, auch hier wird sich vielleicht für die Psychologie einiges tun. Und dass diese Erfahrungen und diese Aussagen auch verifiziert werden können.

MK: Klar, das ist auch eine Frage des Weltbildes. Viele Menschen laufen mit der Erinnerung herum, dass sie schon einmal gelebt haben. Die habe ich auch. Ich bin davon überzeugt, dass wir Menschen reinkarnieren. Dass wir nicht nur eine Existenz haben und dann gibt es uns nicht mehr, sondern dass es immer weitergeht. Eine Weiterentwicklung. Da reicht ein physisches Leben gar nicht aus, um dieses riesengroße Universum zu erforschen.

JNM: Das denke ich auch, und wenn man sich die Forschungsergebnisse von Prof. Stevenson ansieht, der diese Fälle untersucht hat - ich glaube

über 3000 Fälle haben sie schon zusammengesucht – sind die Übereinstimmungen statistisch gar nicht zu erklären.

Ein Beispiel ist auch Eben Alexander mit seiner Nahtod-Erfahrung, der vom Saulus zum Paulus wurde, wenn man das so sagen kann. Er hat damals verstanden, dass das Bewusstsein etwas Grundlegenderes ist, als das es vom menschlichen Gehirn erzeugt werden kann. Wir haben also noch eine große Reise vor uns.

MK: Ich sehe im Moment die Ansätze im Forschungsbereich mehr in Anwendungen. Meistens technische Anwendungen, Innovationen im Bereich Maschinen, Geräte, Kommunikation, Telekommunikation. So im Bereich der Philosophie oder der grundsätzlichen Weltbild-Forschung sehe ich eigentlich keinen wesentlichen Beitrag der konventionellen Forschung. Es sind immer einzelne Individuen, die da in Erscheinung treten. Das sind Grenzgänger, Randgänger, die sich das trauen, aber die sind nicht im normalen Wissenschaftsbetrieb verankert. Da würde so eine Forschung gar nicht erlaubt, bzw. gar nicht finanziert. Das ist leider so.

JNM: Wenn sich das Weltbild erweitert, fallen alle Paradoxien der klassischen Physik weg!

MK: Paradoxien fallen immer weg, wenn man sich von Dogmen trennt.

JNM: Was mir privat ganz gut gefällt: Heisenberg hat festgestellt, dass 2 x 3 nicht gleich 3 x 2 ist. Wenn es keine Dinge mehr sind, die man multipliziert, sondern Prozesse. Wenn man sagt, es gibt keine Dinge mehr, sondern nur einen Prozess, der sich ändert - das hat man erst einmal verstehen müssen, dass auch die Mathematik in einem eingegrenzten Bereich funktioniert. Wenn wir das wirklich so übernehmen würden, wie gesagt, muss man zu Forschen aufhören, weil er gesagt hat, ich habe keine Bausteine mehr, mit denen ich arbeiten kann.

MK: Nein, so schlimm ist es auch nicht. Wir hätten vor 100 Jahren schon Elektroautos haben können. Schon vor dem Verbrennungsmotor gab es den Elektromotor. Aber die profitorientierte Entwicklung von Produkten stand dagegen. Man hat durch die Rohölförderung die Benzinmotoren favorisiert. Sonst hätten wir heute nur noch Elektroautos.

JNM: Es gibt so viele unbekannte Patente...

MK: Alle in der Schublade. Ohne Weltbild-Wechsel gibt es auch keine erweiterte Wissenschaft.

Dr. Stanislav Grof

Interview mit Dr. Stanislav Grof

Wo immer die Tanzende mit dem Fuß auftritt,
da entspringt dem Staub ein Quell des Lebens
Dschalal ad-Din Muhammad Rumi (1207 - 1273)

Wenn Sie heute Psychologie studieren, erfahren Sie (fast) alles über Neurologie, der Anatomie des menschlichen Gehirns, den Aufbau und die Funktionsweise der einzelnen Neuronalen Netzwerke und vieles mehr. Sie setzten sich mit der Tiefenpsychologie von Sigmund Freund und den Archetypen von Carl Gustav Jung auseinander; beide wohl die wichtigsten Koryphäen des 20. Jahrhunderts und die Wegbereiter für die moderne klinische Psychologie. Seit meiner Jugend lese ich diese Bücher zu diesen Themenfeldern. Mich hat schon immer interessiert, wie unsere Psyche wohl funktioniert und welche biologischen Prozesse für die Entstehung unseres Selbst verantwortlich sind. Bis vor knapp 10 Jahren war ich mir sicher, dass unser Selbst ein intelligentes Konstrukt darstellt, entstanden aus der Evolution unserer Geschichte sowie aus der Interaktion unserer kulturellen Aspekte unseres Zusammenlebens und den wachsenden Aufgaben einer sozialen Gruppe von sprachbegabten Wesen auf diesem Planeten.

Wenn ich mir die Argumente der großen Hirnforscher unserer Zeit ansehe - und weiß Gott, ich habe bestimmt hunderte von Vorträgen darüber besucht und unzählige Bücher von Gerhard Roth, Wolfgang Menzinger, Wolf Singer, Antonio Damasio um nur eine paar wenige zu nennen, verschlungen, hält die Gilde der Experten immer noch an diesem Dogma fest: das Gehirn erzeugt irgendwie unser Bewusstsein. Sie tun so, als ob es hier nicht den geringsten Zweifel gäbe, das es anders sein könnte. Dieses so sensationelle und einzigartige Selbst ist für sie nur eine Illusion, ein Epiphänomen und bei unserem Tod verschwindet es ins Nirvana, wie der physische Körper. Sie machen aber auch keinen Hehl daraus, dass sie alle immer noch verzweifelt auf der Suche nach dem Selbst sind. Sie kennen die Regeln für die Ich-Entstehung und des Gedächtnisses nicht und geben gerade dafür Milliarden von Steuergeldern aus, um das menschliche Gehirn mit all seinen Netzwerken, seinen Synapsen-Verbindungen und Interaktionen zu digitalisieren. Ja, hier sind sie sich einig, damit werden sie das schwierige Problem - wie es die Philosophen nennen - gelöst bekommen. Es wird aber nicht der Fall sein, denn es entsteht nicht im Gehirn.

Meine Meinung. Als in den 50er und 60er Jahren, eine kleine Gruppe von Psychologen begann, mit psychedelischen Drogen, die Erforschung des menschlichen Geistes zu beginnen, war ganz vorne mit dabei: Dr. Stanislaw Grof - ein tschechischer Arzt, in Prag zuhause und er hat auch dort studiert. Er konnte mit den Ergebnissen zuerst kaum etwas anfangen. Diese innere Sicht auf das Selbst, dessen Erlebnisse und Geschichten, welche über das aktuelle Leben hinausliefen, widersprachen voll und ganz der offiziellen medizinischen Auffassung unserer Seins-Entstehung. Im Laufe der Jahrzehnte jedoch, in Kombination mit den Ende der 1960er Jahre aufkommenden Nahtodberichten, wich die Skepsis, dass es sich bei den Erlebnissen um reine Einbildung handeln könnte. Denn immer mehr Geschehnisse, die von Teilnehmern, Patienten und selbst den Experimentatoren übermittelt wurden, konnten verifiziert werden. Wie kann es sein, dass ein Mensch weiß, wie und wo er geboren wurde? Was die Mutter für dramatische Ereignisse während der Schwangerschaft durchlebte? Wie kann es sein, dass dies alles oft bis ins kleinste Detail geschildert und von jemanden beschrieben werden kann, der sich noch als Fötus im Mutterleib befand. Fantastische Reisen in unbekannte Welten und Dimensionen. Aber, dass die während der transpersonalen Reise durchlebten Geschehnisse auch für die Heilung der Protagonisten sorgten, war umso überraschender. Ein neuer Weg ins unbekannte Selbst - in die tiefsten Bereiche des kollektiven Gedächtnisses der Menschheit, der Welt und der unbekannten Existenzebene, war gefunden.

Wenn Sie das so lesen, fragen sich manche Interessierte vielleicht, wann Dr. Grof dafür den Nobelpreis bekommen hat. Da muss ich Sie leider enttäuschen, die offizielle Wissenschaft, die sich bei der Erforschung des Gehirns so sicher ist, das es kein Selbst gibt, schenkt diesen Forschungsergebnissen keine Beachtung. Nein, diese Fakten werden im Studium mit keiner Zeile erwähnt und von Dr. Grof oder seinen vielen Kollegen wird weltweit nicht berichtet. Es wird ihnen vorenthalten. Soweit ich bisher in Erfahrung bringen konnte, wissen die meisten Psychologen und Professoren noch nichts von den Erkenntnissen dieser transpersonalen Psychologie oder von der Methode des holotropen Atmens.

Ich machte mich im Herbst 2017 auf den Weg nach Prag. Dort fand wieder einmal der weltgrößte Kongress zur transpersonalen Psychologie statt. Hunderte von Forschern und Experten aus aller Welt sprachen zum Thema "beyond materialism". Ich musste unbedingt mit Dr. Grof ins Gespräch kommen. Er war schon in einem hohen Alter und für meine Recherchen war ein persönliches Gespräch durch nichts zu ersetzen. Ich wusste natürlich auch, dass dieser Mann zu den meist gefragten Experten bei diesem Kongress gehörte und meine Anfragen per Email an ihn blieben bisher ohne Erfolg. Dr. Grof ist in den USA zuhause und deshalb musste ich die Chance nutzen, nach Prag zu reisen. Die Stadt liegt nur wenige Autostunden von mir entfernt. Ich hatte zumindest theoretisch die Chance ihn zu treffen - vielleicht bei einem seiner Kurse für „Holotropes Atmen“ oder bei einem seiner Vorträge. Was ich nicht wusste: dass er neu geheiratet hatte und seine Frau Brigitte - ebenfalls Psychologin - auch mit dabei war.

In drei großen Sälen wurde referiert und ich konnte bei all den Vorträgen an denen ich teilnahm, erkennen, dass das, was hier gesprochen wurde, die zukünftige Sicht auf unser Selbst sein wird.

Alle Vorträge ergaben einen Sinn, eine roten Faden. Mir war bis zu diesem Zeitpunkt nicht klar, wie viele unterschiedliche Experten bereits jahrzehntelang Experimente durchführten, um diese neuen Erkenntnisse zu vertiefen um das Bild unserer Realität neu (be)schreiben zu können. Alles, wovon wir bisher dachten, das es fix wäre, wurde hier ins Gegenteil gewandelt und mir wurde auch die Ignoranz und die Trägheit des globalen Wissenschaftssystems bewusst - wie schwer es den Hardlinern fällt, altes Lehr-Wissen und Denken über Bord zu werfen, um für die neue Sicht der erweiterten Realität Platz zu machen.

In einer Vortragspause nutzte ich die Gelegenheit, das Gespräch zu suchen, was aber kaum möglich war. Dr. Grof war so von Teilnehmern des Kongresses umzingelt, dass es mir nicht gelang, zu ihm vorzudringen. Aber ich hatte eine Idee. Ich übergab seiner Frau, die etwas am Rande stand und dem Treiben zuhörte, meine damals neue DVD „Illusion Tod” sowie meine Visitenkarte, mit der Bitte um ein Interview und ein Gespräch - egal zu welchem Zeitpunkt und gerne auch in den folgenden Monaten nach dem Kongress. So, der Stein des Anstoßes war gelegt und nun hoffte ich, dass es zu einer positiven Reaktion kommen würde.

Ich hatte Glück. Ein paar Wochen nach dem Kongress erreicht mich ein Email von Frau Grof. Sie teilte mir mit, dass sie beide von meinem Film begeistert wären und sie gerne mit mir ein Interview und ein Gespräch bzw. einen Austausch führen möchten. Was ich damals auch noch nicht wusste: seine neue Frau war eine ehemalige deutsche Schülerin von ihm. Und so vereinbarten wir ein Treffen in der Nähe von Hannover, an ihrem deutschen Wohnsitz, den sie immer wieder mal bei einem Europa-Aufenthalt nutzen.

Es war ein wunderbares Gespräch, sehr herzlich und wir freundeten uns schnell an. Wir wollten in Kontakt bleiben und Brigitte, seine Frau, gab mir auch noch zwei Adressen, von guten Therapeuten für „Holotropes Atmen“.

INTERVIEW MIT DR. STANISLAV GROF

JNM: Lieber Dr. Grof, was ist Transpersonale Psychologie?

SG: Transpersonale Psychologie ist eine Disziplin in der Psychologie, die ich mit einigen amerikanischen Psychologen vor etwa 50 Jahren gegründet habe. Es ist eine Psychologie, die sich mit dem ganzen Spektrum der menschlichen Erfahrung beschäftigt, inklusive der Erfahrungen von geänderten Bewusstseinszuständen oder einer großen Subgruppe der außerordentlichen Erfahrungen, die therapeutische, transpersonale und ich glaube auch evolutionäres Potential haben. Die Erfahrungen zum Beispiel, die Schamanen in der Initiationskrise erfahren oder die Erfahrungen, die Initianten in den Übergangsriten der Stammeskulturen erfahren oder dass die Leute in den Alpen Mysterien von Tod und Wiedergeburt erfuhren. Dass, was die Yogis erfahren, was die Buddhisten in den verschiedenen Schulen von Buddhismus erfahren. Taoismus, die Sufis, usw. Das ist etwas, womit sich die normale Psychologie gar nicht beschäftigt. Wir haben keine Antworten für solche Fragen, wie: woher kommt Schamanismus? Oder: warum machen die Stammeskulturen die Übergangsriten? Was machen die Yogis und die Buddhisten in der Meditation? In der Hauptform-Psychologie sind das alles pathologische Erfahrungen.

JNM: Da kommen wir zu der nächsten Frage. Das bedeutet ja, dass menschliches Bewusstsein offensichtlich kein Produkt unseres Gehirns ist. Es hat zwar mit unserem Gehirn etwas zu tun, aber offensichtlich geht es tiefer. Wie sehen Sie das?

SG: Ich hatte eine sehr strenge, materialistische Ausbildung. Ich studierte Medizin in Prag, als wir ein marxistisches Regime hatten, nicht wahr? Dort war es ganz klar, dass das Bewusstsein ein Produkt des Gehirns ist. Wenn der Körper stirbt und das Gehirn stirbt, ist es das Ende aller bewussten Erfahrungen, nicht wahr? Nach 60 Jahren Bewusstseinsforschung sehe ich das ganz, ganz unterschiedlich. Für mich ist das Bewusstsein wirklich ein Teil der Existenz, das man von etwas anderem nicht ableiten kann. Etwas, das man in den großen Philosophien des Ostens findet, im Buddhismus, Hinduismus, Taoismus. Es ist ganz klar, dass das Bewusstsein nicht ein Seitenprodukt, oder ein Phänomen des Gehirns ist.

JNM: Das würde ja auch bedeuten, dass die Menschen, die ein Nahtod-Erlebnis haben, tatsächlich etwas berichten, was sie sich nicht zusammen halluzinieren, oder sich ausdenken, oder eine falsche Ablagerung der Erinnerung, oder sonstige Fantasie, oder Kollaps im Gehirn beim Zusammenbruch dieses Netzwerkes. Das heißt, das Bewusstsein ist tatsächlich nach einem gewissen Zeitpunkt unabhängig vom Körper.

SG: Wir haben viele solche Beobachtungen. Zum Beispiel die Nahtod-Erfahrungen von Leuten, die einen Herzstillstand haben. Das Bewusstsein trennt sich vom Körper und beobachtet die Belebungsversuche von der Ecke, und kann dann zum Beispiel in ein anderes Zimmer desselben Gebäudes fliegen und ganz genau erfahren, was dort passiert. Oder durch die Decke von dem Spital gehen und die Umgebung des Spitals sehen. Oder auch etwas erfahren, das 200 Meilen von dem Spital passiert. Und wenn wir beobachten und einen offenen Geist haben, werden wir sehen, das Bewusstsein, dass vom Körper getrennt war, sah, was wirklich passierte in diesen Lokalisationen, nicht wahr? Es gibt eine ungeheure Menge von Beobachtungen.

JNM: Richtig, das sehe ich auch so. Diese 3 bis 5 Millionen Nahtoderfahrenen allein in Deutschland. Weltweit sind es Abermillionen Menschen die darüber berichten, dass sie ihren Körper verlassen haben, dass sie sich nicht nur überall auf der Erde umsehen konnten, sondern auch diese Erde verlassen konnten, dass sie die Erde aus der Entfernung ansehen konnten wie ein Satellit, dann waren sie noch weiter weg, plötzlich waren sie in einer ganz anderen Welt. Und jetzt sind wir wieder bei der transpersonalen Psychologie, bei dem Mechanismus des „holotropen Atmens“. Vielleicht können Sie uns da einmal etwas darüber erzählen? Mit welcher Technik man eben auch solche Erfahrungen machen kann.

SG: Es ist eine große Menge von Erfahrungen, die man nicht als etwas betrachten kann, dass vom Gehirn kommt. Zum Beispiel, das erste, das ich beobachtet habe: dass wir im Unbewussten die perinatale Ebene haben. Dass der ganze Vorgang der biologischen Geburt dort aufgenommen ist. Im Detail. Und auch früher, die Erfahrungen, die in der praenatalen Zeit passierten. Das kann aufgenommen werden und wieder erlebt in diesen veränderten Bewusstseinszuständen. Aber es endet nicht einmal mit dem Praenatalen. Wir können Erfahrungen von den Leben der menschlichen Vorahnen aufnehmen, auch die Erfahrungen vom historischen kollektiven Unbewussten, wie Carl Gustav Jung das beschrieben hat - wo wir verschiedene Geschehnisse, Erfahrungen erfahren können, die in der Geschichte der Welt stattfanden - können wir aufnehmen. Und auch Erfahrungen aus dem mythologischen Unbewussten, dem kollektiven Unbewussten.

JNM: Darf ich da mal kurz für den Leser nachhaken? Das würde also bedeuten - lassen Sie mich das kurz interpretieren - ich kann mit meinem Wachbewusstsein in das kollektive Unterbewusstsein, einem Bewusstsein, das an alles angeschlossen ist, gehen? Ich kann sowohl meine

eigene Geburt, vorgeburtliche Zeit, die Zeit zwischen den Leben oder anderen früheren Leben, Erlebnisse, die die Menschheit früher erlebt hat, miterleben; und ich kann - jetzt wird es spannend - kulturelle oder geistige Konstrukte erleben, die in dem Sinne real passiert sind. Also Archetypen.

SG: Ja. Das war eine fantastische Entdeckung von Carl Gustav Jung. Dass wir nicht nur das persönliche Unbewusste haben, wie Freud beschrieben hat, sondern auch das kollektive Unbewusste, wo die ganze kulturelle Erbschaft der Menschheit aufgezeichnet ist. Dass wir Szenen der Mythologien von verschiedenen Kulturen erleben können, auch diejenigen, die wir gar nicht intellektuell kennen.

JNM: Bei diesem holotropen Atmen, ist das ein gesteuerter Vorgang? Kann ich sagen, was ich erleben will? Oder muss ich mich auf dieses Geschehnis einlassen und weiß nicht, was ich erlebe?

Kann ich zum Beispiel sagen, ich möchte jetzt die alten Inkas miterleben, oder ist es eher so, dass wenn man das holotrope Atmen macht, man abwarten muss, was man erleben kann? Du kannst es nicht vorher bestimmen. Oder kann man es zielgerichtet machen, dass man sagt, ich möchte jetzt das und das erleben?

SG: Im holotropen Unbewussten, wie auch dem psychedelischen spontanen Episoden von außerordentlichem Bewusstsein, das wir spirituelle Krisen nennen, da kommen diese karmischen Erfahrungen wie eine große Überraschung. Das passiert den Leuten, die gar nicht glauben, dass eine Reinkarnation oder Karma existiert. Man kann es nicht planen, dass man eine Reinkarnationserfahrung haben wird. Es kommt als eine große Überraschung.

JNM: Wenn ich das noch einmal zusammenfassen darf, heißt das, diese Erfahrungen, die verschiedenste Gruppen, verschiedenste Forscher auf der Welt mit diesen Techniken gemacht haben, das sind nicht nur Indizien oder irgendwelche Methoden, die noch nicht verifiziert worden sind, das sind tatsächlich faktische Beweise, dass unser Bewusstsein Teil eines größeren Bewusstseins ist, das auch den physischen Tod überlebt. Wir sind aber eigentlich, wenn man die richtige Technik verwendet, immer an dieses Bewusstsein angeschlossen. Wir können das alles miterleben.

SG: Diese Bewusstseinsforschung zeigt, dass diese Erfahrungen der früheren Inkarnationen im Unbewussten existieren. Und es gibt Leute, die sich - nachdem es entdeckt wurde - damit ganz spezifisch beschäftigen. Dass sie eine karmische Regression machen mit Hypnose oder so etwas. Aber es ist nicht notwendig. Man kann nur holotropes Atmen machen oder psychedelische Sitzungen und es taucht ohne Plan auf, ohne Absicht.

JNM: Was bedeuten diese Erkenntnisse für unser momentan materialistisches Weltbild? Das Weltbild, das wir jetzt haben, bedeutet, es gibt diese Phänomene nicht. Es gibt nur die Materie, die alles hervorbringt. Aber dem ist ja nicht so. Das kann man jetzt wirklich eindeutig so sagen, hier muss die Wissenschaft sich weiterentwickeln.

SG: Die Gesamtheit der transpersonalen Erfahrungen zeigt, dass die materielle Weltsicht wirklich viele, viele Beobachtungen und Erfahrungen gar nicht erklären kann. Wir brauchen wirklich einen großen Paradigmenschub, um das zu erklären. Es existieren viele, viele Beobachtungen, die man entweder verneint oder als anomale Phänomene bezeichnet. Wir haben eine ungeheure Menge von anomalen Beobachtungen, wie zum Beispiel die Nahtod-Erfahrungen, oder auch viele Kategorien der transpersonalen Erfahrungen. Ich kenne eine gute Definition der anomalen Phänomene. Das ist wirklich ein Ruf nach einer radikalen Revision des existierenden Paradigmas.

JNM: Das ist so ähnlich wie in der Physik, wo man auf verschiedenen Basen aufbaut, die Newtonsche Mechanik, dann kommt Einstein mit seiner Relativitätstheorie, dann kommt die Quantenphysik, die den Dingen schon viel mehr auf den Grund geht. Die besagt: okay, es gibt eigentlich nichts Getrenntes, es gibt nur ein Ganzes, das nicht Auftrennbare. Es scheint alles auf der Basis eines Bewusstseinsfeldes aufzubauen. Das heißt, wir müssten unser materialistisches Weltbild in verschiedenen wissenschaftlichen Forschungen und Fachrichtungen erweitern, und das umdrehen. Wie Dr. Amit Goswami sagt, wir müssen das Bewusstsein als Basis verwenden, dann haben wir diese Anomalien auch nicht mehr.

SG: Thomas Kuhn, einer der bedeutendsten Philosophen des 20. Jahrhunderts hat 1962 ein sehr, sehr interessantes Buch geschrieben: *Die Struktur wissenschaftlicher Revolutionen*. Er hat die Geschichte der Wissenschaft 15 Jahre studiert und dann das Buch geschrieben, wo er zeigt, dass die Geschichte der Wissenschaft nicht etwas allmähliches ist, wo man neue und neue Beobachtungen macht und immer präzisere Hypothesen formuliert, so dass das heutige Weltbild wirklich das vollkommenste ist, das je existierte. Er hat gezeigt, dass das eine Fantasie ist, dass es wirklich so ist, dass die Geschichte der Welt in ganz bestimmte Perioden eingeteilt werden kann, und diese Perioden sind durch ein Paradigma entstanden, also metaphysische Grundannahmen, Glauben und so weiter oder Ideen, wie man Forschung machen soll, wie man das werten soll, und so weiter. Die ganze Generation wird dominiert von dem Paradigma, bis neue Beobachtungen kommen, die das alte Paradigma nicht erfahren kann. Und dann kommt eine Krise, wo die neuen Erfahrungen zuerst weggestoßen werden: „Das ist schlechte Wissenschaft! Ein Betrug oder so etwas! Der Mann ist töricht, ein Psychotiker" und so weiter. Wenn diese neuen Erfahrungen bestätigt werden, dann wird es akzeptiert, dass es eine Krise gibt, und es werden immer fantastischere Ideen für das neue Paradigma vorgebracht. Ein neues Weltbild erscheint, und das wird das Paradigma für die nächste Periode.

JNM: Was denken Sie, was sollte die Wissenschaft momentan tun? Wo sollte sie genauer hinschauen?

SG: Wenn man sieht, wie die Geschichte der Wissenschaft aussah, dann sollte man ein bisschen tentativ sein über das Weltbild der Wissenschaft. Wir sollten also bereit sein, es zu ändern, wenn überzeugende Beobachtungen kommen. Das passiert aber nicht, weil die Generation der Wissenschaftler während einer gewissen Periode überzeugt sind, dass es das richtige Paradigma ist. Sie machen auch das, was Leute wie Alfred Korzybski und Gregory Besson als „Vermischung des Gebietes mit der Karte" bezeichnen, so dass man das Gefühl hat, dass es sich nicht um eine Karte handelt, sondern dass es die richtige Beschreibung der Realität ist. Das ist etwas, was wirklich wie eine Bremse in der Entwicklung der Wissenschaft funktioniert.

JNM: Lassen Sie mich noch einmal kurz auf die Aussage von Prof. Dr. Hans-Peter Dürr zurückkommen, der aufgrund der Quantenphysik den Standpunkt vertreten hat, dass er gesagt hat: „Diese Realität ist nur ein Konstrukt. Die Wirklichkeit ist etwas, das nicht greifbar ist, etwas, das nicht dinglicher Natur ist, etwas, das nur wirkt, und wir sind Teil dieser Wirkung." Das ist doch ein viel offeneres Weltbild. Was wird denn das für die Menschheit bedeuten? Nehmen wir an, der Paradigmenwechsel wäre schon vollzogen, wir wüssten jetzt, der Mensch stirbt nicht, Bewusstsein wird nicht vom Gehirn erzeugt, unsere Realität ist eine spezielle Realität, die durch unsere Raum-Zeit-Maschine Körper erzeugt wird, und nach außen projiziert wird. Jede andere Intelligenz macht ihre eigene Realität. Diese Realitäten sind mit dem Bewusstsein miteinander verknüpft und ich kann hier auf Wanderschaft gehen. Was würde das für die Zukunft der Menschen bedeuten, wenn diese Erkenntnisse in den Schulen gelehrt würden?

SG: Es existiert ein Bild in der tantrischen Kunst, das mir sehr gefällt. Es heißt: die Welt des Yogis. Es zeigt einen Yogi in der Mitte, und es gibt viele Quadrate mit spezifischen Symbolen. Die Grundidee ist, dass die Welt so kompliziert ist, dass man viele Weltbilder bauen kann, und für jedes dieser Bilder kriegen wir genug Bestätigung, dass man so denken kann. Zum Beispiel die Welt des Newtonschen Physikers, die Welt des quantenrelativistischen Physikers, die Welt der Astrologen und so weiter. Das Weltbild der australischen Eingeborenen und so weiter.

JNM: Das würde bedeuten, dass diese Wirklichkeit so großartig und so offen ist, dass es egal ist, welches Weltbild ich mir aussuche oder ausmale oder ausdenke, dass ich theoretisch unzählige von diesen Wirklichkeiten besuchen kann, und dass dieses Universum nicht nur von uns als intelligente Spezies bevölkert wird, sondern auch in den nicht bewussten Feldern bevölkert ist?

SG: Wir hatten zum Beispiel dieses Newtonsche Weltbild, das ganz so geschehen ist, nicht wahr? Und heute haben wir etwas ganz, ganz anderes, das auftaucht, das Weltbild der quantenrelativistischen Physik. Ganz fantastische Ideen. Und ich glaube, dass es noch nicht das Ende ist. Dass noch viele solche Konzepte kommen können. Wir sollten wissenschaftlich bereit sein, etwas Neues zu akzeptieren, das uns alle überrascht, nicht wahr?

JNM: Das heißt, als Wissenschaftler müsste man eigentlich sagen, ich erforsche ein unbekanntes Hochhaus, das mit einer unbekannten Anzahl von Stockwerken ausgestattet ist. In jedem Stockwerk entdecke ich eine andere Realität, eine andere Wirklichkeit. Und es wird nie ein Ende haben.

SG: Das ist meine Meinung nach 60 Jahren Bewusstseinsforschung.

JNM: Das ist eine sehr fantastische Reise, auf die wir uns da begeben. Wie sehen Sie die Reise des Menschen? Gibt es hier Informationen, was nach seinem Tod passiert, wenn man sagt, ich verlasse jetzt diese Realität des menschlichen Daseins, begebe mich in diese anderen Sphären. Gibt es denn hier schon Informationen, wie würden Sie es interpretieren, was würden Sie dazu sagen?

SG: Was für mich sehr interessant ist, ist das, was im 20. Jahrhundert passierte in Bezug auf transpersonale Psychologie. Am Anfang schien es, dass transpersonale Psychologie gar nicht in das Weltbild eingebaut werden kann. Und dann kam das Buch von Fritjof Capra *The Tao of Physics*, es war sehr wichtig für mich, denn ich sah, dass wir nicht die Transpersonale Psychologie mit dem Denken des 17. Jahrhunderts vereinbaren können. Das Newtonsche Descartes-Paradigma. Aber dass es eine Möglichkeit gibt, mit der neuen Physik Kontakt zu machen. Und dann sahen wir, dass alles Neue, was da auftauchte, immer willkommen für die transpersonalen Kreise war. Und immer ein bisschen Enttäuschung für das alte Denken. Dann kam zum Beispiel das holografische Modell des Gehirns von Pribram, und dann auch das holografische Modell des Weltalls von David Born. Und dann kam Sheldrake mit der neuen Biologie usw., und auch das Denken der Systeme. Mit allen diesen neuen Entwicklungen ist die transpersonale Psychologie vereinbar.

JNM: Das würde ja bedeuten, dass wir als Menschen noch viel mehr Fähigkeiten haben, die aber jetzt nicht ausgelebt, nicht erlernt oder praktiziert werden, weil sie ins materialistische Weltbild nicht passen. Aber durch diese Spuk-Phänomene, oder die Phänomene, die Yogis erzeugen, wie Levitieren, sieht man, dass man die Realität tatsächlich verändern kann und wir mehr könnten. Dass auch die Beschränkungen der Menschheit hausgemachte Beschränkungen sind, und nicht biologische. Das ist wichtig.

SG: Ich sehe die Welt sehr ähnlich wie die hinduistische Philosophie. Als etwas, was wirklich durch das Bewusstsein geschaffen wird. Also nicht als etwas Materielles. Und ich glaube, 20 Jahre in der Zukunft, wenn die Technologie der virtuellen Wirklichkeit entwickelt ist, dass wir verstehen werden, dass, wenn wir etwas erfahren, es nicht heißt, dass es wirklich dort ist. Man kann durch Erfahrungen Weltalle schaffen. Die Idee von Maya, die die Hindus haben.

JNM: Was würden Sie denn den jungen Menschen, die jetzt noch zur Schule gehen und - weswegen auch immer - auf unser Interview stoßen, sagen? Ist denn die Wissenschaft schon am Ende? Was würden Sie denen mit auf den Weg geben?

SG: Ich glaube und ich habe erfahren, dass wissenschaftliche Forschung ein fantastisches Abenteuer ist. Auch wenn wir nicht wirklich Hoffnung haben, dass wir die Wahrheit entdecken werden. Auch wenn wir nur für ein neues Paradigma arbeiten, ist das ganz interessant und faszinierend. Ich glaube nicht, dass es etwas wie eine End-Wahrheit gibt. Aber wir haben diese partiellen Wahrheiten, die wir kennen.

INTERVIEW MIT DR. STANISLAV GROF

JNM: Das heißt, diese Wahrheiten sind in einem Teilgebiet wahr, aber im größeren Kontext vielleicht nicht.

SG: Zum Beispiel das große Abenteuer der Bewegung vom geozentrischen Weltbild zum heliozentrischen. Die Entdeckungen von Kopernikus und Galileo und Keppler, usw. Oder von der Newtonschen Physik zur quantenrelativistischen Physik. Ich glaube, dass es nicht die Endstation ist. Ich frage mich, ob nicht etwas wie das holografische Denken kommen kann. Die neue Auffassung der Beziehung zwischen dem Teil und dem Ganzen. Wie das in der optischen Holografie erscheint. Oder etwas wie die Chaostheorie, die Fraktale, usw. Wir wissen nicht, wie viele solche Systeme noch kommen können.

JNM: Was mich fasziniert, ist tatsächlich, dass, wenn dieses Wissen akzeptiert wird, man mit seinem Bewusstsein alles andere, was existiert, bewusst erleben kann. Es nicht nur von außen mit dem Mikroskop betrachtet - wie schaut eine Zelle, ein Blatt, ein Baum aus - sondern man kann mit seinem Bewusstsein zu diesem Blatt, diesem Baum werden. Ich kann also die Erfahrung von innen her machen, ein Baum, ein Blatt zu sein. Das ist doch ein Forschungsansatz, mit dem ich viel empathischer die Welt begreifen kann - wie es sich anfühlt, eine Katze, ein Hund, was auch immer zu sein.

SG: Das ist etwas, was ich in den esoterischen Systemen immer gehört habe. Dass ein Mikrokosmos den Makrokosmos enthält. Das schien eine Fantasie zu sein. Oder wenn die Mystiker sagen: „Ich bin ein winziger Teil des Universums, aber ich bin auch das ganze Weltall.“ Das war wie eine blöde Fantasie, die man nicht ernst nehmen kann. Und heute, mit dem holografischen Denken, ist es etwas, das wir nun verstehen. Dass ein Teil wirklich das Ganze enthalten kann. Die wissenschaftlichen Erfahrungen haben wirklich die Hauptideen der esoterischen Philosophie entdeckt.

JNM: Kann es nach Ihrer Meinung sein, dass diese Spukerscheinungen oder die anderen Intelligenzen, die hier bei uns auftauchen, eben auch andere Intelligenzen sind, die mit dieser Methode andere Welten erforschen. Intelligenzen, die sich bewusst sind: „Ich bin das Ganze und ich kann auch mal auf die Erde schauen“?

SG: Leute, die wirklich systematische Selbsterfahrung machen, die haben das ganze Spektrum dieser Erfahrungen schon erlebt, und es ist für sie eine neue Wirklichkeit, ein neues Weltbild. Wenn man diese Erfahrungen hat, dann muss man das eigene Weltbild erweitern. In derselben Weise, wie damals, als Kolumbus Amerika entdeckte und diese Informationen über die neuen Welten bekam. Die Leute in Europa mussten ihr Weltbild erweitern.

JNM: Wir haben noch nicht den Gesundheits-Aspekt angesprochen. Zu Ihnen sind ja Menschen gekommen, die hatten ein Problem, zum Beispiel ein Trauma, und diese Methode kann ja offensichtlich auch diese Probleme oder diese Traumata lösen.

SG: In der Psychiatrie haben wir ein sehr oberflächliches Bild der menschlichen Psyche, das wirklich auf die postnatale Biografie beschränkt ist. Freud sagte, das Neugeborene ist eine Tabula Rasa, eine gewaschene Tafel. Es gibt nichts interessantes für die Psychologen und Psychiater, das vor der Geburt passiert. Inklusive des Geburtsvorgangs. Die Psychiatrie sieht die biologische Geburt nicht als Psychotrauma. Und das gibt uns eine sehr oberflächliche Psychologie, die nicht verstehen kann, woher die psychosomatischen Probleme kommen. Wenn man mit diesen geänderten Bewusstseinszuständen arbeitet, sieht man, dass die Wurzeln der emotionalen und auch psychosomatischen Beschwerden tiefer gehen als in die Kindheit und frühe Kindheit. Dass es tiefere Wurzeln gibt, die zu verschiedenen Phasen der Geburt gehen, und dann noch weiter in das Transpersonale. Zum Beispiel gibt es karmische Wurzeln von emotionalen Problemen. Oder archetypische, oder auch etwas mit den Vorahnen. Probleme, die mit den menschlichen und tierischen Ahnen zu tun haben. Wenn wir diese neue Landkarte der Psyche haben, dann kriegen wir ein tieferes Verständnis, woher diese Probleme kommen. Ja, wir haben nun also Methoden, mit denen wir die Erfahrungen in den tiefen Ebenen des Unbewussten zur Oberfläche bringen können. Und das bringt also therapeutische Möglichkeiten, die in der heutigen Psychiatrie gar nicht existieren. Wo man mit den verbalen Methoden arbeitet, oder Psychopharmaka gibt, die die Symptome unterdrücken.

JNM: Jetzt haben wir natürlich ein sehr schwerwiegendes Problem. Durch dieses materialistische Bild, dieses Wirtschaften auf dieser Welt, sind natürlich viele Dinge auf Wirtschaften und auf Geld verdienen ausgerichtet. Das ist natürlich auch oft eine Blockade für neue Entwicklungen, wenn man weiß, ich kann mich mit einfachen Methoden selber heilen, wieder gesund machen, dann verdiene ich natürlich als Pharmaindustrie nicht so viel Geld mit dem Patienten.

SG: Was für die pharmazeutische Industrie interessant ist, sind Tabletten und Medikamente, die man für die nächsten 20 Jahre täglich nehmen muss. Unglücklicherweise haben wir eine Kooperation zwischen psychiatrischen Kreisen und der pharmazeutischen Industrie.

Was ich entdeckt habe, wenn ich in verschiedenen Universitäten sprach, dass es immer einige Leute in den Teams gibt, die diese revolutionären Ideen haben. Sie besprechen das mit den Kollegen, das ist etwas, was sie nebenbei machen. Sie wissen, wie sie sprechen müssen um als ernste Wissenschaftler akzeptiert zu werden, und sie werden nicht ihre richtigen Ansichten teilen unter den Kollegen. Es passierte viele Male, dass ich eine Vorlesung hielt, und es gab eine Diskussion, aber danach kamen ein oder zwei Personen, in einem Fall drei Personen, die sagten: ich habe dieselben Ansichten wie Du, aber ich kann mit meinen Kollegen gar nicht darüber sprechen. Es würde meine Reputation bedrohen.

JNM: Das ist das, was ich am dramatischsten finde an dieser ganzen wissenschaftlichen Arbeitsweise. Ein Beispiel von dem ich hörte: ein Nobelpreisträger wurde eingeladen, auf einem Physik-Kongress zu sprechen. Dann hat dieses Komitee eine Woche vorher erfahren, dass er jetzt über Telepathie forscht. Zusätzlich zur Physik. Dann wurde der ausgeladen. Das ist doch unglaublich. Ich glaube, es war Brian Jefferson. Das hat mir Dr. Lucadou erzählt. Er untersucht ja auch 3000 Spukfälle im Jahr in Deutschland, und er sagt: ich werde angegriffen ohne Ende. Seine Kollegen sagen: alles was Du machst, kann gar nicht sein, Du brauchst diese Forschungen gar nicht zu machen, weil es das ja nicht gibt. Die Leute bilden sich das alles nur ein. Er sagt, er hat alle drei Monate einen schweren Spukfall, das heißt: wir sitzen hier, gehen in die Küche, holen uns einen Kaffee, und wenn wir zurückkommen ist das Wohnzimmer zerstört und Fenster und Türen rausgerissen. Das hat er alle drei Monate. Und dann sagen diese Leute, das bilden die sich nur ein.

Das sind diese Anomalien, wo das Bewusstsein oder was auch immer agiert und die Materie als Spielball verwendet.

SG: ich beschäftigte mich auch sehr mit der Anthropologie, ging zu anthropologischen Konferenzen, hatte Austausch von Informationen mit Anthropologen. Ich habe viele gefunden, die Feldarbeit mit diesen Stammeskulturen machten. Sie arbeiteten mit Schamanen und haben an den Übergangsriten teilgenommen. Einer hat ein Buch geschrieben und sagte: „Ich kann das nicht publizieren. Ich kann das nicht meinen Kollegen zeigen, was ich wirklich erfahren habe."

JNM: Was bedeutet das, wenn die Menschen erkennen würden, wir sterben tatsächlich nicht, aber nicht, weil Millionen das sagen, sondern

weil wir das tatsächlich wissenschaftlich erkannt haben. Würde das unser Denken verändern?

SG: Diese Beobachtungen aus der transpersonalen Psychologie zeigen das Bewusstsein in einem ganz anderen Licht, und das hat natürlich Schlussfolgerungen für das Überleben des Bewusstseins nach dem Tod. In meinen psychedelischen Sitzungen habe ich einmal das Gefühl gehabt, dass ich schon gestorben bin. Und ich war ganz überrascht, als ich in die Situation zurückkam, in der ich die Substanz genommen habe. Und wir haben auch eine große Studie in Maryland im psychiatrischen Zentrum mit Krebspatienten gemacht, die im Sterben lagen. Sie machten Erfahrungen in psychedelischen Sitzungen, die ihre Einstellung zum Tod sehr, sehr tief geändert haben. Wir hatten zwei Situationen, wo die Patienten, die mit uns die psychedelischen Erfahrungen machten, später - als der Krebs weiter entwickelt war - richtige Nahtoderfahrungen hatten. Zum Beispiel hatte ein Patient eine Metastase, er musste operiert werden, und er hatte einen Herzstillstand während der Operation. Als sie ihn wiederbelebt haben, sprachen sie mit ihm. Er sagte, dass durch die LSD-Erfahrungen das Gebiet nicht neu für ihn war. Er konnte seine Nahtoderfahrungen mit den symbolischen Erfahrungen des Todes und der Wiedergeburt vergleichen.

Wie ich heute verstehe, was da passierte in der schamanischen Arbeit, in den Übergangsriten und in den Mysterien von Tod und Wiedergeburt, das war wirklich eine Präparation zum Tode. Das war Sterben vor dem Sterben. Ein deutscher Augustiner, ein Mönch, *Abraham a Sancta Clara*, sagte: „Der Mensch, der stirbt, bevor er stirbt, stirbt nicht, wenn er stirbt". Die Leute, die Eingeweihte der alten Mysterien waren, sprachen darüber, dass sie den Tod erfahren haben und dass sie die Angst vor dem Tode verloren haben. Infolgedessen hatten sie eine neue Einstellung, eine neue Strategie im Leben. Sie berichteten ganz regelmäßig, dass sie nicht mehr Angst vor dem Tod haben, weil sie es schon erlebt haben.

JNM: Das bedeutet für die Menschen, glaube ich, eine tatsächliche Befreiung ihrer emotionalen Handlungen, wenn ich weiß, ich kann eigentlich das tun, was ich will, weil ich mich vor dem Tod nicht zu fürchten brauche. Denn ich habe mehrere Leben, ich muss nicht alles in dieses eine Leben packen. Ich muss nicht immer dem Geld hinterherlaufen und Dinge sammeln, oder was weiß ich, sondern ich kann das tun, was mein Herz sagt. Das würde das ja bedeuten. Es ist schwieriger für eine materialistische Gesellschaft, solche Menschen zu lenken, die das tun, was sie möchten.

SG: Es gibt ein sehr interessantes Buch von Amon Becher, *Verneinung des Todes*, wo er sagt, dass die Tatsache, dass wir Menschen solche Angst vor dem Tod haben, zu vielen bösen Aspekten in der Gesellschaft führt. Dass Leute Sachen machen in Folge der Furcht vor dem Tod, die wirklich übel sind, nicht wahr?

JNM: Dann können wir ja jetzt diese Botschaft an die Leser hinaus transportieren: Ihr braucht keine Angst vor dem Tod zu haben, sondern ihr macht nur neue Erfahrungen danach.

SG: Und wir sehen auch, wie die Demagogen mit der Angst arbeiten können, so dass sie großen Einfluss auf die Leute haben. Zum Beispiel, was nach 9/11 passierte. Das Vaterland ist in Gefahr, nun müssen wir eine andere Einstellung haben - Abhören von Telefonaten usw. In regelmäßigen Intervallen wurden Farben für die Gefahren benutzt: Rote Gefahr, orange Gefahr - das war eine Methode zur Kontrolle der Population.

JNM: Wir werden sehr stark manipuliert, darüber brauchen wir gar nicht sprechen. Das ist ein ganz anderer Themenbereich, die Manipulation. Aber wir wollen ja den Menschen Mut machen, wir können zeigen, dass es Erkenntnisse gibt, dass die Wissenschaft sich weiterentwickelt, wir haben neue Sprünge, wir haben ein neues Paradigma, wir wissen: das Bewusstsein ist die Basis, wir können viel mehr Welten erleben, als uns immer beigebracht wird. Wir können frohen Mutes in die Zukunft blicken.

SG: Das Problem ist, dass es nicht leicht ist, Leute mit einer intellektuellen Debatte zu überzeugen. Weißt Du, es ist wirklich notwendig für die Leute, die außergewöhnlichen Bewusstseinszustände zu erleben. Wenn man das macht, gibt es kein Problem. Diese tiefen Änderungen des Weltbilds kommen automatisch.

Wenn man diese Erfahrungen beschreibt, glauben viele Leute nicht, dass sie existieren. Es scheint alles zu fantastisch zu sein.

JNM: Aber wie heißt es so schön: es sind die Fantasten, die die Welt verändern, und nicht die Erbsenzähler.

Ich sage herzlichen Dank für dieses Interview. Wir könnten noch Stunden sprechen und in die Tiefe gehen. Aber ich denke es reicht auch, wenn die Menschen sehen: hier gibt es etwas Neues. Zuerst war es die Physik, jetzt ist es die Psychologie, die hier vorprescht. In der Biologie ist es ja auch so, die darwinistische Biologie gehört ja auch der Vergangenheit an.

SG: Es war wirklich eine Herausforderung für mich, das auf Deutsch zu machen. Ich habe in den letzten 50 Jahren auf Englisch gedacht und in der englischen Sprache geschrieben. Es ist viel schwieriger für mich, das auf Deutsch auszudrücken.

JNM: Das ist wunderbar und ich denke, die Leute werden es auch zu schätzen wissen.

SG: Es ist immer eine Freude, einen sehr guten Interviewer zu haben.

Manuela Franconi

Interview mit Manuela Franconi

Manche Wunder brauchen Zeit...
und wir brauchen das Vertrauen, dass Gott nie zu spät kommt.

Michel de Montaigne

Unter den vielen Emails die mich tagtäglich erreichen, war eines Tages eine Nachricht einer Frau Manuela Franconi aus der Schweiz, mit der Bitte, mich doch anrufen zu dürfen. Sie hätte eine wichtige Botschaft für mich. Ich mailte ihr meine Nummer und schrieb ihr, wann sie mich im Büro erreichen könne.

So rief sie mich ein paar Tage später an und hatte eine schier unglaubliche Geschichte für mich. Sie erzählte vom Tod ihrer Mutter und dass sie von ihr noch ein Zeichen bekommen hätte. Sie filmte mit Ihrem Smartphone eine „Lichtfriedenstaube", also eine Lichtwesen in der Gestalt eine Taube.

JNM: Liebe Manuela, herzlichen Dank, dass Du uns heute eingeladen hast, in die schöne Schweiz zu Dir in der Nähe von Bern zu kommen. Wir sind aber nicht wegen der schönen Landschaft hier, sondern wegen Dir und Deinen Erfahrungen, die Du gemacht hast. Wir haben am Telefon schon darüber gesprochen: Du hast hier ein Zentrum für Bewusstwerdung und Begegnung. Aber zuerst interessiert uns natürlich Dein Werdegang. Wer bist Du und was hast Du alles erlebt?

MF: Erst einmal herzlich willkommen hier bei uns. Mein Werdegang ist der, dass ich bereits als Kind ein bisschen anders fühlte und Dinge wahrnahm als vielleicht Andere. Ich habe schon immer Menschen oder auch Dinge gefühlt oder eben auch gesehen. Das machte mich oft auch unsicher, weil ich von anderer Seite nicht so die Resonanz bekam. Ich dachte, dass es vielleicht bei anderen auch so ist, aber wenn ich darüber sprach, kam da nichts. „Hirngespinst, Fantasie, Kinder sind halt so." Ich fühlte mich schon manchmal sehr allein gelassen damit. Wie Du Dir vorstellen kannst, habe ich damals zugemacht, wollte ich gar nichts mehr wissen von diesen ganzen Erscheinungen, weil die ja nicht immer schön waren. Ich nahm schon oftmals schöne Licht-Erscheinungen wahr, und ich fühlte mich immer sehr geborgen und sehr genährt von dieser Welt. Aber ich nahm auch unschöne Energien wahr. Ich nahm Wesen wahr, die nicht schön aussahen. Und das kann ein Kind, das nicht geleitet wird und nicht geführt wird, schon auch erschrecken. In der Pubertät habe ich alles zugemacht. Das ging gut bis nach 20, wo ich von dieser Welt gar nichts mehr wissen wollte. Ich fühlte schon, dass ich nicht wirklich auf meinem Weg bin. Innerlich fühlte ich: mir fehlt doch etwas. Ich habe den Zugang zu mir selbst nicht. Aber ich habe einfach weiter dieses Leben geführt. Ich habe gekellnert, ich habe eigentlich ein Standard-Leben geführt, wo ich aber keine Erfüllung fand. Und dann kam der Tag, an dem ich einen ganz, ganz schlimmen Unfall hatte. An dem ich von einem Auto auf dem Fußgängerstreifen erfasst wurde. Ich trug sehr, sehr schwere Verletzungen davon. Ich spreche da von 15 Frakturen, Prellungen, Quetschungen, Nagel ab - das sind dann kleinere Verletzungen. Ich hatte eine sehr lange Erholungszeit. Ich war zwei Jahre lang weg vom Fenster. Operationen, Therapien, Reha und, und, und. Diese Zeit hat mich dann aber auch wieder zu mir gebracht. Das war auch wieder eine Fügung.

Ich möchte aber noch kurz zum Unfall zurückkommen. Das war auch so eine ganz spezielle Geschichte. Ich war nie bewusstlos. Also, das Auto hat mich mit ca. 60 km/h erfasst, und ich bin dann 40 Meter weit geflogen. Ich kann mich an diesen Flug erinnern. Wie ich auf den Boden geprallt bin auch. Und dann ist etwas mit meinem Bewusstsein oder meiner Wahrnehmung passiert. Ich hatte ja diese starken Verletzungen, diese Frakturen und alles. Und das war ganz erstaunlich: ich hatte keine Schmerzen. Aber was noch erstaunlicher war, ist, dass ich alles um mich herum so wahrnahm - es war alles so irreal. Zwei Zeitfenster: das Leben, so wie ich es kannte - und ein anderes Fenster, das sich da öffnete. In dem Schock und dem allen konnte ich das nicht richtig analysieren. Aber als ich später, in der Zeit, als die Reha stattfand, wieder zu mir fand, hatte ich eine ganz tiefe, innere Sicht. Da wurde mir von der geistigen Welt gezeigt, was eigentlich an diesem Unfallort passiert ist. Da war so eine starke Präsenz der geistigen Welt. Da waren auch Engel, da waren andere Lichtwesen. So, wie wenn die Ambulanz kommt und dich rettet. Da war so eine hohe Aktivität von Lichtwesen, die mich mit so viel Licht durchflutet haben. Ich bekam so etwas wie eine Licht-Einweihung. Das war mir da nicht bewusst, das kam später. Von diesem Moment an, von diesem Unfall an, hat sich mein Leben ja auch wieder komplett verändert. Meine Kanäle gingen wieder alle auf. Ich war wieder sehr hellsichtig. Also all das, was ich als Kind hatte, durfte wieder aufgehen, wie wenn Kanäle wieder aufgehen. Und ich habe mir dann gesagt, das ist durch diese Licht-Einweihung geschehen, ich bekam da eine so große Dosis an Lichtfrequenzen, die mich korrigiert haben. Die haben mein Ur-System, für das, wofür ich gedacht war, wieder korrigiert. Und das war sehr beeindruckend.

JNM: Warst Du während dieses Unfalls immer in Deinem Körper, oder hast Du Dich auch außerhalb gesehen?

MF: Das ist schwierig zu sagen. Ich war ja nicht ohnmächtig oder so. Aber ich hatte das Gefühl, dass ich für Momente nicht mehr wirklich da war. Wie ich Dir vorhin gesagt habe: es waren ja wie zwei Welten. Damit ich das wahrnehmen konnte, ist etwas mit mir passiert. Aber ich kann Dir jetzt nicht wirklich sagen, ob das diese außerkörperliche Erfahrung war. Ich hatte später mal so eine Erfahrung, das war nicht dasselbe. Ich denke eher, dass diese zwei Welten, die ich wahrnahm - eben das hier, wie wir es kennen, und durch diese Lichtfrequenzen, durch diese hohe Aktivität - ich dann eben auch dieses andere wahrnahm.

JNM: Wie zwei Realitäten verschmolzen?

MF: Ja genau! Das war für mich sehr, sehr spannend. Und eine sehr schöne Geschichte, bei der sich mein Bewusstsein schon ziemlich verändert hat.

JNM: Wenn Du sagst, Du hast da die Botschaft bekommen, hast Du das geträumt?

MF: Nein, ich hatte mich mit der geistigen Welt verbunden. Weil ich ein Thema erfragen wollte, das mich irgendwie verfolgt hat. Ich spürte, irgendetwas muss in mir noch gelöst werden. Ich sehe da nicht richtig durch. Und da ist für mich die geistige Welt immer eine sehr große Hilfe. Die zeigen mir dann Bilder durch mein hohes Selbst, die führen mich dann zu diesen Bildern.

JNM: Machst Du das durch Meditation? Gehst Du da in Dich? Wie läuft die Kommunikation ab?

MF: Es muss nicht immer mit Meditation sein.

JNM: Aber Du hast die Augen zu und lässt die Bilder wirken?

MF: Wie ich es empfinde, ist das einfach so: von morgens, wenn ich aufstehe, bin ich hier - aber auch gleichzeitig dort. Ich bin irgendwie mit allen Welten verbunden. Wenn sie finden, diese Information muss jetzt sein und die ist wichtig für mich, dann flutscht da wieder etwas durch. Und ich kann das sehr gut unterscheiden, ob das jetzt mein Verstand ist, oder ob das von der geistigen Welt kommt.

JNM: Wir haben in unserer materialistischen Welt ja das Problem, dass wir diese geistige Seite kaum anerkennen. Diese Phänomene, die auftauchen, immer als Hirngespinste, Halluzinationen, irgendwelche Ge-

hirngesteuerten Prozesse darstellen. Aber dem ist ja nicht so. Man kann ja wirklich sagen, dass wir Informationen bekommen, die man selbst gar nicht besitzt. Und die man sich selber auch nicht ausdenken kann.

Was ich natürlich hochspannend finde: Ich war ja sehr überrascht, dass Du mir eine Email geschrieben hast. In dieser Email hast Du mich gefragt, ob wir telefonieren können. Da habe ich gesagt, klar, gerne, machen wir. Dann hast Du mich angerufen. Das war natürlich sehr überraschend - nicht die Anrufe, die bekomme ich öfter. Aber die Botschaft, die darin war. Kannst Du das noch mal für die Zuschauer wiederholen?

MF: Möchtest Du gerne wissen, wie das Filmchen zustande gekommen ist?

JNM: Ja.

MF: Letztes Jahr im Juli haben wir ganz überraschend unsere Mutter verloren, wirklich von hier auf jetzt. Als ich dort zu ihr nach Hause kam, wurde sie schon wiederbelebt. Da war natürlich zum einen der Schock, das ist die Mama. Das geht natürlich sehr, sehr tief. Dieser Schmerz, dieser Schock. Aber ich sah im selben Moment auch ihren Äther-Körper. Der physische Körper lag am Boden, und sie haben versucht, ihn wiederzubeleben. Aber ich sah auch ihren Äther-Körper auf dem Sofa sitzen. Er saß einfach auf dem Sofa und sie schaut auf ihren Körper. Ich nahm das alles wahr, aber ich konnte nicht reagieren, weil ich ja auch im Schock war. Ich musste das ja alles verarbeiten. Aber ich sah einfach nur, dass es für sie auch so überraschend war. Wie ein Kind, das nicht weiß, was jetzt hier passiert. So habe ich sie gesehen.

Später dann kommt natürlich die Trauerverarbeitung. Das ist auch für spirituelle Menschen nicht anders.

JNM: Das sollte man vielleicht dazu sagen. Selbst wenn man weiß, dass das Selbst weiterlebt, ist diese Trauerarbeit trotzdem wichtig.

MF: Mir hat natürlich schon geholfen, dass ich spirituell bin. Dass ich Kontakt aufnehmen kann, und dass ich mal nachfragen kann. Das hilft einem schon sehr. Nichtsdestotrotz, den Schmerz darf man und soll man auch zulassen. Da war ein Abend, eben besagter Abend, an dem das zustande gekommen ist. Ich bin hier in diesen Raum gekommen und hatte eigentlich die Intention, zu meditieren. Ich wollte einfach meine Chakren ausrichten, ich wollte mein System ausrichten, einfach meine Meditation machen. Und wie ein Wasserfall überfiel mich plötzlich diese starke Trauer. Es kam so viel Trauer, und ich weinte mir die Seele raus. Es kam wirklich einfach über mich. Und während ich weinte und diese Trauer in mir spürte, unglücklich über den Verlust der Mama war, nahm ich schon vor mir wieder meine Truppe wahr. Ich wusste, ich bin nicht alleine, ich wusste, meine Lichtwesen sind da. Ich fühlte einfach eine Präsenz.

Aber dann fühlte ich rechts von mir eine unglaubliche Kraft. Und meine Mutter war eine sehr kraftvolle, starke Frau. Irgendwie kam mir diese Kraft so bekannt vor. Es war dann vorbei mit dem Weinen. Und da kam mir nur eine Idee: Ich fühlte diese Präsenz und ich musste sofort an meine Mutter denken. Und ich sagte: „Schau Mama, Du weißt ja, als Du noch hier unter uns warst, dass ich Dir immer Filmchen gezeigt habe, wie ich Lichtwesen filmte. Ich gehe jetzt in die Stube und hole mein Handy und ich brauche jetzt einfach ein Zeichen von Dir. Gib mir ein Zeichen. Zeig Dich doch bitte!"

Wir brauchen das einfach manchmal. Dann bin ich in die Stube gegangen und wieder zurückgekommen, und habe gefilmt. Da sah ich tatsächlich meine Lichtwesen vor mir, die flogen durch den Raum. Und dann kam diese unglaublich schöne, kraftvolle, lichtvolle Licht-Friedenstaube, so nenne ich sie. Von rechts durch die Linse hindurch und weg. Ein Moment von vielleicht ein, zwei Sekunden. Da dachte ich: wenn das kein Zeichen ist!

Und ich fühlte einfach eine extreme Ruhe, aber auch eine Kraft, eine Stärke in mir. Eine Demut einfach. Extrem demütig, dass ich wieder ein so schönes Zeichen bekommen durfte. Ich bekam dann den Impuls, dass dieses Filmchen nach draußen gehen sollte. Aber ich habe die ganze Zeit gewartet, weil ich das nicht einfach irgendwo veröffentlichen wollte. Es soll einen würdigen Platz bekommen. So wurde ich zu Dir geführt. Es wird seine Richtigkeit haben.

JNM: Ich werde das natürlich in unser Buch einbauen, und die Menschen auch mit dieser Vorgeschichte an dieses Thema heranführen. Es gibt ja immer wieder diese Skeptiker, die sagen, diese Orbs, die gefilmt werden, die Lichtwesen sind ja vielleicht Staubpartikel. Aber man sieht hier ganz genau, dass hier etwas auf dem Film drauf ist, das man so gar nicht fälschen kann. Es sieht wirklich aus wie eine Friedenstaube, ich habe das Video schon gesehen. Es ist sensationell.

Die geistige Welt hat immer mehr die Möglichkeit, sich zu zeigen - immer transparenter. Diese Botschaft an uns zu richten. Was glaubst Du, warum die das machen?

MF: Wir sind in dieser Wandlungszeit zur Neuzeit. Kosmisch ist die schon. Die Wandlung hat schon stattgefunden, unsere Systeme dürfen oder müssen sich noch daran gewöhnen. Es geht jetzt einfach darum, dass die Menschen wieder mehr in ihre Herz-Energie gehen. Mehr in sich gehen. Die Verbindung, die da mal dafür gesorgt hat, ist getrennt worden. Der Mensch ist ja getrennt worden von seinem Körper, getrennt worden von seiner Seele, getrennt worden von seinem Geist. Irgendwie sind alle Aspekte so Einzelteile. Und jetzt geht es einfach darum, dass der Mensch wieder in seine Vollkommenheit zurückkommt. Auch wieder in das Bewusstsein kommt, dass er nicht der Mensch ist, den er jeden Morgen im Spiegel sieht. Er ist das geistige Wesen, die Persönlichkeit, die Seele und der Geist. In dieser Zeit geht es darum, dass speziell auch Menschen, die dafür offen sind - wenn sich die geistige Welt bei irgendjemanden zeigt, sei es ein Verstorbener oder ein Lichtwesen sonstiger Art, hat das ja immer einen Grund - dann darf dieser Mensch es einfach sehen und darf es erfahren. Ich sage dann immer, die Schleier werden immer dünner. Die Welten öffnen sich immer mehr. Bis alles wieder eins sein darf. Wir sind da mittendrin.

JNM: Es ist natürlich toll, diese Zeichen, dass diese Dinge geschehen. Zumal die Wissenschaft sehr stark mit diesem Materialismus hadert. Die sagen, die Materie ist alles, und der Rest ist Halluzination. Eigentlich ist es umgekehrt, wir wissen ja aus der Quantenphysik, dass die Materie eine Illusion darstellt. Dass die Basis eben dieses Bewusstseinsfeld darstellt. Du sagst, Du sprichst auch mit dieser geistigen Welt. Wenn jemand zum Beispiel einen Trauerfall hat, kann er zu Dir kommen und Du kannst den Kontakt herstellen und mit denen sprechen. Kannst Du uns da mal ein bisschen was darüber berichten?

MF: Ich kommuniziere da halt dann einfach mit dem universellen Wissen. Mit der Akasha-Chronik. Die beinhaltet einfach das gesamte universelle Wissen. Ich erkläre das immer so: es gibt diese geistige Bibliothek. Diese kosmische, geistige Bibliothek. Da, wo alles Wissen über alles drinnen gespeichert ist. Und jeder Einzelne von uns hat da auch sein Buch drin, und kann auch ein Buch holen, öffnen, und drinnen lesen. Ich kenne auch den Unterschied zur Hellsicht - also wenn ich Dir eine hellsichtige Beratung geben würde, wäre die ganz anders, als wenn ich Dir eine Lesung aus der Akasha-Chronik geben würde. Auch wenn die Themen sich sehr spiegeln. Was ich durch meine Hellsicht rein bekomme, bestätigt sich oft auch in der Akasha-Chronik. Aber eine Lesung in der Akasha-Chronik - wenn Du in Deinem Buch drin bist - ist einfach noch viel klarer. Noch viel deutlicher. Bei einer Lesung geht es nicht nur darum, was die Ursache von diesem Problem ist, sondern wie kann ich das lösen, was ist meine Berufung, meine Seelenaufgabe? Es geht auch darum, dass Du in dieser Sitzung, in dieser Lesung auch diese Liebe spürst. Diese Präsenz von diesen Meistern und Lehrern, die Dich da so liebevoll, wie Papa und Mama, führen.

JNM: Du hast mir am Telefon erzählt, dass Du öfter mit Deiner Mutter kommunizierst. Dass die Mutter mit Dir in diesen Raum oder Bereich gegangen ist, in dem sie jetzt weiter existiert. Kannst Du da den Lesern ein bisschen was erzählen, was Du da mitbekommen hast?

MF: Ich würde gerne das Aufgreifen mit den Schmerzen an den Beinen, wenn Du damit einverstanden bist?

JNM: Gerne.

MF: Nachdem meine Mutter gestorben war, begannen einige Wochen später meine Beine wahnsinnig zu schmerzen. Bevor sie diese Welt verlassen hat, hat sie auch oft gejammert über Beinschmerzen und Krampfadern und so weiter. Da ich ja seit Jahren mit Menschen arbeite und mich in der Aufstellungsarbeit bestens auskenne, mich mit dem Über- und Unterbewusstsein bestens auskenne, weiß ich, was Menschen auch für die Ahnen tragen. Aus Schuldgefühl oder um etwas gutzumachen, übernehmen sie einfach die Lasten. Und ich wusste, dass das nicht meine Beinschmerzen sind. Das wusste ich. Aber ich war ja noch in dieser Trauerphase. Ich habe genau gespürt, was mit mir passiert. Mir war bewusst, das sind jetzt nicht meine Schmerzen, die ich habe. Die trage ich für meine Mama. Und ich habe auch gespürt, ich trage sie gerne für sie. Weil ich dachte, ich kann noch etwas für sie tun. Wenn ich diese Schmerzen für sie trage, dann weiß ich, ich kann noch etwas für sie tun. Es wird ihr besser gehen. Aber im gleichen Moment habe ich auch gewusst: was machst Du da eigentlich? Du weißt genau, was mit Dir passiert. Gib diese Last doch einfach zurück.

Aber ich wollte sie gerne tragen. Das war das Verrückte. Wir sind so.

JNM: An der Mama festhalten.

MF: Das ist wie ein Klammern. Ich gehe ja fast täglich in die Akasha-Chronik und verbinde mich mit meinen Lehrern und Meistern. Da bin ich auch an diesem Abend rein. Da kam plötzlich meine Mama. Sie zeigte sich mir. Sie hat sich mir gezeigt, und zwar dort, wo sie jetzt ist. Ich bin ja überzeugt, diese Dimensionen, die haben auch wir Menschen gemacht. Diese Skalierung der Dimensionen.

JNM: Wir brauchen die Aufteilung.

MF: Genau, wir brauchen Aufteilung. Ich glaube, wir sind eigentlich alles eins, und das werden wir auch immer wieder sehen, dass sich alles verbindet. Auf alle Fälle hat sie mir gezeigt, in welchem Feld, in welchem Raum, oder in welcher Welt sie jetzt ist. Und sie hat sich mir auch gezeigt, und ich konnte nur demütig denken, meine Güte, bist Du schön. Ich habe Dich noch nie so schön gesehen. Obwohl ich meine Mutter immer als schön empfand. Das war eine Schönheit - göttlich. Lichtvoll, die lichtvolle Schönheit. Also unser wahres Sein, sie hat mir ihr wahres Sein gezeigt. Fernab vom Körper. Und ich war einfach nur überwältigt, ich war platt, demütig. Und sie hat sich mir in einer goldenen Lichtfrequenz gezeigt. Das war ganz, ganz, ganz schön. Was noch dazu kam: sie war verschmitzt, sie war so ein Lause-Mädel. Sie machte auch gerne Späße und so. Und mit ihrem schelmischen Lächeln sagte sie noch: „Ich zeige Dir jetzt, wie sich das anfühlt." Dann durfte ich dort rein fühlen. Es überwältigt mich immer wieder. Ich habe noch nie etwas so Schönes gefühlt. Dieser Frieden, der war einfach Liebe. Liebe, Frieden, und meine Seele hier drin, die hat das wiedererkannt. Die hat einmal mehr gezeigt bekommen, wie sie eigentlich im Frieden ist. Wir sind ja alle in uns im Frieden. Und alles andere ist nur hausgemacht.

JNM: Dass sie dort zu Hause ist. Das ist, glaube ich, eine wichtige Botschaft: Man kommt nach Hause.

MF: Ja. Das war für mich auch ein Gefühl von Heimat. Alles andere, was wir hier an Problemen und Gedanken finden, existiert einfach nicht mehr. Du fühlst einfach nur dieses Sein. Glücklich, glückselig. Frieden, Gelassenheit, Liebe. Und dann hat sie mir noch eine Mitteilung gegeben und hat gesagt: „Schau, ich habe mich Dir jetzt so gezeigt. Du durftest diese Ebene, dort wo ich mich jetzt aufhalte, fühlen." Dann sagte sie: „Diese Beinschmerzen, die Du immer noch für mich trägst, schau, geliebtes Kind, für mich sind sie schon lange erledigt. Für mich existieren die gar nicht mehr. Die existierten nur als Mensch für mich. Also reflektiere jetzt einmal, dass Du für mich einen Schmerz trägst, der für mich bereits nicht mehr existiert. Also trägst du eine Illusion mit Dir. Du trägst etwas, dass Du für Dich selber kreiert hast. Für mich ist das erledigt. Ich bin frei. Also auf was wartest Du? Lass es einfach los." Ich fühlte, dass noch etwas durch die geistige Welt mit mir passiert ist, dann habe ich mich bedankt. Ich war wirklich sehr dankbar für alles. Ich bin dann zurückgekommen. Ich bin aufgestanden und hatte keine Schmerzen mehr.

JNM: Es hat sich aufgelöst.

MF: Es hat sich aufgelöst. Weil ich erkennen durfte, durch ihre Botschaft und all das, was ich erleben durfte. Ich wusste eigentlich die ganze Zeit, dass es hausgemacht ist. Aber ich habe mich festgehalten.

JNM: Du brauchtest noch ein bisschen die Mutter.

MF: Es war wie eine Erlaubnis oder wie ein Segen von meiner Mutter, die sagte: „Lass es los! Wir brauchen das nicht mehr."

JNM: Und jetzt bist Du im Leben wieder bei Deiner eigentlichen Aufgabe angekommen, dass Du Vermittler bist zwischen dieser Realität und der weiteren Wirklichkeit, die eigentlich das Zuhause ist. Trotzdem sind wir alle hier auf Erden, um Erfahrungen zu sammeln. Menschen kommen zu Dir, um über diese Dinge zu sprechen. Diese Arbeit, die Du machst, ist ja eine Tätigkeit, die wir in Zukunft vermutlich alle lernen müssen. Dass wir hier einmal unsere Logik haben, unsere wissenschaftliche Herangehensweise, aber es gibt auch einen anderen Weg. Es gibt auch eine nicht greifbare Seite der Welt, die auch etwas zu sagen hat, die mithilft. Die wird ja oft verleugnet.

MF: Ich finde es sowieso, diese Gabe, diese Fähigkeit haben wir ja. Das ist nichts Besonderes, dass ich mit der Akasha-Chronik in Kontakt kommen kann. Aber es bedingt natürlich auch, dass man diesen spirituellen Weg geht. Wie der Status vor meinem Unfall und jetzt. Da ich ab diesem Zeitpunkt wieder begonnen habe, meine Spiritualität zu leben. Vor allem dazu zu stehen. Wir sind ja in so vielen früheren Leben schlecht behandelt worden, weil wir unsere Spiritualität leben wollten. Und jetzt sind wir zum ersten Mal wieder in einer Zeit drin, wo wir das dürfen. Das Bewusstsein der Menschen ist offen. Du trägst auch viel dazu bei. Diese Menschen, die die geistige Welt hier auf der materiellen Ebene uns wieder näher bringen. Das hilft einfach auch, dieses Bewusstsein zu denen.

JNM: Deswegen machen wir diese ganzen Beiträge, Bücher und Filme. Man weiß ja, dass zwei Drittel der Menschen in Deutschland solche Erfahrungen machen, die abseits der materialistischen Welt liegen. Damit die Menschen wissen, sie sind nicht verrückt. Die sind nicht irgendwo geistig geschädigt oder bilden sich irgendetwas ein. Das gibt es natürlich auch, aber normalerweise ist es so, dass sich hier Dinge zeigen, die wir in unserem normalen Weltbild nicht zuordnen können. Das waren bisher alles Glaubenssätze, Kirche, je nachdem, in welchem Glaubenssystem man zu Hause ist. Die Erfahrungen sind aber anders, als das, was uns beigebracht worden ist. Das ist dieser direkte Draht.

MF: Es hat auch mit der eigenen Persönlichkeit zu tun. Vielleicht auch mit dem, mit welcher Absicht man gekommen ist. Ich denke, wenn jemand mit der Absicht kommt, dass er noch ein wenig leiden und sich im Schmerz suhlen will und sein Bewusstsein hier auf der Materie halten will, dann wird er es eben erst im nächsten Leben erfahren, dass es noch weiter geht. Ich denke, wir haben da alle unsere Aufgaben, unsere Seelen-Essenzen, unsere Seelen-Erfahrungen. Und dann kommt noch hinzu, dass wir auch das Bewusstsein dafür öffnen dürfen, dass es auch Hybridseelen gibt. Also es gibt auch inkarnierte Engel. Das weiß man mittlerweile auch.

JNM: Hast Du Kontakt mit Engeln?

MF: Ja.

JNM: Da wollen wir natürlich mehr darüber wissen.

MF: Ich hatte schon immer einen sehr starken Kontakt mit den Engeln, wenn ich da auch so meine Meditationen mit Menschen mache und wir speziell mit den Engeln arbeiten. Einmal sah ich ein grünes Licht und wusste, das ist jetzt der Erzengel Raphael. Er stand immer vor einem Menschen, und ich durfte dann seine Botschaft bezüglich der Gesundheit des Menschen weitergeben. Das war sehr beeindruckend. Aber auch im Alltag. Engel begleiten mich sehr. Ich habe ein Engel-Team für mich, ich kenne jeden Namen, ich kenne jede Energie dieser Engel. Ich weiß auch, welchen Engel ich rufen darf für welche Thematik. Was sich jetzt immer noch mehr zeigt ist die Einhorn-Energie. Das Einhorn-Bewusstsein kommt immer mehr. Schau mal, wie viele Kinder verrückt sind nach Einhörnern. Das hat schon seinen Grund.

JNM: Kommen wir zu den Kindern, die hier weltweit neu geboren werden. Das ist ja nichts Neues, die Menschheit lebt ja davon, dass wir Kinder kriegen. Kinder sind ja die Zukunft, aber es sind viele Kinder dabei, die sind etwas anders.

MF: Ich nenne sie einfach Lichtkinder, ich teile sie nicht auf in Kristall und so weiter. Es sind für mich einfach Lichtkinder, und die kommen mit Aufträgen hierher. Das hat es schon immer in jeder Generation gegeben, dass das Bewusstsein ein bisschen gewandelt wurde. Aber in der jetzigen Zeit ist es eine andere Geschichte, weil wir ja alle im Wandel sind. Weil wir wieder in die Einheit zurückgehen, wieder eins werden dürfen mit uns selbst, mit allem, was um uns herum ist. Und diese Kinder stellen jetzt einfach sehr viele Dinge auf den

Kopf. Das passt vielen, vielen Erwachsenen gar nicht. Das wird so weitergehen, bis die Schulen sich ändern müssen.

JNM: Diese Kinder sehen, dass wir mit der Natur, mit unserer Umgebung nicht richtig umgehen, sie haben ein anderes Bewusstsein für diese Dinge. Eine humanere Umgangsweise zueinander. Eine liebevolle Umgangsweise. Das wird sich dann später zeigen. Wenn die Kinder erwachsen werden, werden sie danach handeln.

MF: Und weißt Du, genau das ist ja jetzt der Brennpunkt. Diese Kinder kommen ja mit einer bestimmten Aufgabe hierher, und von der geistigen Welt wurde mir mal gezeigt, wie diese Kinder noch auf der geistigen Ebene für genau das geschult werden. Und unser Jüngster hat einmal gesagt - er hat es den Mond genannt: „Wir haben uns alle auf dem Mond versammelt. Und dann warten wir einfach, bis wir dran sind, dass wir kommen dürfen." Er hat auch schon viel erzählt von den UFOs. Dass die ihre Lichtstrahlen auf uns fließen lassen, die Gehirne aussaugen, hat er mal gesagt. Die wollen unser Wissen. Die sammeln unsere Bücher. Deshalb gibt es in den UFOs dort oben ganz viele Buchstaben von uns. Er war da vielleicht Drei, wo er das erzählt hat. Ich wusste schon, woher er das hat, aber es war trotzdem beeindruckend.

JNM: Das ist eine ganz andere Intelligenz, die auch bei uns mit Einfluss nimmt.

MF: Eben, alles ist eins. So wird sich auch diese Ebene öffnen und sich mir zeigen. Sie ist Jahre alt und sie ist existent. Unser Verstand kann es noch nicht fassen.

JNM: Wir haben hier ja ein Riesenproblem mit diesen Aliens. Aber es sind Wesen aus anderen Dimensionen, anderen Schwingungsbereichen, die vielleicht schon die Dimensionen wechseln können. Wir können das mit unserer Technik noch nicht, darum werden diese Dinge einfach negiert. Aber sie passieren dennoch.

MF: Die passieren dennoch. Ich sage das deshalb, weil - weißt Du, wenn ein Kind Dir so etwas erzählt, und Du als Vater oder Mutter das nicht als bare Münze nimmst…

JNM: Dann gehst Du zum Psychiater, und die können damit nichts anfangen.

MF: Genau. Weil das Kind sich nicht angenommen fühlt, weil es sich nicht ernst genommen fühlt, passiert in ihnen etwas. Selbstwertgefühl, Unsicherheit. Das ist nämlich so eine Sache. Den Kindern kannst Du nichts vorspielen.

Hier ein alltägliches Beispiel. Wenn das Kind fühlt, dass es Mama oder Papa nicht gut geht, hat es das Gefühl: Mama oder Papa geht es nicht gut. Du willst das Kind schützen und sagst: nein, mir geht es gut. Das Kind bekommt Selbstzweifel. Wenn Mama sagt, es geht ihr gut, stimmt ja mein Gefühl nicht, dann stimmt mit mir etwas nicht. Wir müssen wirklich achtsam sein, dass wir die Kinder richtig begleiten. Die haben ja ihre Aufgabe, die sie hier umsetzen möchten. Ich sage jetzt nicht, dass diese Kinder alle nur spirituelle Berufungen haben werden. Es wird Kinder geben, die werden neue Erfindungen machen, gerade in der Elektrizität, mit dem Wasser, Reinigungstechniken, die Gewässer reinigen. Da werden viele gute Dinge auf uns zukommen. Wenn wir die Kinder verstehen und unterstützen.

JNM: Darum auch die Aufgabenstellung, dass wir lernen, diese Dinge anzunehmen, die man früher immer verdrängt hat. Wenn das Kind mit einem Kameraden gespielt hat, den man nicht sieht, und all diese Dinge. Da hat man gesagt, das Kind fantasiert. Wir müssen aufpassen mit dem Wort Fantasie. Es sind ja immer die Fantasten, die die Welt verändern, und nicht die Erbsenzähler. Und wenn wir wissen, dass die Welt anders aufgebaut ist und alles eins ist, und diese Wirklichkeit noch viel größer ist, wir nur einen kleinen Teil davon verstehen, sollen wir diese Dinge nicht gleich bei Seite drücken und die Konditionierung der Kinder in eine falsche Richtung drücken. Wir sehen ja an unserem Welt-Zustand, wohin das geführt hat. Auf der einen Seite haben wir einen Riesen-Wohlstand, und auf der anderen Seite sehr viel Armut und extreme Naturschädigungen.

MF: Und mir blutet einfach das Herz - darf ich wirklich sagen - wenn ich sehe, wie diese Kinder oft missverstanden werden, fehlgeleitet werden, wie sie abgeklärt werden. Wenn es heißt, mit denen stimmt etwas nicht. Was man den Kindern antut.

Ich finde das natürlich auch sehr schlimm, wenn Kindern etwas angetan wird. Aber dieser psychische, seelische Aspekt, da schaut fast niemand hin. Was man diesen Kindern tagtäglich antut. Wenn jetzt diese Kinder so fühlen, wie ich als ich Kind war - heute hat man dieses Wissen, dass man diese Kinder begleiten kann. Und das ist eine meiner Aufgaben, und ich habe einfach diese starke Liebe und die Aufgabe, dafür auch meinen Teil zu geben, dass diese Kinder verstanden werden, und dass die Eltern - ich habe mich mehr auf Mütter spezialisiert - diese Kinder einfach begleiten. Aber sie müssen sich selber wandeln. Sie müssen natürlich zuerst sich selbst wandeln.

JNM: Das Bewusstsein öffnen für Dinge, die man bisher verborgen hatte oder nicht für bare Münze genommen hat. Aber so ist auch die Evolution oder Entwicklung, die Menschen lernen Gott sei Dank immer auch dazu. Man erkennt schon auch, was wahr ist und was nicht wahr ist. Einerseits ist natürlich die moderne Technik, die neuen Medien, ein Fluch, weil viele Kinder nur an diesen Dingen hängen. Auf der anderen Seite ist es für die Kommunikation der Menschen natürlich wesentlich besser, weil man Informationen wesentlich schneller verbreiten kann. Man bekommt Informationen, an die man früher gar nicht gekommen ist. Wenn man zum Beispiel solche Interviews sieht und sagt: „Ja, es gibt solche Menschen, die einen Zugang haben." Früher hat man solche Erfahrungen gar nicht gemacht.

MF: Ja, diese Technik ist nicht nur negativ zu bewerten. Wir dürfen jetzt durch das Netz auch immer mehr unsere positiven Schwingungen und Vibrationen fluten lassen und die Welt auch über das Netz mit positiven Schwingungen bereichern. Und natürlich kann man viele Menschen dadurch erreichen.

JNM: Welche Aufgaben hast Du noch? Du arbeitest mit Engeln, Du arbeitest mit Eltern, die sensible Kinder haben, die ein erweitertes Bewusstsein haben, um ihnen zu zeigen: lass den Kindern ihre Empfindungen. Verbiegt sie nicht in einer Art und Weise, die man in Zukunft nicht brauchen kann. Was machst Du noch?

MF: Wenn man dieses gesamte Paket benennen möchte: ich mache Bewusstseinsarbeit. Ich führe die Menschen in ihre Herz-Energie. Da durfte ich auch ein Set machen, wo ganz schöne Affirmationen von der Akasha-Chronik durchgekommen sind. Meine Aufgabe ist einfach, die Menschen zurück in ihre Herzen zu bringen.

JNM: Noch mal zur Akasha-Chronik. Wir wollen nicht den Eindruck erwecken, dass unser Schicksal schon festgeschrieben ist, sondern man hat ja eine offene Zukunft. Es gibt nur verschiedene Wege. Ich denke, das ist auch das, was man immer wieder erfährt: wenn ich diese Entscheidung treffe, habe ich diesen Weg, und wenn ich eine andere Entscheidung treffe, eine andere Zukunft. Also in der Akasha-Chronik stehen ja zwei Dinge drin. Dazu gehört, mit welcher Aufgabe ich hier bin. Vorausgesetzt

man akzeptiert eine geistige Herkunft, und dass nicht die Materie unser Selbst hervorbringt, dann bin ich mit einer bestimmten Aufgabe hier. Manchmal übersehe ich, was ich machen will, und verirre mich. Und dann werde ich mit bestimmten Dingen von der geistigen Seite wieder auf den richtigen Weg gerückt. Eigentlich kann das jeder lesen, aber es gibt Menschen, die haben mehr Talent dazu, Informationen zu verbinden und das herauszulesen. Und das machst Du für die Menschen.

MF: Ja. Und die Verbindung mit der Akasha-Chronik nutze ich auch in Verbindung mit Kindern. Wenn eine Mutter oder Eltern nicht mehr weiter wissen mit den Kindern. Bei mir kann man einholen, was die wirkliche Ursache ist. So durfte ich Eltern auch zu dem Verständnis bringen, was wirklich im Kind drinnen passiert.

JNM: Und das Verständnis ist das, was die Kinder eigentlich brauchen. Das hat natürlich auch etwas mit Gesundheit zu tun.

MF: Ich mache einfach Bewusstseinsarbeit. Aber ich bin jetzt an einem Wendepunkt, weil ich mich einfach viel stärker auf diese Kinder konzentrieren will und meinen Fokus mehr dorthin richten will, immer in Zusammenarbeit mit der geistigen Welt. Wer sich dazu berufen fühlt, ich arbeite jetzt auch online, ich stelle da wirklich ein Top-Programm zur Verfügung. Ich spreche speziell Mütter an, Mütter mit Lichtkindern, die einfach ihr eigenes Bewusstsein erheben dürfen. Sie erfahren da viel, wie sie mit ihrem Geist umgehen dürfen. Was im Unbewussten passiert, wie sie mit diesen speziellen Kindern umgehen können, was sie abends machen können, damit diese Kinder schön einschlafen. Ich kenne da von meiner Heilarbeit auch Techniken, Hypnosetechniken fürs Unterbewusstsein. Ich habe da wirklich ein sehr wertvolles Paket zusammengestellt, ein sechswöchiges Programm mit Modulen. Einmal die Woche trifft man sich in der Gruppe, zusammen mit mir auf einer Plattform, wo ich sie dann coache und so kann ich einfach mehr Menschen erreichen. Und vor allem dazu beitragen, dass die Kinder besser verstanden werden.

JNM: Wichtig ist natürlich zu erwähnen, dass diese Dinge alle auf dem freien Willen basieren. Also die Einflussnahme ist von der geistigen Seite immer abhängig von unserem freien Willen. Wenn ich nicht will, kann die geistige Seite nicht sagen, Du musst aber trotzdem. Mein Entscheidungsprozess liegt bei mir.

MF: Das respektiert die geistige Welt auch. Die geistige Welt ist die letzte, die gegen Deinen freien Willen Dir etwas aufdrängen würde. Ich handhabe das seit Jahren auch mit meinen Leuten so. Ich würde zum Beispiel nie bei Dir eingreifen. Ich erfahre zum Beispiel: Dir geht es nicht gut und denke, ich habe ja diese Fernheilungs-Talente, womit ich Dich ausrichten kann. Das macht man einfach nicht. Man greift nicht einfach ohne Einwilligung in ein System ein.

JNM: Worauf ich noch mal zu sprechen kommen wollte. Diese Aliens, nennen wir sie mal nicht UFOs, sondern andere Intelligenzen, die natürlich auch sehen, dass hier Intelligenzformen unterwegs sind - Geistige Wesen mit einer anderen Verkörperung, die hier auch ihr Wesen oder Unwesen treiben. Das sollte man schon auch ansprechen, dass es diese Dinge gibt.

MF: Ja, die gibt es auch.

JNM: Die sind nicht immer positiv.

MF: Nein. Wie es das Licht gibt, gibt es auch das Dunkel. Weißt Du, wie die Fliegen im Herbst, wenn sie merken, dass es jetzt langsam dem Ende zugeht, so ist auch die Präsenz des Dunklen in dieser Wandlungszeit immer wieder stark fühlbar.

JNM: Gibt es nicht auch - zumindest habe ich das sehr oft gehört - diese Intelligenzen, die den Menschen helfen wollen bei diesem Bewusstseinswandel?

MF: Ja, es gibt beides. Es gibt überall immer beides. Es geht nur darum, für was man sich entscheidet. Ich hatte ja auch einmal durch meine Wahrnehmung, meine Hellsicht, so kleine Wesen wahrgenommen. Die waren einfach im Garten, und haben in die Stube hinein geschaut. Mit meinen Kindern hatten wir eine Diskussion über Spiritualität, eine echt hochschwingende Diskussion, da sah ich die in Reih und Glied stehen. Sie standen da einfach. Weißt Du, auch so wie Kinder. Die standen da, und schauten uns einfach zu. Dann habe ich raus geschaut: sind sie immer noch da? Ich habe mit meinen Kindern diskutiert, und geschaut: sie sind immer noch da. Ich habe sie einfach wahrgenommen und wusste, das ist so. Ich kenne mich doch mittlerweile schon aus.

JNM: Vielleicht gibt es auch irgendwelche Eltern, die solche Erfahrungen gemacht haben, die sich an Dich wenden können. Also diese Dinge passieren tatsächlich. Und man soll die nicht einfach wegdrängen. Es wird immer wieder gesagt: das ist natürlich Popkultur, man hat zu vie-

le Kinofilme gesehen, wo diese Thematiken immer wieder vorkommen. Diese Dinge werden auch deswegen thematisiert, weil offensichtlich auch die Erfahrungen als Basis da sind. Menschen berichten darüber, und dann wird es verfilmt. Und dann meint man, dass der Film die Basis ist. Das ist aber, glaube ich, nicht immer der Fall.

MF: Was wichtig ist: es gibt sehr viele Kinder, die eben sehr feinfühlig sind. Die eben auch hell und dunkel wahrnehmen. Man sollte auch wirklich hellhörig sein, wenn das Kind über Angst spricht. Manchmal erwähnen sie auch Fratzen oder Wesen, die ihnen Angst machen. Da sollte man schon auch hellhörig sein. Es gibt dann auch Techniken, wie man das Zimmer des Kindes hochschwingen kann.

JNM: Ich kenne eine Familie, wo das Kind gesagt hat: „Ich gehe nicht in die Badewanne, weil da sitzen schon zwei schwarze Männer drin." Das ist natürlich schwierig. Was macht man in dieser Situation?

MF: Das ist schwierig. Weißt Du, das wird immer mehr kommen. Diese Kinder sind schon haufenweise hier. Wenn die nicht abgeholt werden, ist das deprimierend.

JNM: Das ist, wie wenn jemand sagt, ich bin für eine bestimmte Aufgabe hier, und ich kriege das Werkzeug nicht.

MF: Es ist einfach wichtig, dass wir Erwachsene unser Bewusstsein erweitern. Dass wir uns für diese Welt öffnen, auch mal zurück in unser eigenes Herz gehen und wieder werden wie Kinder.

JNM: Wir müssen sie unterstützen.

MF: Das ist unsere Verantwortung. Es ist nicht nur unsere Verantwortung, sie zu ernähren und groß zu bekommen. In der jetzigen Zeit ist es unsere Verantwortung, diese Kinder zu Hause stark zu machen, sie zu begleiten, ihnen ein Ohr geben, ihnen Herz geben und sie ernst zu nehmen. Wir müssen sie für die Welt da draußen stark machen, weil die Welt da draußen ist noch nicht in Harmonie. Es laufen noch viele…

JNM: ...disharmonische Sachen ab.

MF: Solche Kinder können sich dann auch in einer normalen Schule sehr unwohl fühlen.

JNM: Eine der letzten Fragen noch. Ich kenne viele, die beschäftigen sich mit diesen Seelen oder Geistwesen - verstorbene Menschen, die nicht wissen, dass sie verstorben sind. Hier in der sogenannten Zwischenwelt, nennen wir sie mal so, die diese irdische Sphäre nicht verlassen. Hast Du auch solche Kontakte?

MF: Ja, ich hatte mal einen Jungen, der war bei mir. Ich war alleinerziehend mit meinen beiden größeren Söhnen. Und da kam abends immer ein Junge. Der wollte einfach bei mir sein. Ich bin Auto gefahren, und er saß hinter mir im Auto. Er trug Kleider wie in den 40er Jahren. Da habe ich mir gesagt, das geht jetzt gar nicht mehr. Dann habe ich begonnen, mit ihm zu kommunizieren. Ich habe ihm gesagt: „Schau, Du kannst mich nicht als Deine Mama haben. Die zwei haben mich als Mama. Wir sind Mama und Kind. Du hast Deine Mama vielleicht irgendwo anders, aber nicht hier, weißt Du?“ Dann war er total erschrocken, dass ich ihm das gesagt habe. Dann habe ich die Engel gerufen und habe ihn gefragt, ob er einverstanden wäre, mit den Engeln mitzugehen. Und sie würden ihm dann helfen, seine Mama und sein Zuhause wiederzufinden. Da war er völlig begeistert. Dann habe ich darum gebeten, dass er abgeholt wird. Und es war ganz schön. Und er wurde dann endlich abgeholt. Ich sah ihn dann nicht mehr.

Aber mit diesem Haus, als wir hier eingezogen sind, hatte ich eine heftige Erfahrung. Der Bauherr war da noch sehr aktiv. Der wollte einfach sein Haus nicht hergeben.

JNM: War das der Vor-Bewohner?

MF: Ja. Er war aktiv im Zimmer von einem meiner Söhne. Als wir hierher gezogen sind, konnte er abends lange nicht schlafen. Er kam immer wieder runter und sagte, er habe Angst. Und dann habe ich gedacht, irgendetwas stimmt da oben einfach nicht. Dann bin ich hoch gegangen, aufs Bett, und habe mich eingestimmt. Dann habe ich ihn tatsächlich in der Ecke beim Schrank wahrgenommen. Ich habe gefragt, was er da macht. Dann sagte er: „Was machst Du da?“ Ich habe ihm dann gesagt: „Weißt Du, Du machst meinem Sohn Angst. Und das ist nicht mehr Dein Zuhause hier.“ Er sagte: „Ja klar, das musst Du mir sagen, dass das nicht mehr mein Zuhause ist!“ Er war ziemlich hartnäckig. Das war noch speziell: da war die Mauer, und hinter der Mauer habe ich seine Frau wahrgenommen. Die versuchte die ganze Zeit, ihn rüber zu holen. Der blieb einfach stur. Er war so stur, und ich habe darum gebeten, doch es ging nichts.

JNM: Also, Du wolltest ihm erklären, dass er verstorben ist, und das hat er nicht verstanden?

MF: Und ich habe ihm dann gesagt: „Schau, ich habe das Haus gekauft. Das ist rechtlich mein Haus. Ich verspreche Dir aber, ich werde immer gut auf das Haus aufpassen." Da wurde er schon weicher. Aber ich musste dann wirklich noch den Erzengel Michael dazu holen, ich habe gesagt: „Hilf mir, ich komme nicht mehr weiter." Und dann sah ich - das war auch so beeindruckend - da ging nur noch eine Geschichte mit ihm. Auf irgendeine Art wollte er ja gehen, aber er war erdgebunden. Dann sah ich über ihn so etwas wie einen Messing-Kessel, der sich über ihm leerte. Dann kam so ein goldenes Licht über ihn und weg war er. Ich sah, wie er wegging. Dann musste ich los, fuhr mit dem Auto hier zur Straße und sah einen goldenen Ring um mein Haus. Es war jetzt erlöst.

JNM: Diese Lichtwesen, die dann die Menschen in der Zwischenwelt abholen, müssen sich natürlich auch an den freien Willen halten.

MF: Genau.

JNM: Sprechen die nicht mit denen und sagen: „Du bist eigentlich tot!" Ist es unsere Aufgabe, hier zu vermitteln?

MF: Ich habe nur gesehen, dass der Erzengel Michael schon auch irgendetwas mit ihm gemacht hat. Und ich habe das wirklich übergeben, ich habe das ihm übergeben.

JNM: Aber Du hast hier Vermittler gespielt?

MF: Ich habe Vermittler gespielt, und von diesem alten Herrn habe ich ja gespürt, dass er gehen möchte. Vermutlich war es wirklich, dass er wusste, dass gut für das Haus gesorgt werden würde.

JNM: Das ist natürlich auch unser Problem in dieser modernen Zeit, dass wir uns an unsere materiellen Dinge klammern, unsere Firmen, unsere Häuser, was auch immer, und denen einfach einen zu großen Wert beimessen. Statt dass wir diese Dinge loslassen, weil sie ja sowieso nicht real sind.

MF: Nein, aber das geht auch über den physischen Tod hinaus. Dass Menschen einfach noch nicht gehen möchten. Für ihn war das aber dann schon gut, sonst hätte er das nicht geschehen lassen. Auch die Engel würden nie etwas tun, was nicht dem Willen entspricht.

JNM: Sie warten ab, bis er soweit ist. Da können ein paar Jahrhunderte vergehen. In dieser Phase gibt es ja keine Zeit.

MF: Aber ich hatte schon einige beeindruckende Erlebnisse.

JNM: Manuela, ich glaube, wir haben sehr viele Punkte abgehandelt und natürlich ein breites Feld aufgemacht. Das werden wir natürlich in naher Zukunft noch mal vertiefen, für das eine oder andere Thema. Ich bedanke mich sehr herzlich bei Dir für das Gespräch.

MF: Ich danke Dir herzlich fürs Kommen und für die Offenheit.

Prof. Dr. Ernst Senkowski

Prof. Dr. Ernst Senkowski

Seit 1974 beschäftigte sich Prof. Dr. Ernst Senkowski mit grenzwissenschaftlichen Fragen und setzte den Schwerpunkt dabei auf die Paraphysik. Er führte unabhängige experimentelle Untersuchungen zu elektromagnetisch-akustischen Stimmen durch und prägte dabei den Begriff „Instrumentelle Transkommunikation". Er hielt eine Professur für Elektrotechnik an der TU Bingen. Professor Senkowski ist am 13. April 2015 verstorben.

Kommt die TK aus der Zukunft? Die Transkommunikation als syntropisches Phänomen

Transkommunikation ist ein Sammelbegriff für alle Methoden der Kontaktaufnahme zu anderen Bewusstseinsbereichen. Das Phänomen der Elektronischen Stimmen (früher auch Tonbandstimmen genannt).

Vorgeschichte

Während vieler Jahrzehnte habe ich mich immer wieder über die verwirrenden, einander teilweise widersprechenden Inhalte und komplexen Erscheinungsformen der TK (TransKommunikation) gewundert und mich gefragt, ob es denn keine Möglichkeit gäbe, alles das unter einem einheitlichen Aspekt zu beschreiben.

Unser Beitrag „Gießkannenprinzip" deutete den unbefriedigenden Zustand an, und der Artikel „Transkommunikation, Parapsychologie und Wissenschaft" in ZSTK Vol. II., No. 2 aus dem Jahr 1993 lässt die Vielfalt der Erklärungsansätze erkennen, die eine einheitliche Deutung der Transphänomene verhindert. Daran hat sich bis heute nichts geändert.

Im Verlauf der Arbeiten an unserer Webseite stieß ich vor kurzem auf ein seit langer Zeit gespeichertes Dokument, in dem zwei englische Autoren über die Arbeiten eines italienischen Mathematikers berichteten, der zu Beginn der 40er Jahre des vorigen Jahrhunderts den Begriff „Syntropie" konzipiert hat, den ich heute für geeignet halte, die der TK innewohnende Tendenz – des Pudels Kern – zu beleuchten und dem allgemeinen Verständnis näher zu bringen.

Bitte lassen Sie sich von der Überschrift dieses Artikels nicht entmutigen. Wir haben uns bemüht, einige weitgehend unbekannte Begriffe und Zusammenhänge in fünf Teilen verständlich darzustellen. Leserinnen und Lesern, die sich mit dem physikalischen Hintergrund nicht anfreunden können, sollten sich vielleicht auf die ersten beiden Abschnitte und die Lektüre der Beispiele beschränken, die in klaren Transaussagen auf die Herkunft aus unserer Zukunft hinweisen.

Syntropie und Entropie

‚Kommt die TK aus der Zukunft?' Diese Frage mag merkwürdig klingen, sie kann aber aus zwei Gründen im positiven Sinn beantwortet werden.

Ich fand vor kurzem einen englischen Bericht über eine Theorie des italienischen Mathematikers Luigi Fantappiè. Er konzipierte 1941 den Begriff der Syntropie zur Beschreibung der aus der Zukunft wirkenden zielgerichteten Schöpfung und der Erhaltung des Lebens, der im Gegensatz zur Entropie steht, die ins undifferenzierte Chaos anstrebt (tatsächlich besteht das im Wechselspiel von Syntropie und Entropie, entsprechend den Tendenzen, die den indischen Göttern Brahma und Vishnu unterstellt werden).

Es machte mir keine große Mühe, in den Transkontakten insgesamt zwei Dutzend Hinweise auf ihre Herkunft aus der Zukunft zu finden.

Nach Fantappiè wird aber nicht nur das gesamte Leben aus der Zukunft gesteuert. Eine tragende Rolle spielt dieser Aspekt in der TK, in deren Inhalten er sich vielfach nachweisen lässt und aufgetreten ist. Dies kann insgesamt als ein Phänomen aus der Zukunft beschrieben werden.

Luigi Fantappiè konzipiert die Syntropie

Ende des Jahres 1941 konzipierte der italienische Mathematiker Luigi Fantappiè (1901-1956) das ‚Gesetz der Syntropie'. Er schrieb dazu (von Ernst Senkowski ins Deutsche übersetzte 5 Zitate nach der englischen Übersetzung aus dem Italienischen):

Ich habe keinen Zweifel bezüglich des Datums, an dem ich das Gesetz der Syntropie entdeckte. Es war an den Tagen vor Weihnachten 1941, als ich im Gefolge von Unterhaltungen mit zwei Kollegen, einem Physiker und einem Biologen, plötzlich in ein neues Panorama versetzt wurde, das meine Sicht der Wissenschaft und des Universums, die ich von meinen Lehrern geerbt und immer als starken und verlässlichen Grund meiner wissenschaftlichen Forschungen betrachtet hatte, radikal veränderte.

Plötzlich sah ich die Möglichkeit, einen breiten Bereich von Lösungen der Wellengleichung – die avancierten Potentiale (siehe die nächsten beiden Abschnitte) als Grundgesetz des Universums zu betrachten. Diese Lösungen waren bisher immer als ‚unmöglich' abgelehnt worden, aber plötzlich erschienen sie ‚möglich' und erklärten eine neue Kategorie von Phänomenen, die ich später als ‚syntropisch' bezeichnete. Sie sind völlig verschieden von den entropischen der mechanischen, physikalischen und chemischen Gesetze, die dem Prinzip der klassischen Verursachung und dem Entropiegesetz gehorchen.

Syntropische Erscheinungen sollten durch die seltsamen Lösungen der ‚avancierten Potentiale' repräsentiert werden und zwei (der Entropie) entgegen gerichteten Prinzipien der Finalität gehorchen, bewegt von einer Finalursache in der Zukunft und nicht von einer Ursache in der Vergangenheit: Differenzierung und Ursachenlosigkeit im Labor.

Die zweite Charakteristik erklärt, warum diese Phänomene niemals in einem Labor reproduziert worden sind, und ihre finalistischen Eigenschaften die Wissenschaftler dazu berechtigten, sie abzulehnen und zu behaupten, Finalität sei ein ‚metaphysisches' Prinzip außerhalb von Wissenschaft und Natur.*

*'Bestimmung eines Geschehens, einer Handlung nicht durch ihre Ursache, sondern durch ihren Zweck.'

Diese (klassische) Annahme behinderte eine ausgewogene Erforschung der in natürlichen lebenden Systemen erkennbaren Phänomene zweiter Art, die ich zu untersuchen akzeptierte, obgleich ich das Gefühl hatte, in einen Abgrund und unglaublicher Schlussfolgerungen zu stürzen. Es schien, als fiele der Himmel in Stücke oder zumindest die Gewissheiten, mit denen die materialistische Wissenschaft ihre Annahmen gegründet hatte.

Es schien mir klar, dass diese syntropischen, finalistischen Phänomene, welche zur Differenzierung führen und im Labor nicht reproduziert werden konnten, real waren und in der Natur existierten, so wie ich sie auch in lebenden Systemen erkennen konnte.

Die Eigenschaften dieses neuen Gesetzes eröffneten Konsequenzen, die geradezu unglaublich waren und die biologischen, medizinischen, psychologischen und sozialen Wissenschaften tiefgreifend verändern könnten.'

Am 30. Oktober 1942 trug Fantappiè seine Entdeckung der Syntropie in der ‚*Accademia d'Italia*' vor unter dem Titel ‚Die vereinheitlichte Theorie der biologischen und physikalischen Welt‘ (spanische Veröffentlichung 1943). Danach gelten sieben Aussagen:

1. Eine Reduktion der Entropie und eine Zunahme der Differenzierung werden beobachtet;
2. Konvergierende Wellen ziehen in kleineren Bereichen Energie und Materie an;
3. Die Konzentration von Materie und Energie kann keine unendlichen Werte annehmen;
4. Entropische Prozesse sind erforderlich, um syntropische Konzentration zu kompensieren;
5. In der Natur stehen syntropische und entropische Prozesse in ständiger Wechselwirkung;
6. Wissenschaftliche Finalität und Finalursachen werden eingeführt;
7. Eine neue wissenschaftliche Methodologie ist notwendig, da die experimentelle Methode nur Ursachen untersuchen kann, die in der Vergangenheit liegen.

Fantappiè beendete sein Werk in der Überzeugung, Finalität und Syntropie seien die Essenz des Lebens. Schauen wir abschließend an, was wir über das Leben aussagen können:

Was unterscheidet das Leben im Aspekt der syntropischen Qualitäten: Finalitäten, Ziele und Attraktoren (von anziehen). Während wir zurzeit die Kausalität als Kern der entropischen Welt betrachten, ist in neutraler Sicht die Finalität als Kern der syntropischen Welt anzusehen. Es ist daher möglich zu sagen, die Essenz des Lebens bestehe in finalen Ursachen, in Syntropie. Leben bedeutet, Attraktoren zuzustreben. Das Gesetz des Lebens besteht nicht in mechanischen Ursachen, die das Gesetz des Nicht-Lebens und des Todes sind. Das Leben beherrschende Gesetz ist vielmehr das der Finalität und der Syntropie.

Syntropie (Begriff)

Der Begriff Syntropie wurde 1941 von dem italienischen Mathematiker Luigi Fantappiè in die wissenschaftliche Diskussion eingeführt und bezeichnet dort die Fähigkeit lebender Systeme sich auf einen in der Zukunft liegenden Zustand besserer Organisation auszurichten. Im Gegensatz zum Begriff der Entropie, mit dem man davon ausgeht, dass Systeme zu einem Ausgleich der Energieniveaus tendieren, ist Syntropie charakterisiert durch die Konzentration von Energie, durch Ordnung und die Herstellung von Differenzen, sowie die Fähigkeit eines Systems gegen den entropischen Tod zu arbeiten.

Syntropie als Begriff der Thermodynamik

Syntropie ist – nach Hans-Peter Dürr – hier die Möglichkeit einer Energieform, Energieleistungen, also Arbeit, zu verrichten. In diesem Zusammenhang wird Syntropie gängiger als Negentropie und Exergie bezeichnet. Wird Energie ‚verbraucht', was heißt, dass sie nach den Regeln der Thermodynamik umgewandelt oder abgewertet wird, spricht man davon, dass die Syntropie absinkt. So hat zum Beispiel die elektrische Energie einen hohen Syntropiewert, da sie einfach in andere Energieformen umgewandelt werden kann, Wärmeenergie dagegen einen nur geringen. Ohne die Zufuhr von Syntropie zerfällt - in diesem Sinne - jede geordnete Struktur. So kann man Syntropie verstehen als die ordnende Regruppierung entropischer Exporte sterbender Systeme (Gregory Bateson).

Syntropie als teleologischer Begriff

In diesem Sinne wurde der Begriff Syntropie durch Albert Szent-Györgyi (1893-1986; Nobelpreisträger) als ein Begriff der negativen Entropie geprägt, um das grundlegende, der Entropie entgegengesetzte Naturprinzip des Strebens nach einer höheren Ordnung zu beschreiben. Syntropie ist hier der Drang nach Selbstvervollkommnung, der lebender Materie innewohnt. In diesem Sinne wird der Begriff gerne von Kreationisten benutzt, um einen göttlichen Organisationsplan für die Welt gegen Charles Darwins Evolutionstheorie zu formulieren.

Die Wellengleichung

Vorbemerkung

Der Inhalt dieses Abschnitts steht hier der Vollständigkeit halber. Er ist zum Verständnis der Eyntropie und ihrer Anwendung auf die Transkommunikation nicht unbedingt erforderlich.

Retardiertes und avanciertes Potential

Zur mathematisch-physikalischen Beschreibung der elektrischen und magnetischen Erscheinungen, werden die nach ihrem Entdecker James Clerk Maxwell benannten Gleichungen benutzt. Aus ihnen kann eine ‚Wellengleichung' abgeleitet werden, deren Lösungen in zwei Formen als retardiertes und avanciertes Potenzial bezeichnet werden.

Das retardierte Potenzial beschreibt die Ausbreitung der von Heinrich Hertz entdeckten elektromagnetischen Wellen, die von zeitlich zurückliegenden Signalquellen ausgehen, wobei die Ursache-Wirkungs-Kausalität gewahrt ist. Sie gelten bis heute als alleinige Grundlage des elektrotechnischen Zeitalters.

Im avancierten Potential wird die gegenwärtige menschliche Entwicklung den Aktivitäten zeitlich späterer Quellen zugeschrieben, das heißt, in der Zukunft liegende, nicht unmittelbar nachweisbare Ursachen erzeugen in der Gegenwart zielgerichtete Impulse, und die übliche Kausalität ist nicht gewahrt. Diese Lösung wurde mehr oder weniger offiziell unterdrückt, um die Kausalität zu retten.

Syntropie, Entropie und Transkommunikation

Auf- und Abbau, Entstehen und Vergehen geordneter Strukturen werden als Wechselspiel von Syntropie und Entropie beschrieben.

Nach der Konzeption von Luigi Fantappiè steht Syntropie für die aus der Zukunft wirkende zielgerichtete Erzeugung und Steuerung der Ordnung lebender Systeme. Entropie steht für ihre Zerstörung und Überführung ins undifferenzierte Chaos.

Aufgrund ihrer Erscheinungsformen und Inhalte kann die Transkommunikation in ihrer Gesamtheit als syntropisches Phänomen charakterisiert werden, das – aus unserer Zukunft kommend – als Attraktor die Entwicklung der irdischen Menschheit zum Ziel der Vergeistigung anstrebt.

Anmerkung

Fantappiès eigene Beschreibung der Umstände seiner Konzeption als Vision lässt nicht erkennen, ob ihm die frühere, anders orientierte Verwendung des Begriffs Syntropie in der Medizin und Biochemie bekannt war.

Im Licht seiner Theorie kann sein persönliches Erlebnis als syntropisch gedeutet werden.

PROF. DR. ERNST SENKOWSKI

Signale von Signalen aus der Zukunft

Einführung

Nachdem Luigi Fantappiè den Begriff Syntropie eingeführt hat, der die zielgerichtete ‚finalistische' Steuerung des irdischen Lebens aus der Zukunft beschreibt, erscheint es sinnvoll, entsprechende transkommunikative Inhalte unter diesem Aspekt vorzustellen. Dabei kann es sich nur um eine begrenzte Auswahl ohne Anspruch auf Vollständigkeit handeln. Sie ist allerdings geeignet, den deutlich erkennbaren Beitrag der TK zur Bewusstseinsentwicklung zu demonstrieren, weil er insbesondere in Form der Anomalien elektronischer Geräte eine starke objektive Komponente besitzt.

Wir haben den vielfach gekürzten medialen und instrumentellen Beispielen aus Deutschland, England, Italien, Luxemburg und USA fünf Zitate aus der Philosophie, Physik und Wissenschaft vorangestellt.

Inhalt (Übersicht)

Gruppe 1 – Zitate aus Philosophie, Physik und Wissenschaft

Deutschland – Dichter F.W. J. Schelling
Deutschland – Philosoph Jean Gebser
Frankreich – Philosoph Frédéric Lionel
Deutschland – Physiker Burkhard Heim
USA – Physiker Robert Jahn und Psychologin Brenda Dunne

Gruppe 2 – Mediale Kommunikationen

Italien – Conte Mancini *Der Weise vom Turm*
USA – Lucille McNames (Alioth über Sari) *Eine namenlose Gruppe kosmischer Lehrer*
USA – Barbara Marciniak
England – Leslie Flint *Professeur Richet*
Deutschland – Klaus Schreiber *Abt Wiesinger*
Deutschland – Franz Schneider *Claudius Lichtkreis*
Deutschland – Kai Mügge Hans Bender/ I

Gruppe 3 – Instrumentelle Kommunikationen

Deutschland – Ernst Senkowski *Tonbandstimme*
Italien – Marcello Bacci unbekannte *Quelle/ I*

Italien – Marcello Bacci unbekannte *Quelle/2*
Italien – Marcello Bacci/Del Chicca *unbekannte Quelle/3*
Luxemburg – Harsch-Fischbach *Der Techniker*
Luxemburg – Harsch-Fischbach *Raudive*
Luxemburg – Harsch-Fischbach *Sainte Claire Deville*
England – Ken Webster *Transgruppe 2109/1*
Deutschland – Adolf Homes Thomas, Märtyrer, *Bischof von Canterbury*
Deutschland – Adolf Homes *Seth 3*
Deutschland – Adolf Homes *Majo, der Schamane*
Deutschland – Adolf Homes *Hans Bender/2*
Deutschland – Adolf Homes *Doc Müller*
Deutschland – Adolf Homes *Transgruppe 2109/2*
Deutschland – Adolf Homes *Jahwe*
Deutschland – Adolf Homes *Föderation des Lichts FdL*

Inhalt

Gruppe 1 – Zitate aus Philosophie, Physik und Wissenschaft

Deutschland – Philosoph F.W. J. Schelling:
‚Zur Erleichterung der Entzauberung der Welt durch den Menschen sandte der Himmel von Zeit zu Zeit höhere Wesen, die ihm den Blick in die frühere Welt wieder öffnen sollten.'

Deutschland – Philosoph Jean Gebser;
‚Dann (in der Zukunft) wird zwischen der Welt des Gedankens und der Welt der Wirklichkeit kein Unterschied mehr sein.'

Frankreich – Philosoph Frédéric Lionel:
‚Es gilt jetzt – im Chaos der Metamorphose – die Angst in Hoffnung zu wandeln.'
Diese Hoffnung ist begründet, denn:
‚Wer weder gegen die Tiefe des Lebens noch gegen den Geist schuldig wird, wer liebend Leben und Geist zu verbinden sich bemüht, der steht im Schutze des Lebens und des Geistes und damit selber in dem von ihnen bewirkten neuen Anfang' (Gebster)

Deutschland – Physiker Burkhard Heim:
‚Die in der Allgemeinen Feldtheorie eingeführten negentropischen (=syntropischen) Aktivitäten beschreiben das Geschehen in der Raumzeit als Projektion einer höherdimensionalen Transdynamik.'

USA – Physiker Robert Jahn und Psychologin Brenda Dunne:
'Lernen ist eine Übung des Bewusstseins, das die Entropie 'S' verringert und Chaos in Ordnung transformiert.' (L = - Δ S.)

Gruppe 2 – Mediale Kommunikation

Italien – Conte Mancini Der Weise vom Turm:
Merke auf: Im Turm befindet sich eine geheimnisvolle und überwältigende Sammlung von Entdeckungen, die die Menschen auf der Erde eines Tages werden erkennen können.

USA – Lucille McNames (Alioth über Sari) Eine namenlose Gruppe kosmischer Lehrer:
Wenn die Menschheit das in ihr ruhende Potential des Lichtes in ihrem höheren Selbst erweckt hat, wird ihr aus den ätherischen Bereichen ein Entwurf von Nicola Teslas Zweiweg-Kommunikationssystem gegeben werden. Tesla bezeichnete diese Erfindung als 'Cosmovision'. Aber sie wird nicht arbeiten, solange ihr nicht zuvor euer Bewusstsein erhöht habt.

USA – Barbara Marciniak:
Wir Plejadier kommen aus eurer Zukunft.
(Im Abschnitt Botschafter aus einer anderen Zeit des Werkes 'Die Boten des neuen Morgens')

England – Leslie Flint *Professeur Richet:*
Gewisse Typen von Experimenten werden (von uns) in einer solchen Weise durchgeführt, dass sie am Ende der Welt die Verwirklichung der Wahrheit des Lebens, des geistigen Lebens, und der Kommunikation zwischen unserer Welt und der euren beweisen werden.

Wir werden vielleicht niemals sehr erfolgreich sein, etwas zu erklären, was in eurer Sprache keine Bedeutung hat. Aber wir hoffen, darin erfolgreich zu sein, euch wirkliche tatsächliche Erfahrungen zu geben, von einer Art, die sichtbar und bezeugbar ist.

Deutschland – Klaus Schreiber, Abt Wiesinger:
Wer es verstehen will, mit uns in Kontakt zu kommen, der muss sich ganz von uns führen lassen. Den Menschen, die sich uns öffnen, diesen Menschen werden wir weiterhelfen in ihrem Diesseits, soweit wir können. Das ist unsere Aufgabe, die wir euch in Liebe und Freude geben werden.

Deutschland – Franz Schneider, Claudius Lichtkreis:
Zur Weiterentwicklung des Menschen ist erforderlich, dass ihm Informationen gegeben werden können aus der geistigen Welt.

Worum ich mich bemühe, ist, aus Eurer Vergangenheit Ansatzpunkte zu geben für die Entwicklung in die Zukunft. Wir alle, die wir hier auf unserer Ebene uns um die Transkommunikation bemühen, sind nichts anderes als Geburtshelfer für ein neues geistiges Bewusstsein.

Deutschland – Kai Mügge Bender/1:
Der Grund, warum wir hier gemeinsam zusammengekommen sind ist der, dass wir Menschen ...zusammenführen müssen, die sich endlich auflehnen gegen die Zerstörung ihrer eigenen Umwelt. Denn ihr werdet erfahren - und in kosmischen Zeitaltern gedacht, schon sehr bald - dass das menschliche Bewusstsein multidimensional ist und ihr, aber auch alle Wesen dieser Erde, multidimensionale Wesen sind, die in unzähligen Effigien existieren; auf verschiedenen Ebenen von Raum und Zeit, und die alle von eurem zerstörerischen Tun betroffen sind. Eure Verantwortung geht viel weiter, als ihr dachtet.*

Aus diesem Grunde sind wir eigentlich hier. Mit unseren fremdartigen Darbietungen (den medialen Phänomenen) ziehen wir die Aufmerksamkeit auf uns. Doch letztendlich ist es euer Gehör und euer Verständnis, dass wir wollen.

*Puppe aus Wachs, Holz oder ähnlichem, die mit der Kleidung des Toten versehen ist und bei Leichenfeiern die Stelle des Toten einnimmt‘.

Gruppe 3 – Instrumentelle Kommunikation

Deutschland – Ernst Senkowski, Tonbandstimme:
Wir kommen aus eurer Zukunft.

Italien – Marcello Bacci, unbekannte Quelle/1:
Dieses Forschungsgebiet kann Ihnen sozialere Aspekte Ihres Lebens geben.

Italien – Marcello Bacci, unbekannte Quelle/2:
Das Universum wird nicht vom Chaos (und von) der Unordnung beherrscht, es ist ein wahrer Kosmos. Die Ordnung vermag alles, weil in der Ordnung selbst das Geheimnis eurer Herkunft existiert. - Ereignisse, die nicht der wissenschaftlichen Ordnung angehören, sondern einer anderen Ordnung.

Das Wasser schafft die Wahrnehmung der Zeit und verleiht ihr eine innere Vision der Zukunft.

Italien – Marcelli Bacci Del Chicca, unbekannte Quelle/3:
Del Chicca gibt uns die Möglichkeit, den unendlichen Mechanismus des menschlich (kodierten?) Reifeprozesses langsam zu pflegen.

Luxemburg – Harsch-Fischbach, Der Techniker:
Damit jedoch der Skeptizismus bezüglich des Jenseits nicht diejenigen beeinflusst und verdirbt, die reinen Herzens und Glaubens sind, ist es mir seit einigen Jahren erlaubt, hier wie ein Mensch mit anderen Menschen zu sprechen, in der Hoffnung, die Unwissenheit könne erhellt und der Skeptizismus zerstreut werden.

Jeder hat seine eigenen Ziele gesteckt. Unter der Leitung eines Führers wird dem Menschen nur das Material zugeführt, das ihm von Nutzen sein kann. Wir helfen, wo wir helfen wollen.

Luxemburg – Harsch-Fischbach, Raudive:
Auf Irrwege gerät nur der, der versucht, eine kausale Verbindung herzustellen, (denn) die gibt es nicht. Der Grundirrtum der bisher vorherrschenden materialistischen Wissenschaft bei Ihnen besteht darin, dass Sie versuchen, das Gesetz von Ursache und Wirkung, das in einem beschränkten Bereich Ihres Daseins richtig ist, auf alle Erscheinungen zu übertragen, auch auf solche, wo es keine Gültigkeit hat.

Luxemburg – Harsch-Fischbach, Sainte Claire Deville:
Mein Name ist Henry Sainte Claire Deville. Ich verließ eure Welt 1881 und ich spreche zu euch in meinem Namen und im Namen unseres Stabes der Lifeline Wissenschaftler. Euer Vorhaben, wie das von Lifeline und das von Zeitstrom**, ist es, den Geist zu entzünden, den Geist in eurer Welt zu entzünden, und in diesem Augenblick des Versuches, die Zeit zu meistern, kann ich euch einige Erklärungen geben. Im niemals-Immer ist alle Zeit eins und zeitlos.*
*MTK-Partner der Metascience Foundation
**ITK-Partner der Harsch-Fischbach

England – Ken Webster, Transgruppe 2109/1:
Wir 2109 dürfen (must not) Eure Gedanken nicht direkt beeinflussen, aber wir geben Euch eine Art Führung, die Raum lässt für Euer eigenes Schicksal (Bestimmung, Notwendigkeit). Alles, was wir sagen können, ist, dass wir alle Teil desselben Gottes sind, was auch immer er/es? ist.

Deutschland – Adolf Homes, Thomas, Märtyrer, Bischof von Canterbury:
Worum ich mich bemühe, ist, aus eurer Vergangenheit Ansatzpunkte zu geben für die Entwicklung in die Zukunft.

Deutschland – Adolf Homes, Seth 3:
Es ist jedoch für den Menschen eine neue Existenzweise geplant. Er wird eine Metamorphose durchmachen. Am Ende seiner Metamorphose wird er sich an seine früheren Inkarnationen erinnern. Diesen Prozess werdet Ihr suchen. Die Situation des Menschen benötigt viele neue Informationen zu anderen höheren Realitäten.

Deutschland – Adolf Homes, Majo, der Schamane:
Die Nichtzeit ist der Schlüssel zur Zeit.

Deutschland – Adolf Homes, Hans Bender/2:
Ein jeder von euch erhält die Kontakte von uns, die wir aufgrund seines Bewusstseinszustandes sowie dem Zustand seiner Seele für richtig halten.
Ihre Metamorphose hat bereits begonnen. Die Intervention der Zeitalter wird verstanden/verständlich. Dadurch werden die Kontakte zu Ihnen begünstigt, da die Transformation dies bewirkt. 1994

Deutschland – Adolf Homes, Doc Müller:
Suchen Sie bitte nicht nach Gründen, da Ihre Gesamtlogik nicht stimmt. ... Die menschliche Logik entspricht keineswegs der Wirklichkeit. Ihre Wirklichkeit ist von Ihnen emotional geschaffen. Wir haben aufgrund von Naturgesetzmäßigkeiten kaum einen Einfluss auf physisches Sein.

Bedenken Sie, dass es den physischen Körper in der Information nicht gibt. Information ist die Wirklichkeit. Der Austausch der Information sowie die Möglichkeiten können geschaffen werden.

Deutschland – Adolf Homes, Transgruppe 2109 /2:
*Die Edukation** *des Menschseins im geistig kosmischen Sinne bleibt unserer aller Aufgabe.*
*'Erziehung, Ausbildung, Belehrung, Bildung, Drill, Formung, Prägung, Schulung, Unterricht, Unterweisung'

Deutschland – Adolf Homes, Jahwe:
Leben und Tod in eurem Zeitbegriff ist ein winziges Etwas in der Endlosigkeit des Geistes. - Geistige Lehrer kommen und gehen, um euch die Dimensionen der jeweiligen Systeme zu deuten. Ihr bekommt Hilfe.

PROF. DR. ERNST SENKOWSKI

Deutschland – Adolf Homes, Föderation des Lichts FdL:

Unsere Informationen kommen aus vielen Bereichen der Antisternentage. Die Föderation des Lichts kommt aus Eurer Zukunft und Vergangenheit, um Euch in Eurer Gegenwart zu helfen. (15.1.1996)

Wir bewegen uns bei diesen Kontakten rückwärts in Eurer Zeit.

Liebe schafft im Chaos das neue Universum. Wir, der Geist in den Welten, haben den Auftrag, Euch den Weg zu bereiten – Wir wollen Euch energetisieren und auf das Kommende vorbereiten.

Verfallt bitte nicht so sehr der materiellen Welt, sie ist zu kurz, um Frieden zu finden. Empfangt durch Eure Zellen und Bewusstsein die Liebe, so dass Ihr sie denen gebt, die nach ihr hungern. Liebe schafft im Chaos das neue Universum. Tragt diese Information in Euch und verbindet Euch mit Ihr. Alles was lebt, und es lebt alles, ist Teil der Schöpfung. Niemand soll sich vor einer Verurteilung fürchten, sondern ganz einfach die Urgöttlichkeit als Vollkommenheit in sich fühlen.

Wir, der Geist in den Welten, haben den Auftrag, Euch den Weg zu bereiten, auf dass das Unheil keinen Platz mehr bei Euch finde. Geist, welcher in Liebe und Demut erkennt, sei gesegnet, denn er gehört zu den Atlantern. Dieser Geist schafft alle äußeren Formen. Was Ihr davon zurücklasst, ist bedeutungslos. Nur die Angst vor dem Ungewissen schafft jede Art von Göttern. Geist, welcher die Liebe der Allmacht erkennt, ist furchtlos in Eurer und in unserer Zeit.

Viele von Euch sind bereits in der Lage, verschiedene Existenzen zu überblicken, und auch Facetten lassen sich erkennen. Ihr seid alle Teil dieser Formen. Uns ist bekannt, dass Ihr manchmal mit unseren Durchsagen wenig anzufangen wisst. Doch dies ist Absicht. Wir wollen Euch energetisieren und auf das Kommende vorbereiten. Benutzt stets den gesunden Menschenverstand. Lernt bitte Geduld zu üben, wir können nur das für Euch tun, was Ihr selbst wollt, und dazu habt Ihr genug Energie.

Es ist zu empfehlen, die Informationen der FDL ernst zu nehmen, da wir dieses Experiment, ähnlich wie das mit ABX-Juno und viele andere, nicht endlos fortsetzen können. (22.1.97)

Wir ergänzen diese Beispiele durch zwei Zitate von *Hans Bender* Bei Homes:

Die Grundsätze der monokularen Forschung stimmen nicht.

Ich möchte dazu beitragen, dass die Parapsychologie bei ihnen binokular betrachtet wird. (24.2.94)

PROF. DR. ERNST SENKOWSKI

Es liegt nahe, den Begriff monokular mit der entropischen Wissenschaft, Technik, Wirtschaft und Politik zu identifizieren, die für das syntropische Leben blind ist.

Binokular würde dann die Kombination von entropisch und syntropisch bedeuten. Tatsächlich sieht man wohl mit dem Zweiten besser. ☺

Worte von Pablo Picasso:

Ich suche nicht – ich finde.

Suchen – das ist Ausgehen von alten Beständen und ein Finden-Wollen von bereits Bekanntem im Neuen.

Finden – das ist das völlig Neue!

Das Neue auch in der Bewegung. Alle Wege sind offen und was gefunden wird, ist unbekannt. Es ist ein Wagnis, ein heiliges Abenteuer!
Die Ungewissheit solcher Wagnisse können eigentlich nur jene auf sich nehmen, die sich im Ungeborgenen geborgen wissen, die in die Ungewissheit, in die Führerlosigkeit geführt werden, die sich im Dunkeln einem unsichtbaren Stern überlassen, die sich vom Ziele ziehen lassen und nicht – menschlich beschränkt und eingeengt – das Ziel bestimmen.

Dieses Offensein für jede neue Erkenntnis im Außen und Innen: Das ist das Wesenhafte des modernen Menschen, der in aller Angst des Loslassens doch die Gnade des Gehaltenseins im Offenwerden neuer Möglichkeiten erfährt.

Pablo Picasso

Nachwort Ernst Senkowski:

Wir dürfen davon ausgehen, dass die ‚halbierte' Beschreibung unserer Lebensdynamik dem Materialismus erheblichen Vorschub geleistet und die Menschheit den Verlockungen der allein selig machenden retardierten Potentiale ausgeliefert hat. Im Zuge dieser Entwicklung wurden die spirituellen Grundlagen des Daseins zum Tabu erklärt.

Der Physiker, Philosoph und Friedensforscher C. F. von Weizsäcker beschrieb in seinem Buch ‚*Im Garten des Menschlichen*' die irdische (entropisch basierte) Situation:

‚Christen müssen die Wissenschaftler fragen, ob das, was sie der Welt antun, nicht vielleicht objektiv verbrecherisch ist. Weltzerstörung durch die Folgen objektivierender Erkenntnis. Objektiv, nicht subjektiv verbrecherisch. Eine durch die Erfahrung der Sünde hindurchgegangene Wissenschaft könnte zu sich selbst finden; eine gegen diese Erfahrung abgeschirmte Wissenschaft wird objektiv böse.‘

Es ist verständlich, dass Fantappiè für die von ihm eingeführte Syntropie nicht mit dem Nobelpreis ausgezeichnet worden ist (Für seine mathematischen Arbeiten wurde er vielfach geehrt). Vielleicht wollte das Establishment niemanden herausstellen, der ihm des Kaisers Kleider ausgezogen hatte.

Vor Zeiten hat Andreas Resch den Parapsychologen empfohlen, ihre Forschungen den Phänomenen anzupassen, anstatt sie mit den üblichen Methoden vergewaltigen zu wollen. Fantappiè verwies auf den syntropischen Charakter der PSI-Phänomene, die vorwiegend spontan auftreten und sich bestenfalls statistisch erfassen lassen.

Wenn Luigi Fantappiè Recht hat, verstößt die Menschheit mit ihrem entropischen Handeln gegen das kosmische Prinzip der Syntropie und wird voraussichtlich im selbstgeschaffenen Chaos untergehen - gemäß der Warnung: *Euer Wille sei es – kein Stein wird auf dem andern bleiben.*

Vielleicht kann die TK, wenn sie als syntropisches Phänomen erkannt und akzeptiert wird, dazu beitragen, das Schlimmste zu verhüten.

Ergänzend sei auf das von Armin Risi vorgeschlagene Modell der Involution hingewiesen, mit dem er sich gleichermaßen gegen den materialistischen Darwinismus wie gegen den religiösen Kreationismus wendet und den Geist als Quelle des Seins versteht, der das Niedere zum Höheren entwickelt. Diese Beschreibung ist Fantappiès Theorie ähnlich.

Für mich sieht es nun nach Fantappiè so aus, als könne man das gesamte mediale Geschehen einschließlich der elektronischen Erscheinungen mit dem Begriff ‚Syntropie‘ erfassen, das heißt: zur Entwicklung der Menschheit werden uns aus der Zukunft Impulse angeboten. die geeignet sind, unser Bewusstsein stärker auf das Geistige/Spirituelle auszurichten und die Begrenztheit unserer materiellen Vorstellungen zu überwinden.

Diese Annahme lässt es offen, ‚wer‘ in unsrem Sinne die ‚Absender‘ dieser Botschaften sind, und wir sollten vorsichtig sein, sie uns als menschenähnliche Personen vorzustellen. Wahrscheinlich können wir sie in keiner unserer Sprachen beschreiben. Es bleibt leider auch offen, warum wir das alles erleiden müssen, da aber unsere Logik nicht stimmt, hat es wenig Sinn, sich den Kopf darüber zu zerbrechen. Es ist wie es ist.

Wenn für uns eine Entwicklung – von wem auch immer – geplant ist, so sollten wir die uns geschenkten Hinweise nicht nur bedenken, sondern auch be-herz-igen und in unser Leben einbauen.

Ernst Senkowski, im April 2015

Ein „Walk-In" der Zwillingsseele

Dass mich jeden Tag Menschen kontaktieren, die außergewöhnliche Dinge erlebt haben oder erleben durften, ist mittlerweile - nach den letzten Jahren meiner Aufklärungsarbeit - immer noch das Highlight eines jeden Tages. Immer wenn ich denke: „Nun kennst Du wirklich jeden spirituellen Winkel des Universums menschlicher Transzendenz", werde ich eines Besseren belehrt.

Ich bin dankbar, das mich „PSI-Erfahrene" durch meine Tätigkeit als Vertrauenswürdig empfinden, und mir ihre intimsten Erlebnisse anvertrauen und mich tiefer in ihre Seele blicken lassen, als ihren Arzt oder oft auch ihren Partner. Zu groß ist immer noch die Angst, für verrückt gehalten zu werden oder mit gesellschaftlichen Stigmata ausgestattet zu werden.

Das ist auch der Grund, warum die vielen „schweren" Spukfälle kaum an die Öffentlichkeit gelangen - denn wer kann auf „normalem" Wege erklären, dass das Wohnzimmer ohne eigenes zutun innerhalb weniger Sekunden zerstört wurde. Dass, wie von „Geisterhand" die Fenster und Türen herausgerissen und die Möbel durcheinandergewirbelt wurden. Und das alles in der kurzen Zeit, als man sich nur einen Kaffee aus der Küche holen wollte und in das Wohnzimmer zurückkam, welches man dann in diesem zerstörten Zustand vorfand.

Dies sind keine Märchen aus „Tausend und einer Spuk-Geschichte", sondern Aussagen von Dr. Dr. Walter von Lucadou, welcher die parapsychologische Beratungsstelle im Breisgau leitet. Er bearbeitet im Schnitt alle 3 bis 4 Monate einen solch schweren Spuk-Fall.

Walter von Lucadou kennt diese „unmöglichen Dinge" nun schon seit über 45 Jahren, seit er diese Stelle leitet. Er und sein Team bearbeiten rund 3.000 Fälle im Jahr.

Nun aber zu einem mir bis dahin nicht bekannten Phänomen. Ich dachte, dass ich bereits alle Facetten des Paranormalen kennen würde – falsch gedacht. Manche dieser Geschichten sind selbst für mich so fantastisch, dass ich erst einmal eine Nacht darüber schlafen muss, um die Schilderungen richtig einsortieren zu können. Auch die nun folgende Story gehört dazu.

Es hat viel Mut der Protagonisten bedurft, dass Sie mir das, was sie mir in unzähligen Telefonaten erzählt haben, zu Papier gebracht haben.

Dadurch, dass ich mit einigen sehr vertrauenswürdigen Medien arbeite, nutze ich auch deren Hellsichtigkeit, um manche dieser „unglaublichen Geschichten“ überprüfen zu lassen.

Erst dann, wenn mir von mehreren Medien bestätigt wurde, dass es sich um eine wahre Begebenheit handelt, wird der Kontakt intensiviert. Oft geht es um Hilfe und um die Einordnung ihrer Erlebnisse und um mein Know-how, um eine Erklärung zu finden. Manche suchen aber auch Rat.

Es freut mich sehr, dass ich vielen Menschen helfen konnte, alte Traumata aufzulösen, indem ich ihnen meine Kontakte zu Experten in der Familienaufstellung, transpersonaler Psychologie oder einem Medium weitergereicht habe.

Um Probleme zu lösen, die oft ein halbes oder in machen fällen ein ganzes Leben lang ungelöst das Leben der Betroffenen stark beeinträchtigt hatten.

Wenn Du und Dein Körper plötzlich Besuch bekommt –

Ein außergewöhnlicher und einmaliger „Walk-in“ der Zwillingsseele.

Was ist passiert? Ein Erlebnis aus zwei persönlichen Perspektiven.

Zuerst aus der Sicht von Ulli:

Ulli ist eine Frau in der Mitte des Lebens und wohnt in Deutschland.

Eine Woche vor Pauls Unfall wurde ich krank. Ich hatte Kopfschmerzen, Hüftschmerzen und eine merkwürdige Depression. Es war mir unerklärlich, weil ich schon lange keine Migräne mehr hatte und eine solche Depression nicht kannte.

Ich lag tagelang im Bett und dachte, ich müsse sterben. Ich verfasste sogar ein handschriftliches Testament bezüglich meiner geliebten Puppensammlung. Das war mein leidenschaftliches Hobby seit 14 Jahren. Meinen Mann habe ich damit so manchmal ärgerlich gemacht, weil dadurch oft unser monatliches Geld knapp wurde.

Nun lag ich da und wollte - sollte ich das hier nicht überleben - dass er die Puppenkinder ohne Probleme verkaufen konnte. So steckte ich jedes Zertifikat unter den Popo jeder entsprechenden Puppe.

Freitags schenkte mir mein Mann, nach dem er vom Einkaufen heimkam, die neuste DVD von „Fast and Furious", weil ich ein großer Fan von Vin Diesel bin. Ich legte den Film achtlos in meinen Nachtschrank. Mir ging es immer noch nicht besser. Samstags wurde mein Zustand noch schlimmer, aber es ebbte zur Nacht auf Sonntag wieder ab.

Am nächsten Tag ging es mir unerklärlicher weise wieder um einiges besser. Ich konnte wieder aufstehen und mein Krankenlager verlassen. Eine relativ neue Wanduhr mit neuen Batterien war über Nacht einfach stehen geblieben. Ich schaltete mir den Fernseher an und wechselte zum Videotext, um nach Neuigkeiten und Nachrichten zu sehen. Ich war ja seit einer Woche uninformiert.

Da stand etwas, was mir den Boden unter den Füßen wegzog, wusste aber nicht, warum es mich so tangierte. „Paul Walker tot!" Wer ist Paul Walker? Es fiel mir nach einigen Überlegungen wieder ein. Ich hatte seinen Namen auf einer „Fast and Furious"-DVD-Hülle gelesen. War das nicht der blonde Sunnyboy, der die Hauptrolle in diesen Filmen hatte, zusammen mit Vin Diesel? Ja stimmt, jetzt erinnerte ich mich genau! Der blonde Schönling. Ich hatte diese Filmreihe nur immer wegen Vin Diesel gesehen. Aber warum berührte mich das so sehr? Ich schaltete alle Stunde den Videotext ein, um heraus zu finden, was mit ihm passiert war. Und woran er starb. Gegen Nachmittag kam dann die ergänzende Meldung – bei einem Autounfall. Ich dachte: „Das war es jetzt - nun weißt Du es!"

So war es normalerweise, wenn ein Prominenter gestorben war – aus den Augen, aus dem Sinn. Es tat mir zwar leid, aber mein Motto war: „Ich kann es eh nicht ändern!" Am nächsten Tag (Montags) postete ich ein Foto von Paul auf Facebook mit R.I.P. und das war es für mich üblicherweise, wenn ein Star verstarb, den ich schon mal gesehen hatte.

Am Dienstagmorgen stand ich mit meinem Mann wie gewohnt auf, weil er zur Arbeit musste und danach legte ich mich meistens noch einmal ins Bett und schlief eins bis zwei Stunden. So auch an diesem Tag. Ich schlief sofort wieder ein und träumte ganz normal, wie immer. Plötzlich wurde ich aus meinem Traum gerissen, er stoppte abrupt und ich befand mich in einer Nebelwand. Es schien alles so real, wie nicht von dieser Welt. Ich hatte schon einmal ähnliches erlebt, nur war das damals ein halbes Jahr nach dem Tod meiner Mutter. Da war es ein schwarzer Raum. Dort sprach ich mit meiner Mutter. Ich wollte damals wissen, ob es ihr gut geht, wo sie nun war. Sie sagte mir dort, dass es ihr gut gehen würde.

Nun war ich in diesem Nebel. Ich sah den Umriss einer Person, die langsam auf mich zukam. Als sie näher kam erkannte ich das Gesicht von Paul Walker. Ich konnte nicht denken und ich war wie erstarrt. Er sprach kein Wort und kam nur näher und näher. Als er direkt vor mir war, gab er mir einen Kuss. Ich starrte ihn an und war verwirrt. Dann gab er mir noch einen zweiten Kuss. Ich verspürte einen Schmerz in meiner linken Unterlippe. Sofort schreckte ich hoch und befand mich mit Herzklopfen in meinem Bett und war total verschwitzt. Meine linke Unterlippe blutete. Ich dachte, dass ich mir vielleicht selbst darauf gebissen habe. Aber das war an einer Stelle, wo ich es mir unmöglich hätte selbst zufügen können. Ich lag nämlich auf dem Rücken und ich hätte mir extrem den Mund verziehen müssen, um mich da zu verletzen und drauf zu beißen.

Ich stand auf und machte mir erst einmal einen Kaffee. Innerlich war ich verwirrt und irritiert. Es schien so real und echt, diese Vision oder Traum. Ich rauchte eine Zigarette und machte meinen PC an. Aufgewühlt schrieb ich meinem Freund und Vertrauten Alfred bei Facebook. Ich erzählte ihm von meiner Vision/Traum und fragte ihn: „Warum hat sich Paul Walker von mir verabschiedet?" Ich wäre nie ein Fan von ihm gewesen oder hätte für ihn geschwärmt. Was das seiner Meinung nach zu bedeuten hätte. Alfred wurde schon 3mal nach Unfällen wieder ins Leben zurückgeholt, aber er konnte sich an kein einziges Nahtoderlebnis erinnern. Allerdings sagte ihm seine Mutter, er hätte verwirrende Sachen im Krankenbett gesagt, woran er aber keinerlei Erinnerungen hatte. Alfred schrieb mir zurück, ich solle einfach abwarten. Sicher würde es eine Erklärung geben, denn manchmal gäbe es mehr zwischen Himmel und Erde, als die Schulweisheit uns lehren würde. Ich solle mir meinen Kopf nicht zu viel darüber zerbrechen. Er hatte Recht. Am nächsten Tag, als ich aufgestanden war, saß ich wie gewohnt mit der Freundin meines Sohnes in der Küche, trank meinen Kaffee und rauchte meine erste Zigarette des Morgens. Ich fühlte mich innerlich so fremd, so anders. Keineswegs schlecht, im Gegenteil - eher sehr gut! Warum ich den Satz sagte: „Ich glaube wir haben einen neuen Schutzengel im Haus", das weiß ich nicht mehr, aber ich sagte es! Ich denke, das kam von der schönen und positiven Empfindung in mir und das ich mich wieder gesund und wohl fühlte. Dies war sicher der Impuls meiner spontanen Aussage!

Als die Freundin meines Sohnes die Küche verlies, blieb ich noch sitzen, um meinen Kaffee zu Ende zu trinken. Plötzlich hatte ich Gedanken – Halt -es waren nicht meine Gedanken – es waren Worte, als wenn jemand unsichtbares neben mir sprach - aber nicht akustisch: „Ich bin´s, Paul Walker, Deine Zwillingsseele. Ich bin real und bei Dir in Deinem Körper"-oder so ähnlich.

„Was ist das?", dachte ich.

Ich antwortete im Kopf zurück: „Verarschen kann ich mich selbst, denn so etwas gibt es nicht!" So ungefähr waren meine Gedanken dazu. Dann war es wieder still.

Um mich abzulenken, fing ich an zu putzen. Ich verspürte einen inneren Drang dazu. Es war merkwürdig - ich musste sauber machen.

Ich dachte dabei: „Ja, ein Traum ist etwas anderes als dass, was ich nun in meinem Kopf gehört habe – es war sicher eine Einbildung oder Illusion. So etwas gibt es nicht." Die Vision stufte ich nun als Traum ein. In Träumen verarbeitet man nur etwas, was man im wachen Zustand nicht ganz begreifen kann. Sicher tat es mir sehr leid, um diesen Schauspieler. So jung aus dem Leben gerissen. Sicher vermissten ihn eine Frau und Kinder. Seine Fans und Freunde. Ich kannte ihn nicht, nur seinen Namen.

Ich glaubte zwar an Phänomene und habe für ein Wunder gebetet, aber mir passiert so was nicht. Ich bin ich und mir passieren keine dieser Dinge, das ist was für andere. Innerlich schimpfte ich mit mir selbst und machte mir klar, dass das, was ich glaubte gehört zu haben, nicht echt sein konnte. Ich putzte fleißig um mich abzuregen und abzulenken. Der Postbote klopfte und brachte mir zwischendrin ein Paket. Ich stellte es ins Wohnzimmer. Es war meine Sonderpuppe „Pea Millie" – es gibt nur 5 Stück weltweit und jede ist ein Unikat für sich, also ein Einzelstück. Eigentlich hatte ich darauf hin gefiebert, sie endlich zu erhalten. Ich hatte sie mir reservieren lassen, sollte die Verkäuferin sich eines Tages von ihr trennen können. Aber ich stellte das Paket einfach in eine Ecke des Wohnzimmers. Normalerweise hätte ich die Puppe sofort vor Sehnsucht ausgepackt, aber innerlich blieb ich emotionslos. Ich putzte weiter und dachte nicht mehr an das Paket. Aber ich sah den Schmutz, der sich über die Zeit in den Ecken angesammelt hatte. Da ich nie die Superhausfrau war, verspürte ich auch jetzt keine Freude daran. Aber ich verspürte diesen inneren Drang dazu, es tun zu müssen. Abends fiel ich wie ein Kartoffelsack ins Bett.

Da war sie wieder, diese telepathische Stimme in meinem Kopf: „Ich bin es – Paul." „Ignorieren" war mein erster Gedanke. Ich stellte auf stur, betete und schlief ein.

Am nächsten Morgen erwachte ich und der linke Arm war um meinen Hals gelegt, dazu wünschte mir noch jemand unsichtbares: „Guten Morgen". „Ignorieren", dachte ich sofort und schon war es still. Ich trank meinen Kaffee und rauchte wie üblich meine erste Zigarette dazu. Und schon hatte ich wieder diesen Drang zu putzen. Dabei stieß ich wieder auf das Paket, das ich genauso ignorierte, wie die Stimme, die nicht zu mir gehörte. Es blieb verpackt und blieb stehen. Ich glaube, ich habe es erst am 4. Tag ausgepackt, weil es vor meinen Füßen stand. Ohne Gefühlsregung entnahm ich das Puppenkind aus ihrem Kasten und setzte es zu meiner Sammlung, die nun um ein weiteres Mitglied erweitert wurde. Ich stand vor meiner Sammlung, zum Teil Einzelstücke, Prototypen und Originale, und konnte mir nicht mehr erklären, warum ich eigentlich Puppen sammelte.

Alles so merkwürdig und komisch, aber ich fühlte mich im Inneren außergewöhnlich gut.

Mehr als eine Woche blockte ich alle Versuche zur Kommunikation von Paul ab. So gut es ging ignorierte ich ihn, sich mit mir zu unterhalten.

Unter anderem blieb mein Putz-Wahn, meinem Mann nicht verborgen. Ich jammerte, dass ich vielleicht einen Gehirntumor hätte, weil ich Stimmen hörte oder dass ich eine Besetzung durch eine zweite Seele hätte. Aber er meinte, er tendiere zur zweiten Seele, krank sei ich bestimmt nicht. Mein Mann meinte, dass ich mich total verändert hätte und fragte mich, ob ich es selbst nicht bemerkt habe. Seit über einer Woche wäre ich nicht mehr am Computer gewesen, um mir eine neue Puppe zu kaufen. Und das Haus wird von Tag zu Tag schöner und sauberer.

Ich machte sauber und die Puppengedanken waren wie weg geweht, seit ich diese telepathische Stimme zum ersten Mal in mir hörte.

An diesem Abend - nach weiteren Putz-Attacken - fragte ich Paul, als er sich zu Wort meldete: „Wie funktioniert das? Du bei mir?" Er antwortete: „Ich bin mit in Deinem Körper, besser gesagt mein Geist - das was ich wirklich bin - was von mir übrig geblieben ist - was man Seele nennt!"

Ich meinte nur: „Wow, wer wird das glauben? Paul Walker meine zweite Seele. Echt crazy!"

Ich wusste absolut nichts über ihn. Kein Alter, wo er beheimatet war, Familienstand - rein gar nichts! Das Einzige was mir bekannt war, ist, dass er in der Film-Reihe „Fast and the Furious" mitspielte. Das er Schauspieler war und seit kurzem erst kannte ich seinen Namen. Und das er bei einem Autounfall starb. Nicht viel für einen Mitbewohner-Gast im eigenen Körper. Warum war er bei mir, auch wenn er mir gefühlsmäßig gut tat. Ich spürte, dass er nichts Böses war. Im Grunde ist er wie ein Engel. Ich habe ihm bisher keine Chance gegeben, um sich zu erklären. Aber meine Art war nun mal, dass ich ein skeptischer Mensch bin - was mich persönlich betraf. Auch wenn ich an Geister, Aliens und andere Phänomene glaubte, solange sie nichts mit mir zu tun hatten, war das für mich in Ordnung. Ich war offen für viele Wunder, aber das, was ich gerade erlebte, das ist mehr als unglaublich für mich.

Ich dachte, wenn ich dem, was da vorgeht, keine Chance gebe - auch wenn ich es weiterhin nicht glauben wollte - wäre ich unfair. Also gab ich ihm die Möglichkeit sich *mit mir zu unterhalten. Solange bis mir der Gedanke kam: „Das ist doch verrückt. Das gibt es doch eigentlich nicht." Er merkte es und stoppte in dieser, meiner, ungläubigen Phase. Dann war er wieder ganz still.*

Ich lenkte mich dann ab und setzte mich wieder an den Computer. Aber nicht, um nach Puppen zu „googlen". Dieses Interesse war endgültig vorbei. Ich suchte nach Berichten von Pauls Unfall, schaute mir Bilder von ihm an und las seine Biographie. So konnte ich wenigstens etwas über ihn in Erfahrung bringen. Da war auch ein Bericht über seine Freundin - mit Fotos, wo sie in Tränen aufgelöst war. Er wäre mit ihr schon sieben Jahre zusammen gewesen. Sie hätten die Hochzeit schon geplant. Sie stand mit Tränen im Rampenlicht. Ich meinte zu ihm: „Das ist sehr tragisch, die Ärmste, es tut mir furchtbar leid." Überraschenderweise sagte Paul zu mir: „Ja ich war einmal mit ihr zusammen, daran kann ich mich erinnern, aber ich glaube, zum Zeitpunkt meines Unfalls war ich schon lange von ihr getrennt." Er könnte sich an eine Hochzeitsplanung nicht im Geringsten erinnern. Bezüglich dieses Berichtes stellte es sich später heraus, dass er nur 5 Jahre mit ihr zusammen war und sich schon 2 Jahre vor seinem Unfall von ihr getrennt hatte. Sie sah so die Chance, berühmt zu werden - als letzte Frau in Pauls Leben. Was sie nun auch ist. Paul sah es gelassen und meinte als wir die Wahrheit fanden, er würde ihr das verzeihen. „Sie hat für sich die Möglichkeit ergriffen und so sich mit mir ein Denkmal geschaffen." Er empfand das nicht als Böswilligkeit von ihr. Paul meinte, daran kann ich jetzt auch nichts mehr ändern, ist nun mal so. Manches wusste er noch wage und erinnerte sich langsam wieder. Anderes war ihm wie fremd. Aber was seine direkte Familie, wie seine Tochter, Mutter, Vater und Geschwister anging, das empfand er als gefühlsmäßig vertraut, auch wenn vieles gemeinsam mit seiner Familie Erlebte weg war. Seine Tochter, und das wusste er absolut, war das Wichtigste in seinem Leben.

Dann stellte er fest - da viele Berichte auf Englisch waren - dass er seine Sprache vergessen hatte. Zum Glück konnte ich noch mein Schul-Englisch. Was in meinem Kopf gespeichert ist, darauf hatte er ebenfalls Zugriff. Einige Monate später, als ich unserem Phänomen und Wunder immer mehr Glauben schenkte, kaufte ich für Paul zwei dicke Studienführer von Langenscheid. Einer Deutsch-Englisch und der andere Englisch-Deutsch.

Er las mit mir öfters einige Seiten in diesen Wörterbüchern und lernte in Windeseile - nur beim darüberlesen. Ich war baff. Paul kann zwar noch nicht wieder exakt alles in seiner Sprache, aber er hat es bisher sehr gut aufgearbeitet. Was das Interessante daran ist: wenn ich eine Übersetzung brauche, egal in Deutsch oder Englisch, weiß Paul sofort das richtige Wort.

EIN „WALK-IN" DER ZWILLINGSSEELE

Er ist auch extrem gut in Mathematik, vor allem im Kopfrechnen, was nie meine Stärke war.

Mit der Zeit merkten wir, dass Paul mehr meine linke Körperhälfte kontrollierte. Er hatte mich bzw. uns dadurch beidseitig gleich werden lassen. Früher war ich eher rechts aktivierter und sicherer. Nun war es ausgewogen. Früher hatte ich wenig Ahnung von handwerklicher Arbeit, wie zum Beispiel Reparaturen im Haus. Nun erledigten wir das gemeinsam, durch Pauls Kenntnisse. Auch hatte ich plötzlich mehr Kraft in beiden Armen und Händen. Wir räumten zusammen ein Wohnzimmer ein, dass früher ein Abstellzimmer war. Unter anderem eine Federkern-Couch mit 3er und 2er Sitzelemente durch zwei normal große Zimmertüren. Ich hatte das Gefühl, ich würde daneben stehen und nur zusehen. Denn das war alles sehr schwer und kniffelig. Freunde sagten, das Ganze wäre unmöglich, alleine mit meiner kleinen Körperstatur. Ich kann es mir selbst kaum vorstellen - bis heute nicht - wie das funktioniert hat, wenn ich das Zimmer eingerichtet sehe. Und es war Pauls Idee, aus dem Abstellzimmer ein Wohnzimmer zu machen. Unser Haus hatte bis zu dieser Zeit keines. Er war der Ansicht, dass jedes Haus ein Wohnzimmer haben müsste. Er verbesserte ständig eine Situation im und um das Gebäude, was mehr Wohn-Qualität brachte.

Ich bin mit Pauls Anwesenheit zu einem Autofan mutiert. Wir schauten ab der nächsten Saison Formel 1, was mich früher nie interessiert hatte. Ich fand das vorher sehr langweilig, wie Autos immer nur „im Kreis" rasten. Das war damals für mich ohne Sinn und Zweck. Nun kenne ich mich durch Paul besser darin aus, als ich mich jemals beim Puppensammeln ausgekannt habe. Einmal im Jahr fahren wir sogar zum Hockenheim-Ring nach Baden-Württemberg zu der Drift-Performance. Das machte uns und meiner Familie so viel Spaß, dass wir es nun jedes Jahr zu einem besonderen Tag machen.

Nach 13 Jahren ohne Lenker in der Hand, fuhr ich mit Paul zum ersten mal wieder ein Auto. Jeder von unseren Freunden hatte gesagt: „Na, daran muss man sich erst einmal wieder gewöhnen, bis man wieder alles drauf hat und das mit einem großen Ford Mondeo Caravan."

Das Auto war zur Reparatur im Nachbarort bei unserem Monteur. Mein Mann wollte es nach seiner Arbeit abholen. Er selbst war mit der Bahn zur Arbeitsstelle gefahren. Der Bahnhof war in einem anderen Nachbarort. Paul war an diesem Tag irgendwie neckisch drauf. Er meinte: „Lass uns mal den Monteur anrufen, wann das Auto fertig ist." Ich stutzte, da hatte er doch sicher etwas im Sinn, was ich in seinen Gedanken nicht lesen konnte. So war es denn auch. Wir riefen den Automonteur an und der meinte: „Ja, in einer Stunde ist es wieder fit." Paul drängte mich: „Komm, lass uns einen Spaziergang machen!" Ich wollte erst nicht, aber seine Überredungskunst ließ uns dann doch losgehen und wir liefen zur Werkstatt in die nächste Gemeinde. Wir warteten noch einen Moment, bis das Auto fertig war und Paul übernahm das Wort. Er sprach mit dem Monteur: „Hey, ich will meinen Mann überraschen und ihn vom Zug abholen!" „Alter Lügner", dachte ich, aber wir bekamen den Schlüssel. Das Auto stand mittlerweile schon auf der Straße. Mit quietschenden Reifen und selbstsicher fuhr Paul an. Ich hatte mal wieder das Gefühl daneben zu sitzen. Nichts merkte man von den 13 Jahren die dazwischen lagen und meine Füße wieder Auto-Pedale berührten. Paul fuhr rasant einige Runden durch den Ort, dann Richtung unserer Gemeinde. Wir besuchten meine Schwägerin. Danach noch ein paar Runden, in und um unser Dörfchen, dann erst einmal nach Hause. Selbstsicher parkte er den Mondeo im Hof. Eine Stunde später, es war schon dunkel, fuhren wir an den Nachbarort-Bahnhof, meinen Mann abzuholen. Der staunte nicht schlecht, als wir da standen. Paul durfte ihn sogar nach Hause kutschieren, er fuhr die Strecke aber sowas von brav zurück. Einige Tage später meinte ein guter Freund - der gerade zu Besuch war - nach einen gemeinsamen Einkauf im Supermarkt: „Da hast Du die Autoschlüssel, zeige mal, ob Du es noch kannst!" Jedenfalls war er kreidebleich, als wir zu Hause ankamen und schimpfte, dass ich (eigentlich Paul) mit seinem Auto die Straße zur Rennstrecke gemacht hätte. Wir müssen immer noch darüber lachen! Durch uns als „Team" haben wir schon so einiges Interessantes und Lustiges erlebt. Mein Leben hat dadurch sehr viel an Lebensqualität gewonnen.

Als 2008 meine Mutter verstarb, hatte ich jede Menge von ihrer Kleidung geerbt. Es war ein Wunsch meines Vaters, ihre Garderobe aufzutragen, wie man so sagt. Und ich zog mich auch entsprechend an. Ob man es als fein oder altbacken bezeichnen konnte, keine Ahnung. Ich hatte mir nie Gedanken darüber gemacht. Paul meinte: „Hast Du nicht einen eigenen Stil, als wie das Abbild Deiner Mutter durch den Tag zu gehen?" Er hatte Recht und half mir, mich darin zu ändern, damit wir einen gemeinsamen Kleiderstil fanden, mit dem wir uns beide wohlfühlen konnten. Seine Bitte war, keine Röcke oder Kleidchen, sowie auch keine hohen Schuhe - das würde sich in seiner Seele komisch anfühlen. Er wäre schließlich noch männlich, auch wenn man ihn nicht mehr sehen könnte. Wir warfen viel Kleidung meiner Mutter in den Altkleider-Container. Wir kleideten uns zum Teil neu ein, worin wir uns gemeinsam wohlfühlten. Vor allem eine kleine Auswahl an Turnschuhen, Hemden und Jeanshosen. Paul bekam seine eigene Kleiderecke im Schlafzimmer. Wir kombinieren nun unsere Anziehsachen, wenn wir außer Haus gehen. Daheim ist es egal, Hauptsache bequem.

Ich war eine absolute Anti-Alkoholikerin, weil meine Mutter in ihrem Leben öfter Probleme mit dem Zeug hatte. Wenn jemand etwas trank und es übertrieb, hatte ich immer so ein abwertendes Gefühl dieser Person gegenüber in mir. Aber auch das änderte sich, denn Paul hatte immer wieder mal Gelüste nach einem kühlen, blonden Bierchen. Und ich rauche, was er wiederum nicht gut fand. Es gab zwei Alternativen, entweder Beides zu lassen oder in Maßen kombinieren. Wir haben uns für die Kombination entschieden – Ich rauche und er trinkt mal ein Bier oder auch zwei.

Eine weitere lustige und interessante Begegnung hatten wir im Sommer 2014 bei meiner Schwägerin. Ein Musikerfreund war mit seiner Frau, wie mein Mann und ich - zu einem netten Abend bei ihr eingeladen. Als wir zur Toilette in den ersten Stock ihres Hauses gingen, stand Silvia, die Frau unseres universaltalentierten Musikerfreunds Jürgen im Treppenaufgang und betrachtete sich die Familien-Bildergalerie meiner Schwägerin. Wir unterhielten uns ein wenig mit ihr, als sie sagte: „Mann, hast Du eine Energie in Dir, ich spüre es richtig. An Deiner Seite kribbelt es auffallend!"

Daraufhin erzählten wir ihr von unserem Phänomen. Silvia war sofort begeistert und sagte, dass sie selbst sehr spirituell wäre. Wir gingen zur Toilette und sie wieder zu den anderen Gästen. Wir kamen dann nach. Silvia saß links von uns – Pauls Seite. Da wir etwas getrunken hatten und sie auch, fing Paul einen Flirt mit ihr an, worauf sie sofort einstieg. Ihr Mann saß am Keyboard und bekam nichts davon mit. Silvia trank und ihr entkam ein Rülpserlein - erst ganz leise. Paul sagte sofort: „Wow, Du rülpst aber sexy!" Sie lächelte und direkt darauf folgte ein weiteres, nur etwas lauter. Man kann es kaum glauben, sie stieß auf und Paul machte Komplimente. Sie kicherte, fühlte wahrscheinlich Paul, weil sie spirituell veranlagt war und sie ließ ihre Luft oral hörbar ab…das ging andauert so weiter. Sie lachte grell und ihr Mann rief während einer Pause vom Keyboard herunter: „Silvia, alles in Ordnung bei Dir?" Sie meinte: „Paul sagt, ich rülpse so sexy!" Jürgen fragte ganz misstrauisch: „Wer ist Paul?" Dann musste er sich wieder auf sein Tasteninstrument konzentrieren, denn die Musik ging weiter. Jedenfalls ging das mit dem Aufstoßen so lange, bis sie mit Jürgen nach Hause fuhr.

Silvia ist eine bodenständige Karrierefrau und konnte sich das Alles selbst nicht erklären. Sie meinte: „Das ist mir noch nie passiert, dass ich so meine Kontrolle verloren habe." Ob sie sich noch heute daran erinnert, dass wissen wir nicht, denn seit dieser Zeit haben wir sie nicht wieder gesehen. Jürgen ist mittlerweile ein Mitglied unserer Band und kommt nur alleine auf die Musikproben, als wenn Silvia dem unglaublich mysteriösen Abend aus dem Weg gehen wollte.

Unglaublich, aber eine unserer merkwürdigsten Erlebnisse: Paul hatte zwar in dem Jahr 2014 und auch anfangs 2015 noch mehrmals seine Energie eingesetzt, um über meinen Körper zu flirten, er nannte es „die Realisierungsphase seiner selbst", aber Mitte 2015 habe ich ihm das komische Verhalten absolut untersagt. Man kann sich auch anders realisieren und ins Leben, als Zweitseele einbringen. Denn es hat mich oft verärgert, weil die Frauen tatsächlich, wie hypnotisiert darauf ansprangen, vor allem gab es niemand der Damen, die Paul Walker nicht kannten. Seinem Charme konnte keine Lady widerstehen, auch wenn man ihn nicht sah. Die waren alle wie benebelt, anders kann ich es nicht ausdrücken.

Wer glaubt, dass unser Phänomen am Anfang so toll und einfach war, dem sei gesagt: „Die zweite Seele bist nicht Du." Paul ist eine eigenständige Energie, die eigene Gefühle, Interessen und Vorlieben hat. Man muss erst lernen im Team zu agieren. Ich kann mir vorstellen, dass hunderte weibliche Fans von Paul sich wünschen würden, dass er bei ihnen wäre und das gerne erleben würden, mit ihm in einem Körper zu existieren. Aber Leute, er ist kein Schmuseteddy für schöne Stunden von Liebe und Harmonie, und setzt ihn nach Gebrauch in eine Ecke oder auf die Couch. Er ist da - Tag und Nacht. Er ist er (Paul) - mit allen Macken, Gefühlen und Fehlern, egal, auch ohne Körper bleibt er eine menschlich eigenständige Seele im Denken und Handeln. Manchmal war ich mit ihm total betrunken, weil Paul das Bier so gut schmeckte. Jawohl - ich als Nichttrinkerin!

Das einzig Gute zu diesem Zeitpunkt war, dass ich nicht in die Wechseljahre kam. Im Januar 2013 hatte ich eine Total-Operation, bei der ich alles entfernt bekam. Mein Arzt klärte mich auf, dass ich nun wahrscheinlich mit Volldampf in die Wechseljahre kommen würde, mit allem was dazu gehört. Das wäre normalerweise so nach der Entfernung aller weiblichen Organe im Unterbauch. Ich hatte in diesem Jahr erst einmal eine lange Zeit, bis alles gut verheilt war und die Schmerzen sich verflüchtigten. Dann kamen auch schon die ersten Anzeichen mit Hitzewallung, Unwohlsein und was noch dazu gehörte. Ich versuchte selbst damit klar zu kommen und wollte erst zum Arzt, wenn es nicht mehr anders ging. Ich wusste, dass hormonhaltige Medikamente nie mein Ding waren, daher zögerte ich es heraus. Dann kam Paul und alles war weg. Keine Wechseljahre mehr!

Im Mai 2014 war Paul ohne Vorwarnung einfach verschwunden. Innerlich war es leer in mir. Dadurch geriet ich in Panik, weil ich mich an ihn mit der Zeit gewöhnt hatte. Mir machte es eine furchtbare Angst, als ich kein Lebenszeichen mehr von ihm in mir spürte. Ich versuchte wie üblich mit ihm über meine Gedanken zu kommunizieren - aber keine Antwort. Es fühlte sich so an, wie damals, als er noch nicht bei mir war. Ich fing an zu weinen, aber auch da tröstete mich niemand von innen. Mein Mann merkte auch meine Traurigkeit und das ich Tränen in den Augen hatte. Ich berichtete ihm meine Vermutung, dass Pauls Seele wieder weg sein könnte, da ich kein Lebenszeichen von ihm in mir spürte. Er meinte auch, das wäre traurig, wenn er nicht mehr da wäre. Er sagte: „Paul war für mich selbst eine große Hilfe in unserer Gemeinschaft. Seit er da ist bzw. war konnte ich meinen Hobbies nachgehen, weil ich wusste, Du bist in guter Gesellschaft mit ihm. Hoffen wir, dass er nicht endgültig weg ist."

Ich legte mich deprimiert in mein Bett, grübelte nach und weinte fast den ganzen Tag. Manchmal hatte er zwar genervt, aber seine guten Seiten für die gesamte Familie überwogen. Jetzt, wo ich ihn nicht mehr spüren konnte, merkte ich erst, wie wichtig er mir geworden war und auch meiner Familie. Dazu fühlte ich meine starke und unerklärliche Liebe zu ihm, auch wenn ich ihn nicht leiblich an meiner Seite hatte. Mein Tag war leer und öde ohne ihn. Er hatte mich immer soweit gut durch den Tag geführt. Mir fehlte das. Man sollte sich im Leben nicht auf jemanden verlassen, aber zu Paul habe ich ein großes Vertrauen aufgebaut. Nur nicht, wenn wir zusammen einen getrunken hatten, das war so die Ausnahme.

Gegen Abend, kurz vor dem Einschlafen, spürte ich eine Erleichterung. Ich fühlte wieder diese vertraute Wärme, Liebe und Vollkommenheit in mir! „Paul", fragte ich. „Ja, ich bin wieder da", antwortete er. „Sorry, ich musste kurz weg." Er sagte mir nur in wenigen Worten: „Ich darf Dir dazu nichts sagen." Ich weinte vor Freude und meinte: „Hauptsache Du bist wieder da. Ich dachte, Du bist für immer weg. Ich habe dich schmerzlich vermisst." Er fragte mich: „Du spürst mich und merkst, wenn ich nicht mehr bei Dir bin?" Meine Antwort war: „Ja, tue ich!"

Mir wurde nun klar, er war keine Einbildung. Den Unterschied hatte ich jetzt zum Vergleich, mit ihm und ohne ihn. Dieses Erlebnis war sehr einschneidend für mich.

Trotzdem säten andere immer wieder Zweifel in mir, was Paul oft enttäuschte. Das Internet (den Computer) hätte er mir am liebsten vor der Nase weggesprengt, weil er sich oft ärgerte, was andere Menschen und Fans über ihn schrieben. Er meinte: „Das Ding ist keine ideale Zukunft für uns, wenn Du Dich nicht von bestimmten Seiten fern hältst." Trotzdem hatte ich meinen Dickkopf, hielt mich nicht daran und wir hatten dadurch viele Streitigkeiten. Ein gravierendes Beispiel war eine italienische Frau, auf die war Paul besonders sauer, weil sie behauptete, dass seine ehemalige Freundin ihn durch ein manipuliertes Auto umgebracht hätte. Sie schrieb, dass diese seine Leute bestochen hätte, dass seine Mechaniker so auf den Wagen einwirkten, dass er Verkehrsuntüchtig war. Paul meinte, dass diese Frau – ein weiblicher Fan aus Italien - gefährlich ist und psychisch sehr krank wäre. Er meinte, dass sie ein Hardcore-Fan von ihm ist und auf alle Freundinnen oder Frauen allgemein, mit denen er je im Leben was zu tun hatte, krankhaft eifersüchtig wäre. Und auch auf alle weiblichen Fans, die ihn auch postmortal noch verehren. Sie beleidigte andere Frauen. Ihre Kommentare waren in Worte gefasst, die man sicher hier in Deutschland mit einer Geldbuße bestrafen würde. Sie waren schlichtweg umgangssprachlich „unter der Gürtellinie“. Die Gemeinheit daran war vor allem, dass sie diese Beschimpfungen aus der Sicht von Paul geschrieben hatte. (Zum Beispiel: Paul sagt allen...(Schimpfwort) den Kampf an). So in der Art formulierte sie ihre Kommentare dazu. Als ich genug gesehen hatte und mit Paul extrem im Streit war, kündigte ich ihr die Freundschaft bei Facebook und entschuldigte mich in einer privaten Nachricht, dass ich meine Freundesliste etwas reduzieren wollte. Nun erlebte ich selbst, wie krank sie war. Auch ich wurde auf das widerlichste von ihr beschimpft und sie postete unsere privaten Unterhaltungen öffentlich auf ihrer Seite, als „screen-shot“. Facebook sah keinen Anlass und Verstoß, dass sie falsch handeln würde und empfahl mir, sie zu blockieren. Diese Frau schleuderte mir Unterstellungen in schriftlicher Form an den Kopf, die kein normaler Mensch sich ausdenken würde. Vorher hatten wir schon einige komische Paul-Fans kennen gelernt, die auch sehr unnormal erschienen. Aber diese Frau übertraf alles vorher erlebte auf Facebook. Ich blockierte sie auf Anraten dieser Plattform und konnte ab diesem Augenblick auch nicht mehr sehen, was sie auf ihrer Seite postete. Paul meinte: „So, das war es hoffentlich?!“ Erst nach diesem weiblichen Fan hatte ich mir sprichwörtlich „ordentlich die Hörner abgestoßen“ und musste einsehen, dass die Welt, in der einst Paul lebte, eine absolute Trennung von „Öffentlich“ und „Privat“ erforderte. Genauso halten wir es heute. Wir haben uns sehr zurückgezogen und ich höre nun auf ihn. Er weiß gut damit umzugehen. Die Prominenten-Welt erfordert im Umgang mit ihren Fans ein besonders abgekapseltes Privatleben, denn sagst Du zu viel oder lässt Du zu viel an die Öffentlichkeit, besteht immer die Gefahr Dich selbst zu gefährden. Ich habe es mir nicht ausgesucht. Der Himmel wollte es und ich muss mich jetzt an diese Regeln halten. Ich meinte es eigentlich nur gut, um einigen Fans von Paul zu sagen, dass es ihm gut geht, auch wenn er nicht mehr körperlich unter uns weilt. Genau genommen stimmen sie mich traurig, diese Reaktionen, die ich erfahren musste.

Paul und ich leben seit dem Ende des ganzen Fiaskos mit seinen „Fans“ in einem Team der Harmonie in Abgeschiedenheit. Wahrscheinlich musste das alles so sein, um mir klar zu werden, wie viel er mir bedeutet und wie real er ist. Bei allen, die behaupten, dass Paul als Geist bei ihnen spukt oder andere fantastische Geschichten erzählen, war immer etwas Unwirkliches dran, das sich am Ende als „Fake“ heraus stellte. Erstens waren es weibliche Fans und zweitens merkte man, dass diese Menschen nur Aufmerksamkeit bekommen wollten. Das sind jene, die Tag und Nacht Fotos von Paul posten, um viele „Likes“ bei den sozialen Netzwerken zu erzielen. Die Frau aus Italien könnte eventuell von einem Dämon besessen sein, der ihrem Wunsch nachkommt und sich als Paul ausgibt. Er sagt dazu: „Ich hätte niemals meine ehemalige Freundin mit solchen Beschimpfungen betitelt und das auch noch über meine Fotos.“ Paul war entsetzt darüber und ist es heute noch. Er *ist froh, dass ich endlich seiner Bitte nachkomme und mich dem Wahnsinn seiner Fanseiten fernhalte.*

Als Sportmuffel mache ich jeden Tag Sport mit Paul. So nahm ich über die gesamte Zeit mehr als 20 kg ab und halte auch tapfer mein bzw. unser Gewicht. Ohne Übungen vor dem Schlafen? Das ist unvorstellbar geworden. Dazu gehört auch eine Ernährungsumstellung für unser Wohlbefinden, die wir heute noch so einhalten. Dadurch fühlen wir uns total fit und das mit 55 Jahren. Bevor Paul kam, war ich eher träge. Ich hatte damals auch einiges mehr mit mir an Körperfülle rumzutragen. Meine Rückenschmerzen sind um einiges besser geworden, auch durch den Sport. Er ist mein innerer Trainer und Antrieb für ein sehr gesundes Leben, das er auch damals in seinem Körper praktizierte. Paul ist nichts für jemand, der sich nicht gerne vom Platz rührt, nur Chips und Pralinen in sich reinstopft. Was mir leider auch abhandengekommen ist, sind meine Handarbeiten, wie Nähen und Häkeln. Das ist nicht sein Ding, wie er meint. Dafür reparieren wir und haben die Hausmeister-Arbeiten übernommen. Eines weg, dafür gibt es was anderes in meinem Leben. Change the work!

Was ich hier auch noch erzählen möchte, ist, dass ich seit meinem 12. Lebensjahr zeitweise unter Angstzuständen und Panik-Attacken gelitten habe, die plötzlich ohne Vorwarnung von Zeit zu Zeit auftauchten. Meistens passierte es, wenn ich alleine unterwegs war. Aber auch manchmal in Gesellschaft und in engen Räumen, wie Toilettenkabinen. Dann fühlte ich mich, als wenn alles nicht die Wirklichkeit in diesem Augenblick war, wie in einem Traum und ich hatte Angst aufzuwachen, weil ich dann sterben würde. Ich sah dann alles mit einem Tunnelblick. Ich bekam dann absolute Panik und rannte einfach mit Herzrasen los. Egal wo ich mich gerade befand. Ich bekam dabei Atemnot und hatte Schweißausbrüche. Ich war aus diesem Grund als 16Jährige in einer Psychiatrie stationär zur Behandlung. Aber kein Psychologe konnte mir wirklich helfen. Es gab keinen ersichtlichen Auslöser, warum das passierte. Diese Panik-Attacken kamen immer wieder, auch nach der Entlassung aus der Psychiatrie. Manche Zeiten waren so schlimm, dass ich Beruhigungstabletten einnahm, die süchtig machten. Mein Arzt hatte mich damals davon nicht in Kenntnis gesetzt. So bemerkte ich, wenn ich sie nicht mehr einnehmen wollte, heftige Zitteranfälle und ich schwitzte auffällig. Dadurch habe ich furchtbare Entzüge hinter mich gebracht, denn ich griff immer wieder zu dem Zeug, wenn die Panik-Attacken auftauchten. Das war wie ein Teufelskreis. Ich wollte doch auch meine Lehrzeit als Bürokauffrau in einem Autohaus beenden. Was ich dann letztendlich auch mit Abschluss schaffte. Es war Jahrzehntelang ein auf und ab. Aber trotzdem schaffte ich alles so weit, ich riss mich in allem sehr zusammen, auch wenn es schwer fiel. In guten Zeiten habe ich versucht, soviel wie möglich zu genießen, was mir Freude machte. In schlechten Zeiten zog ich mich zurück und ließ mich krankschreiben, wenn es gar nicht mehr ging. So mogelte ich mich durch mein Leben, ohne dass viele von meinen Panik- Attacken wussten.

Als meine Mutter Ende Mai 2008 an Krebs starb, ließ ich mir mit meinem Vater wieder ähnliche Tabletten verschreiben. Eigentlich nahm ich die Tabletten nicht, weil meine Mutter gestorben war, sondern mehr, weil mein Vater sehr anstrengend war. Er wollte nicht einsam sein und so ließ ich meine Familie (mein Mann und meinen 14jährigen Sohn) alleine. Ich zog mit in sein Haus. Aber ich sagte ihm auch: „Nur für eine kurze Zeit." Daraus wurden 3 Monate und ich schluckte wieder diese Tabletten, aus Verzweiflung und Angst. Für meinen Vater wollte ich stark nach außen wirken und ruhig bleiben, weil mir diese Situation nicht gefiel. Ich war ein Mensch, der schwer „Nein" sagen konnte. Ich wollte es immer allen Recht machen und nun war meine Familie ohne mich. Nach 3 Monaten ohne meine Familie hatte mein Mann die rettende Idee, und schlug vor, ein Zimmer für meinen Vater in unserem Haus - das ca. 10 km von seinem Wohnort entfernt lag - einzurichten. Dann setzte ich schleichend die Tabletten wieder ab. Ich war erleichtert. Trotzdem behielt ich noch ein paar der Tabletten in Reserve, zum Beispiel für Zahnarztbesuche. Als Paul kam, warf er die Pillen einfach in den Müll, mit der Begründung: „Die wirst Du nicht mehr brauchen." Mein Vater fand wieder eine Lebensgefährtin und wohnt nun mit ihr im betreuten Wohnen.

Das Interessante war: bevor Paul kam, hatte ich immer noch zeitweise mit Panik-Attacken zu kämpfen. Ein Monat und ein paar Tage bevor Paul kam, hatte ich meinen 50. Geburtstag. Er war trostlos und bis auf meine Cousine und meinen Bruder kam niemand, obwohl ich einige Freunde eingeladen hatte.

Nachdem das Phänomen mit Paul war, geschah noch ein Wunder: meine Panik-Attacken waren vollkommen verschwunden. Mit ihm kann ich mich wieder frei überall bewegen. Ich kann wieder alles machen, was mein Herz begehrt. Am Anfang traute ich mich noch nicht so recht, aber Paul machte mit mir Übungen. Immer weite Spaziergänge, allein mit meiner nicht sichtbaren Begleitung. Ich habe mein freies Leben wieder, ohne Angst und ohne Tabletten.

Ich hatte in meinem gesamten Leben - bevor Paul kam - zwei wirklich merkwürdige Gefühlsmomente, die nicht von dieser Welt waren. Das erste Mal war ungefähr 1988. Ich weiß nicht genau, wie man das erklären kann, aber ich versuche es. Bei meinem Gedanken: „Was ist der Sinn von allem", fühlte ich: „Da kommt noch was, das war es noch nicht." Da meinte ich, bei dem Gedanken, die Schwerkraft zu verlieren. Es war mir nicht schwindelig! Es fühlte sich so außerirdisch an. Sehr unerklärlich, wenn man es selbst nicht erlebt hat. Das zweite Mal war einige Jahre bevor Paul kam, dass genaue Jahr weiß ich nicht mehr.

EIN „WALK-IN" DER ZWILLINGSSEELE

Ich betete im Sommer 2012 und 2013 vermehrt um ein Wunder, obwohl ich mir nicht sicher war, ob ich eines verdient hätte. Ich saß abends und nachts gerne im Freien, wenn es noch warm war und schaute mir die Sterne an. Oft nach einem Gebet bekam ich eine Sternschnuppe, wie ein Zeichen. Das erfüllte mich immer mit Wärme und Hoffnung, dass es für mich und meine Familie wieder aufwärts geht. Diese Jahre waren irgendwie ein Tiefpunkt, vor allem für mich. 2012 bekam ich die Diagnose, dass ich Zysten so groß wie 5-DM-Stücke an meinen Eierstöcken hatte. Im Januar 2013 war dann die Operation, die sehr gut verlief, aber mir trotzdem ein schmerzvolles Jahr bis zur Genesung bescherte. Daher betete ich besonders viel, zusätzlich zu meinem gewohnten Gebet vor dem Schlafengehen. Das gab mir immer die Hoffnung auf bessere Zeiten.

Als Paul dann da war, konnte ich es erst nicht glauben und machte ihm, als Wunder in mir, das Seelen-Dasein schwer, obwohl ich immer dafür gebetet hatte, dass was Positives geschehen möge. Das tut mir heute noch sehr leid.

Das mit den Sternschnuppen passiert heute noch, wenn ich mit Paul an unserem Lieblingsfenster stehe und mit ihm bete. Er schwört mir dann bei unseren Heiligen: „Ich bin Paul Walker, Deine reale und wirkliche Zwillingsseele. Wir sind seit dem 4. Dezember 2013 in Deinem Körper wiedervereint, wie es schon immer war - nur für diese 50 Jahre nicht - ich bin Deine Zwillingsseele, es ist alles wahr und es ist so wie es ist!" Und dann kam sofort eine Sternschnuppe. Man kann einfach nicht alles beschreiben, was wir bisher in diesen 5 Jahren erlebt haben. Das hier war nur ein kleiner Auszug von dem, wie wir täglich zusammen erleben. Jedenfalls beruht das alles auf Wahrheit!

Persönliche Anmerkung von Ulli:

Jedenfalls hat sich mein Leben zum Besseren gewendet. Auch wenn man nicht an Phänomene und Wunder glauben mag, aber sie passieren - jeden Tag! Worüber ich froh bin, ist auf alle Fälle, dass es keine negative Besetzung ist. Wer weiß, was sich hätte alles bei mir einnisten können, durch meine labile Lage. Man sagt immer, wenn Körper und Geist schwach sind, ist man anfällig für Fremdbesetzungen. Ich hatte sehr großes Glück mit meiner Besetzung, die nun ein Segen für mich ist. Ich danke unserem Gott (unserem höheren Wesen) und unserem Universum dafür. Wenn Paul kein berühmter Mensch gewesen wäre, wäre es sicher einfacher gewesen. Nun ist es so und jeder Fan sollte nicht traurig sein, sondern sich darüber freuen können, dass es noch mehr zwischen Himmel und Erde gibt. Man muss auch lernen, anderen etwas zu gönnen und nicht immer neidisch sein. Jedenfalls geht es Paul gut mit mir zusammen. Danke an Alle, die sich für und mit uns freuen können.

Aus Pauls Sicht:

Überarbeitung Mai 2014

Erste Begegnung der Lichtwesen im Meeting

Im Mai 2014 hatte ich meine erste Befragung mit den Lichtwesen. Da musste ich für einige Stunden irdischer Zeit verschwinden. Ich hatte Anweisung, Ulli nicht davon in Kenntnis zu setzen. Dann war ich, von einer Sekunde auf die andere wie ein Ortssprung und Zeitsprung aus ihrem Körper und wurde durch die Röhre gezogen. Ich war auch wieder ohne Schwerkraft. Ich wurde in diesem Nebel empfangen, dieses Mal waren es mehr Lichtwesen, daher schließe ich nun Gott aus. Engel glaube ich auch nicht unbedingt. Ich sah keine Silhouette von Flügeln. Die Lichtwesen unterhielten sich per Telepathie, ich konnte ihre Gedanken hören, auch wenn es wie ein Flüstern war. Mir kam es vor, als wären sie keine göttlichen Gesandten. Sie müssen etwas mit unserem Ableben in unserem Körper zu tun haben. Trotzdem kann mir niemand den Glauben an Gott oder ein höheres Wesen nehmen. Diese Lichtwesen machen ihren Job, wie Arbeiter. Sie unterhielten sich über Dinge, die ich nicht zuordnen konnte. Aber eines verstand ich genau: wir sind ein Experiment auf unserem Planeten Erde. Diese Lichtwesen gehören zu denen, die uns dort wahrscheinlich überwachen und kontrollieren. Unsere Seelen bekommen ihre Körper und werden einer Amnesie unterzogen und hinter einem Schleier gehalten. Wir dürfen wahrscheinlich nicht zu viel von dem wissen, was wirklich passiert. Sie schwebten mit mir aus dem Nebel, dann waren wir in einem grau-braunen Raum, mehr hell/Pastell, darin waren Fenster mit bodenlangen beige wehenden Gardinen. Ich sah mehrere dieser Lichtwesen. Die, die schon anwesend waren, saßen in alten braunen, riesigen altertümlichen Ohrensesseln. Da sie wie das „damalige", das mich einst zurück sandte in Ullis Körper, hell leuchteten, konnte ich die Anzahl nicht genau ersehen bzw. zählen. Sie fragten mich, ob ich bei meiner Zwillingsseele verkörpert bleiben wollte, um ihr zu helfen und sie zu unterstützen oder ob ich hier bleiben wollte, für die nächste Stufe. Mein Großvater, der im April 2006 irdisch verstorben war, würde auf mich warten. „Aber Zeit spielt hier, wo wir gerade sind, keine Rolle.", meinten sie. Ich überlegte, weil die Situation mit Ulli sehr anstrengend war. Sollte ich sie aufgeben und alles Irdische hinter mir lassen oder soll ich meine Herausforderung auf Erden, als helfende Zwillingsseele weiter annehmen? Meinen Großvater wollte ich auch so gerne wiedersehen. In diesem Moment fiel mir diese Entscheidung schwer. Aber was sollte ich meinem Grandpa sagen? Ich habe aufgegeben? Meine Herausforderung einfach weggeworfen. Da käme ich mir wie ein Loser vor! Ich möchte eines Tages vor meinem Großvater stehen und stolz sagen können: „Ich bekam noch eine Aufgabe auf Erden, die ich brillant meistern konnte." Dann wäre er stolz auf mich. Und das ist für mich sehr wichtig. Nicht aufgeben, auch wenn es holprig wird oder ist!

EIN „WALK-IN" DER ZWILLINGSSEELE

Ich entschied mich, wieder zurück zu meiner Zwillingsseele Ulli zu gehen, weil ich sicher war, dass sie meine Hilfe benötigte. Meine Seele ist immer noch so sozial eingestellt, wie ich zur körperlichen Zeit als Paul Walker war. Dazu liebte ich sie unerklärlicherweise sehr. Und ich bin sicher, dass war hier ein Test! Eines der Lichtwesen sagte, ich hätte später in ein paar Jahren noch einmal die Chance, dann würden sie mich holen und erneut befragen. Dann müsste ich mich endgültig entscheiden. Ich dachte, das ist genügend Zeit, meine Herausforderung zu meistern. Und ich könnte meinem Großvater stolz entgegentreten, denn es war/ist mir immer noch sehr wichtig, was er von mir denkt! Dann war ich entlassen und sofort ging ich durch dieses Wurmloch wieder zurück in den Körper meiner Zwillingsseele. Ich spürte, die Schwerkraft hatte mich wieder.

3 Jahre später

Zweite Begegnung der Lichtwesen im Meeting

Meine 2. Anhörung bei den Lichtwesen hatte ich ca. 3 Jahre später. Nur dieses Mal verließ ich Ullis Körper in der Nacht, als sie schlief. So merkte sie meine Abwesenheit nicht. Es war wie beim ersten Meeting: ich spürte die Leichtigkeit, da ich aus Ullis Körper austrat. Es ging wieder durch das Wurmloch - ich bin sicher, dass der vermeintliche Tunnel göttlicher Herkunft ein Wurmloch ist, weil man Raum und Zeit in sich verliert. Ein komisches Gefühl, wofür es keine irdischen Worte gibt. Das Eintreffen fand wie damals im leuchtenden Nebel statt. Die Lichtwesen empfingen mich wie beim ersten Mal. Dann schwebte ich mit der Empfangsgruppe - es waren etwa 3 von ihnen - in diesen hellgrau/braunen Raum mit den langen Gardinen am Fenster. Sie wehten wie beim ersten Mal, wie durch Wind bewegt. Was auch immer diese zum Flattern brachte, welche atmosphärische Energie dahinter steckte: es war irgendwie unheimlich. Auch bei diesem Treffen konnte ich ihre Anzahl schwer schätzen, weil sie hell ineinandergehend leuchten. Jedenfalls waren es dieses Mal mehr Lichtwesen als beim letzten Meeting, da bin ich sicher. Sie saßen auf diesen großen Sesseln mit hoher Rückenlehne, vergleichbar mit einem Thron oder ähnliches. So ein Art Ohrensessel, so würde ich sie beschreiben - ich schaute mich vorsichtig um. Es war alles sehr altbacken, die Einrichtung und alles in diesem hell und grau-braun. Vielleicht kam es mir so vor, weil die Wesen so grell leuchteten. Es kann auch eine optische Täuschung durch sie gewesen sein. Sie befragten mich, aber dieses Mal nahmen sie mich ins Kreuzfeuer, wie man sagt. Ich stand vor dem großen rechteckigen Tisch, während sie alle auf ihren Riesensesseln saßen. Eines auf der linken Seite wollte wissen, ob ich zufrieden mit meiner Leistung in meinem körperlichen Leben war. Ein anderes an einer anderen Tischkante befragte mich zu meinen Ausrutschern in meiner Jugendzeit. Das gegenüber sitzende befragte mich zu meiner Verantwortung als Vater, und meinem riskanten Lebenswandel. Ich hatte Rechenschaft abzugeben, was ich meiner Meinung nach gut gemacht habe und was eher nicht. Ich versuchte so ehrlich wie möglich zu antworten. Ich wollte nur wissen: „Warum wurde ich zu einem Zeitpunkt aus meinem Leben entfernt, wo doch alles langsam in die richtige Bahn lief?" Sie sagten mir knallhart, dass das nur so aussah, ich hätte mich nicht ändern können, weil ich so wäre, wie ich bin. Ich hätte mehr an mich und meine Tochter denken müssen. Andere hätten ihren Weg alleine gehen müssen, wenn ich mich zu ihren Ungunsten entschieden hätte, um mehr für mich und meinem Kind da sein zu können. Wenn ich meinen Job als Schauspieler an den Nagel gehängt hätte, wäre das die richtige Lösung gewesen, auch wenn andere dadurch ihren Job in meinem Umfeld verloren hätten. Jeder ist für sich und seine gezeugten Kinder verantwortlich. Alles andere kommt erst danach. Sie meinten: „Du hättest Deine Freunde, die Du wahrscheinlich in diesem Moment enttäuscht hättest, unter die Arme greifen können, für neue Jobs ... nur ein Beispiel ... aber ihren Weg muss jeder sonst alleine gehen und es erkennen. Jedenfalls war Dein Leben nicht mehr sinnvoll, da Du das „Nein" sagen nicht gelernt hast, um Dich und Dein Kind in den Vordergrund zu stellen. Nein sagen, hätte auch in Deinem Fall bedeutet: Nein zu riskanten Unternehmungen. Du hattest Verantwortung für die Kleine übernommen! Du hast Dein Schicksal herausgefordert - als allein erziehender Vater. Bei Deinem Motorrad-Unfall hattest Du von uns die Chance bekommen, es zu erkennen - Du hast es nicht erkannt!!! Manchmal vermischte sich das familiäre Umfeld und das mit Freunden. Die Blutsfamilie ist das wichtigste im Leben und trotzdem kann man ein großes Herz haben und anderen helfen, aber nicht, wenn die Eigenen dadurch ins Hintertreffen gelangen. Ja, Du hast alles zu sehr vermischt", meinten sie. „Grenzen setzen und an der richtigen Stelle andere ihre eigene Erfahrung machen lassen. Das wäre der wahre Weg gewesen. Das ist das, was Du in Deinem Seelenplan erlernen solltest, so steht es dort geschrieben - Dein persönliches Leben als Schauspieler Paul Walker." Nun fragten sie mich ein letztes Mal, ob ich hier bleiben möchte oder zu meinem Grandpa in die nächste Stufe wollte oder wieder zurück auf die Erde zur Zwillingsseele. Ich fragte die Lichtwesen: „Ist meine Zwillingsseele auch Familie?" Sie lachten und meinten: „Sie ist ein Teil von Dir. Ihr wurdet füreinander geschaffen". „Oh", meinte ich verlegen. Ich war mir dieses Mal vollkommen sicher, dass ich wieder zurück wollte. Sie sagten mir, dass, wenn ich zurückgehen würde, ich aber so lange bleiben müsste, bis meine Zwillingsseele ihren verbrauchten Körper ebenfalls verlassen muss. Dann würde ich mit ihr zusammen hierher zurückkehren. Ich bestätigte noch einmal meine Entscheidung und sie sagten: „Gut, dann ist Deine Entscheidung für die nächsten Jahre gefallen. Das war Deine letzte Sitzung, bis zum Tag X." Ich hatte noch eine letzte Frage: „Was soll meine Zwillingsseele auf Erden lernen?" Sie lachten abermals und meinten: „Finde es heraus, es ist jetzt Deine Aufgabe - Mehr haben wir Dir nicht mehr zu sagen". Dann ging es durch das Wurmloch zurück. So war ich in Windeseile zurück im Körper von Ulli.

EIN „WALK-IN" DER ZWILLINGSSEELE

Wie fühlt man sich als zweite Seele in einem anderen Körper? Da es der von der Zwillingsseele ist, fühlt man sich fast wie zu Hause. Der Unterschied besteht nur darin, dass man sich den Platz teilen muss. Es hat sich automatisch so ergeben, dass ich mehr die linke Seite steuern kann und Ulli die Rechte. Am Anfang war das sehr ungewohnt. Man ist auch nie alleine, auch wenn man sich nicht einig ist und sich nicht aus dem Weg gehen kann, so wie mit zwei Körpern. Es ist wie in einer Ein-Raum-Wohnung. Man muss lernen sich zu arrangieren. Bei Streitfragen sich ausdiskutieren, und wenn das nicht so klappt, einfach still sein und nachgeben. Das hat immer am besten funktioniert. Und außerdem ist man ein Gast. In erster Mission bin ich hier zur Unterstützung meiner Zwillingsseele. Zweitens muss ich selbst noch etwas aufarbeiten und lernen. Vor allem soll ich lernen, Prioritäten zu setzen. Erst kommt man selbst - ist man mit sich zufrieden, kommt die Familie und dann Freunde. Lernen muss man Eigenliebe, aber nicht in Form von Egoismus. Nur wer sich selbst mag, kann auch andere im Leben unterstützen und das Innere im richtigen Maße weitergeben. Was auch wichtig ist, dass man lernt „Nein" zu sagen, wenn Du mit etwas selbst nicht zufrieden bist. Ich habe in meinem körperlichen Leben versucht zu geben und mich selbst dabei nicht berücksichtig, daher ging der Schuss auch oft nach hinten los, wie man hierzulande sagt. Ich wurde dadurch oft ausgenutzt und fühlte mich unzufrieden, was nicht dienlich für die war, die es mehr hätten gebrauchen können. Man darf nicht den Weg verlassen, richtig für andere da zu sein. Es muss Dich von Innen erfüllen und nicht verärgern oder Dir egal sein. Es muss sich sinnvoll anfühlen.

Ich habe sehr gut gelernt glücklich mit meiner zweiten Seele in ihrem Körper zu leben. Meine tiefe Zuneigung und Liebe machen es möglich. Wenn Du im Inneren ständig eine warme Liebe fühlst, kannst Du viele äußere Einflüsse gut bewältigen. Die Liebe war von Anfang an da, aber man musste auch erst einmal alles Realisieren und Akzeptieren. Es ging alles so schnell, dass ich von diesem Phänomen so überrascht war, das ich es erst nicht als wahr ansehen konnte. Obwohl, wenn wir in den Spiegel schauten, ich nur Ullis Gesicht sah. Um ein wenig von mir zu erkennen, grinste ich gerne, wenn sie hineinsah, hob die Augenbrauen an oder streckte auch mal die Zunge raus. So sah ich wenigstens meine Mimik. Manchmal versuchte meine Zwillingsseele am Spiegel vorbei zu huschen, um sich nicht mein dämliches Grinsen ansehen zu müssen. Sie selbst mochte ihr Eigenbild nicht besonders. Aber durch meine Faxen schaut sie, wenn sie gut drauf ist doch mehr als früher, was nun von mir überraschendes kommt. Und manchmal sage ich dann: „Oh, welch hübsche Frau." Dann schaut sie immer schnell weg und ich merke, dass sie rot wird. Dann grinse ich für sie.

Was auch noch interessant ist: wenn sie weinerlich drauf ist und ich gut drauf bin - das ist vielleicht ein Mimik-Spiel - sie weint – Eine Sekunde später - ich lächele -

sie weint weiter - ich lächele. Das kann sich niemand vorstellen. Das ist sicher sehr „strange", wenn das jemand sehen könnte. Keine Sorge, dass ist nur zu Hause bei uns unter uns zu bewundern, dieses merkwürdige Mimik-Spiel. Oh Mann. Jedenfalls fühle ich mich in ihrem Körper sehr gut aufgehoben. Ich bin stolz auf unser Phänomen. Ich kann nur betonen: schön, dass es mehr zwischen Himmel und Erde gibt, was wir nicht wissen und erforschen müssen. Ich liebe meine Zwillingsseele, das ist nicht irdische Zuneigung und Verbundenheit - das ist unerklärbar. Ich wusste schon in meiner frühen Jugend: da gibt es jemand, der sehr eng mit mir verbunden ist. Nur wusste ich nicht wo. Daher hatte ich auch viele Beziehungen, weil ich sie suchte. Das sie aber auf einem anderen Kontinent war - woher sollte ich das wissen. Einmal schafften wir es, nur 200 km voneinander entfernt zu sein. Das war bei meiner Premiere von „Fast and Furious 5". Nur war sie nie ein Fan von mir und selbstverständlich nicht vor Ort. Aber ich fühlte mich in Deutschland recht wohl und mir war es nicht bewusst, warum. Jedenfalls dachte ich dann irgendwann, wenn es keine Zwillingsseele für mich gibt, habe ich aber mehrere Seelenpartner - was aber letztendlich nicht das Gleiche ist. Jedenfalls ist es eine Liebe und Zuneigung, die nicht mit Worten beschrieben werden kann und das in einem Körper. Bei mir war es: „Walk in - and never walk out without her - together - walk for all time - Infinity times Infinity – Forever." Und sie sieht es genauso, obwohl sie mich manchmal gerne auf den Mond schießen würde, weil ich sie gerne foppe. Es ist ein wunderbares Gefühl der Gemeinsamkeit! Jetzt möchte ich es wirklich nie mehr vermissen. Aber meine Tochter bleibt immer in meinem Seelenherzen!

Letzte Gedanken:

Mir ist völlig klar, dass viele von Ihnen immer noch Zweifel an der Echtheit mancher der im Buch aufgeführten Erlebnisse haben. Und wenn wir uns das Interview mit Dr. Dean Radin und Dr. Stephen Braude ansehen, dann spürt man förmlich, wie versucht wird, das dogmatische materialistische Weltbild nicht ganz aus den Fugen zu werfen. Aber eines können auch Sie nicht leugnen – das diese Phänomene passieren, seit es die Menschheit gibt – und die Verzweiflung vieler Skeptiker, die wohl innerlich schon „kochen", weshalb denn immer wieder neue Phänomene auftauchen und wir immer noch nicht den Sitz unser Bewusstseins im Gehirn gefunden haben – bzw. eine gute und umfassende materialistische These gefunden haben, mit der sich das Epiphänomen „Selbst" erklären lassen würde.

Und ich bin auch sicher, dass diejenigen Forscher, welche Bücher wie dieses gelesen haben oder sich die Untersuchungen der Kollegen wie Dr. Radin und Co. genauer ansehen, nachdenklicher denn je werden. Denn mit jedem Fall, der an die Öffentlichkeit dringt, wird es lächerlicher, immer noch auf Materie zu setzten und das alte Gedankengut aufrecht zu erhalten.

Jede Zeit hat seine Errungenschaft und unsere Zeit ist nicht nur die Zeit der maximalen Zerstörung unseres Planeten durch Müll, Plastik, Abgase und Rodung, sondern auch unseres Egos. Denn wir sind weder die Krone der Schöpfung noch das intelligenteste Lebewesen in diesem Kosmos. Denn dieses Universum ist ein Hologramm. Und die Macher dieses virtuellen „Spiels" sind ganz andere Intelligenzen.

JohannNepomuk Maier
im Februar 2019

Über den Autor

Ich bin Johann Nepomuk Maier, in Niederbayern aufgewachsen und dort Zuhause. Seit über 40 Jahren befasse ich mich mit naturwissenschaftlichen Erkenntnissen und bin darüber hinaus leidenschaftlicher Künstler und Autor.

Nach meiner Ausbildung in der Druckindustrie war ich mehrere Jahre als Designer tätig. Als Geschäftsführer einer Werbeagentur sammelte ich weitere fünf Jahre Erfahrung und entschloss mich 1995, mich mit meiner eigenen Marketing-Agentur selbständig zu machen. Auch die fortwährenden Fortbildungen in unterschiedlichen Fachbereichen und einem Fernstudium in Betriebswirtschaft, konnten meinen Wissensdurst kaum stillen. Seit mittlerweile 24 Jahren berate ich kleine und größere Unternehmen in Strategie und Kommunikation. In den letzten Jahren habe ich nun diese berufliche Tätigkeit immer mehr zurückgefahren, um mehr Zeit für meine große Leidenschaft - der Autorentätigkeit - zu haben. Seit dieser neuen Lebensphase entstanden mehrere Bücher, die sich mit der Zukunft der Menschheit und den Grenzgebieten der Wissenschaft, aber auch mit den bisher unerklärlichen Phänomenen wie Spuk, Telepathie und Reinkarnation etc., befassen.

Durch meine umfangreiche Forschungstätigkeit, ist mir seit längerem klar geworden, dass unser Verständnis von Realität lückenhaft und ein Umdenken längst überfällig ist, um unserer Spezies das künftige Überleben zu sichern.

Viele von uns spüren intuitiv, dass „die messbare Seite der Welt, nicht die Welt ist, sondern nur die messbare Seite der Welt“, wie der deutsche Philosoph Martin Seel es so treffend formuliert hat.

Meine Recherchen führten mich durch die umfangreiche Literatur der Wissenschaftsgebiete und modifizierten dadurch auch mein künstlerisches Denken und Wirken nachhaltig. Dem Geheimnis des Seins auf der Spur, führte ich unzählige intensive Gespräche mit vielen Wissenschaftlern, Grenzgängern und Sensitiven. Mit diesem Tun fand ich unglaubliche Fakten und Wahrheiten, die vielen noch völlig unbekannt sind. Ich möchte diese meinen Lesern und Zuschauern nicht vorenthalten, denn sie sind so gewaltig und so sensationell, dass dies in naher Zukunft zu einem Neustart des menschlichen Denkens führen wird.

Dadurch wird es der Menschheit gelingen, das Lebendige lebendiger werden zu lassen, wie es Prof. Dr. Hans-Peter Dürr immer gefordert hat. Die Welt um uns ist anders aufgebaut und strukturiert, als es uns die heutige Mainstream-Wissenschaft vermittelt.

Mich verwundert es immer wieder, dass dieses neue Wissen, vor allem aus dem Bereich der Quantenphysik, der Psychologie und der Nahtod-Forschung bisher kaum öffentlich wahrgenommen wird. Wir wachsen mit einem so extrem zementierten, materialistisch geprägten Weltbild auf, dass wir diese neuen Einsichten, wenn wir sie erfahren, für unmöglich halten.

Johann Nepomuk Maier

ÜBER DEN AUTOR